Konrad Löw I Felix Dirsch

# MÜNCHEN WAR ANDERS!

Konrad Löw | Felix Dirsch

# MÜNCHEN WAR ANDERS!

Das NS-Dokumentationszentrum
und die dort ausgeblendeten Dokumente

Bibliografische Information
der Deutschen Nationalbibliothek
Die Deutsche Nationalbibliothek verzeichnet diese
Publikation in der Deutschen Nationalbibliografie;
detaillierte bibliografische Daten sind
im Internet über http://dnb.d-nb.de abrufbar.

ISBN 978-3-95768-182-9
© 2016 Lau-Verlag & Handel KG, Reinbek
Internet: www.lau-verlag.de

Bildnachweis:
Titelabbildung und Bild S. 21 »Der Münchner, 1923«: © VG Bild-Kunst, Bonn 2016
Da es uns trotz großer Bemühungen bei den restlichen Abbildungen
nicht gelungen ist, die Rechteinhaber ausfindig zu machen,
ist der Verlag für entsprechende Hinweise dankbar.

Alle Rechte, insbesondere das Recht der Vervielfältigung
und Verbreitung sowie der Übersetzung, vorbehalten.
Kein Teil des Werkes darf in irgendeiner Form
(durch Fotokopie, Mikrofilm oder ein anderes Verfahren)
ohne schriftliche Genehmigung des Verlages reproduziert
oder unter Verwendung elektronischer Systeme gespeichert, verarbeitet,
vervielfältigt oder verbreitet werden.

Umschlagentwurf: Lau-Verlag & Handel KG, Reinbek
Satz und Layout: Lau-Verlag & Handel KG, Reinbek
Druck- und Bindearbeiten: GK Druck Gerth und Klaas GmbH & Co. KG, Hamburg
Printed in Germany

# INHALT

Alfred Grosser an Konrad Löw ........................... 7

Zum Geleit ............................................. 11

Einführung ............................................. 13

I. Das Doku-Zentrum informiert –
   Ein kritischer Überblick *(Löw/Dirsch)*
   1. »Ursprung und Aufstieg der NS-Bewegung« ........... 19
   2. »Mitmachen – Ausgrenzen. Zwei Seiten
      der ›Volksgemeinschaft‹« ........................... 25
   3. »München und der Krieg« .......................... 31
   4. »Auseinandersetzung mit der NS-Zeit« .............. 33
   5. Zusammenfassung der Kritik ....................... 36

II. Das Doku-Zentrum ignoriert –
    Die wichtigsten Zeugen *(Löw/Dirsch)*
    1. Stimmen jüdischer Zeitzeugen ..................... 38
    2. Stimmen oppositioneller nichtjüdischer Zeitzeugen . 98
    3. Stimmen von NS-Tätern und ihren Gehilfen ........ 105
    4. Zusammenschau der Zeugnisse .................... 115

III. »Die ganze Wahrheit« muss es sein –
     Weitere Ergänzungen *(Löw/Dirsch)*
     1. Der »Judenklub« FC Bayern München ............. 120
     2. Die »Stern«-Träger und ihr Umfeld ............... 122
     3. Der »Deutsche Gruß« ............................ 123
     4. Mischehen und Scheidungsrate ................... 126

5. Waren die »Mitläufer« Antisemiten? .................. 126
　　6. Faulhaber – Hitlers Stabilisator? ..................... 128
　　7. Warum »Auschwitz«? ............................... 132

**IV. Was ist zu tun?** *(Löw)*
　　1. Das »Weiße Haus« und die Menschenwürde ........... 137
　　2. KPD und wehrhafte Demokratie ..................... 140
　　3. SOPADE: »Klarheit und Wahrheit« ................... 142
　　4. »Ancestors-Bashing« oder Versöhnung? .............. 145
　　5. »Opa war in Ordnung!« ............................ 149
　　6. Argumentieren, nicht makulieren! ................... 150
　　7. Ein fundiertes Gedenken ........................... 153

**Anhang**
I. Aus dem Briefwechsel mit Münchens
　　Oberbürgermeister Dieter Reiter ....................... 157
II. Anmerkungen ......................................... 161
III. Literaturverzeichnis ................................... 181
IV. Personenregister ....................................... 187

## ALFRED GROSSER AN KONRAD LÖW

Paris, den 10. März 2016

Lieber Herr Kollege!

Es stimmt, dass ich die Ausstellung noch nicht besucht habe und dass ich nicht mit allem in Ihrem Text einverstanden bin. Aber Sie bringen – muss ich sagen leider ?– sehr viel, das voll überzeugt.

Zunächst jedoch eine Feststellung, die mich seit Jahrzehnten erstaunt. Es geht um einen deutschen Masochismus. »Ach, diese Vergesslichkeit. Es ist das erste Mal, dass endlich […]« In Wirklichkeit ist die Klage unberechtigt. Der Erfolg des *Tagebuchs der Anne Frank* und von Eugen Kogons *SS-Staat* zeigen, dass das Wissen nicht nur in den 1970er Jahren vorhanden war. »Wie schön, wie neu, die Rede von Richard von Weizsäcker!« Aber zehn Jahre davor war die Rede von Walter Scheel noch eindrucksvoller gewesen. »Wie hat doch Daniel Goldhagen richtig gezeigt, wie mörderisch die Deutschen veranlagt waren.« Aber Ruth Birn, Experte für Kriegsverbrechen im kanadischen Justizministerium, hatte schon vor dem Erscheinen der deutschen Ausgabe bewiesen, dass Goldhagen ein Fälscher war. »Wie schuldig sind doch alle Diplomaten gewesen!« In meinem Essay zum hervorragenden Buch von Daniel Koerfer *Diplomatenjagd* (2013) hatte ich mich über die Übertreibungen und Ungenauigkeiten des Buches *Das Amt* empört.

Negative Vergangenheiten sollen natürlich nicht beiseitegeschoben werden. Der Freistaat Bayern hat nach dem Krieg auch ehemalige Schreibtischtäter wieder zu Würden kommen lassen. In meiner Dankrede zum Friedenspreis des Deutschen Buchhandels 1975 habe ich den Fall von Theodor Maunz erwähnt, der Rektor und Kulturminister werden durfte, obwohl er in einem »wissenschaftlichen« Buch die Gestapo gerechtfertigt hatte. Sie beschreiben zu Recht den mutigen Inhalt der Predigten von Kardinal Faulhaber, aber 1975 haben die deutschen Bischöfe in Würzburg feierlich bekannt: »Wir waren in dieser Zeit des Nationalsozialismus, trotz beispielhaften Verhaltens einzelner Personen und Gruppen, aufs Ganze gesehen doch eine kirchliche Gemeinschaft, die zu sehr mit dem Rücken zum Schicksal des jüdischen Volkes weiter lebte und deren Blick sich zu sehr von der Bedrohung ihrer eigenen Institutionen fixieren ließen.«

Eine dieser Einzelpersonen war Alois Hundhammer, was Sie beweisen. Aber das schöne Zitat von Werner Cahnmann, bis 1933 Syndikus des Central-Vereins deutscher Staatsbürger jüdischen Glaubens (so wie sich später Ignaz Bubis bezeichnet hat), steht nicht im Katalog. Dass er nach dem Krieg kein fortschrittlicher Erziehungsminister war, gehört viel weniger zum Thema der Ausstellung, vor allem wenn er als »erzreaktionär« bezeichnet wird, ein Vokabular, das den Leser etwas erschrecken lässt. Schlimmer ist es eigentlich, wenn Opfer des Nationalsozialismus genannt werden, als seien sie mindestens Mitläufer gewesen. Der Weihbischof Johannes Neuhäusler (auch in Frankreich wegen seines Muts bekannt) hat vier Jahre in Dachau gelitten. Thomas Dehler, erzählen Sie nüchtern und richtig, war mit einer Jüdin verheiratet, der er die Treue hielt, und er vertrat Juden vor Gericht. In der Treue stand er nicht allein. Eine jüngere Untersuchung hat genau geprüfte Zahlen gezeitigt: In München sind nur 123 von 1159 »Mischehen« geschieden worden.

Andere Zahlen sind auch aufschlussreich. Bei den Wahlen vom 5. März 1933 war Hitler schon an der Macht, Goebbels wie die Gestapo waren schon in voller Fahrt. Und doch bekam die NSDAP keine Mehrheit, besonders nicht im »braunen« München, wo sie nur 176 500 Stimmen erhielt gegen 102 500 die BVP (Bayerische Volkspartei), 96 300 die SPD, 55 500 die bereits verfolgte KPD. Wichtiger sind alle Unterlassungen der Ausstellung, auf die Sie hinweisen. Manchmal handelt es sich um unaufrichtig gekürzte Zitate. Von Frau Behrend-Rosenfeld wird von sechs Münchner Erfahrungen in ihrem Buch *Der Stern* nur die einzige Negative wiedergegeben. Die fünf anderen sind verschwunden, u. a. »Die Bevölkerung tut, als sähe sie die Sterne nicht.

Viele Freundlichkeiten in der Öffentlichkeit und noch viel mehr im Geheimen werden uns erwiesen.«

Sie geben viele *verbatim* Zeugnisse von verfolgten Juden wieder, die von nicht-jüdischen Münchnern Hilfe erhielten, darunter bekannte wie Charlotte Knobloch, Lion Feuchtwanger oder Hans Habe (dessen großer Roman *Off limits* [1955] die beste Beschreibung der komplizierten Nachkriegsgeschichte Münchens bietet!).

Das vielleicht ergreifendste Erlebnis, das Sie beschreiben, ist das des Sextetts *Comedian Harmonists*. Ein braun Uniformierter fordert das Publikum auf, den Saal zu verlassen. Das tun fünf Leute. »Der Mann ging ab, und dann war es so weit, dass wir auftreten mussten. Da bricht ein Orkan los – unvorstellbar! Das gesamte Publikum, etwa eintausendsiebenhundert Menschen, erhebt sich und gibt uns eine Ovation, wie wir sie noch nie erlebt hatten. Das alles geschieht, bevor wir auch nur einen Ton gesungen haben.«

Aus dem Ausland berichtete SOPADE, das Organ der SPD, unter Leitung von Waldemar von Knoeringen. Es heißt dort: »Trotz aller Bemühungen […] kann man ruhig sagen: München ist keine nationalsozialistische Stadt und sie ist es auch nie gewesen.«

Warum ist das alles nicht in der Ausstellung vorhanden? Vor allem, weil man so gerne »Die« sagt. »Die Juden, die Moslems, die Münchner«. In meiner Rede im Bundestag zu den hundert Jahren 1914/2014 habe ich die Verallgemeinerung »Die Deutschen« missbilligt. Wir, französische Hitler-Verfolgte, haben gleich 1945 diesen Begriff verworfen und den deutsch-französischen Austausch begonnen. Sie haben ausgezeichnet gezeigt, wie es München als nur von Mitläufern bevölkerte Stadt nie gegeben hat.

Mit bestem Gruß
Alfred Grosser

Alfred Grosser, geboren 01.02.1925 in Frankfurt am Main, lehrte Politikwissenschaft in Paris. 1975 erhielt er den Friedenspreis des Deutschen Buchhandels. Seine Eltern kamen schon kurz nach Hitlers Machtantritt zu der Erkenntnis, dass Juden in Deutschland keine gute Zukunft zu erwarten hätten, und verließen mit ihren Kindern die alte Heimat.

*Alfred Grosser am 3. Juli 2014 vor dem Deutschen Bundestag.*

## ZUM GELEIT

Am Königsplatz, dort wo das »Braune Haus«, die Parteizentrale der NSDAP, stand, wurde am 30. April 2015 das »NS-Dokumentationszentrum München« eröffnet, auf den Tag genau 70 Jahre nach dem Einrücken amerikanischer Truppen in die »Hauptstadt der Bewegung«, wie Hitler die bayerische Metropole 1935 getauft hatte. Die Besucher werden belehrt, dass es sich weder um ein Museum noch um ein Ausstellungshaus handelt, sondern um einen »Lern- und Erinnerungsort zur Geschichte des Nationalsozialismus in München«. Wird das Zentrum dieser Vorgabe gerecht?

Den Besuchern wird geraten, in den Aufzug zu steigen, um sich dann Stockwerk für Stockwerk nach unten zu bewegen: 4. Obergeschoss »Ursprung und Aufstieg der NS-Bewegung«. 3. OG »Mitmachen – Ausgrenzen«. 2. OG »München und der Krieg«. 1. OG »Auseinandersetzung mit der NS-Zeit nach 1945«. Dementsprechend ist auch der Katalog gegliedert, 624 Seiten stark, knapp DIN A4-Format mit 850 Abbildungen. Der gewichtige Foliant soll Gewähr bieten, dass hier Sorgfalt und Wissen wenn schon nicht viel Erfreuliches, so doch Gediegenes geschaffen haben.

Das Geleitwort des Oberbürgermeisters der Landeshauptstadt München zum Katalog des Zentrums beginnt mit treffenden, zugleich provokanten Worten: »Immer wieder steht die demokratische Gesellschaft vor Herausforderungen, die Haltung und Zivilcourage erfordern.« Dann werden solche Herausforderungen aufgezählt, beginnend mit Rechtsradikalismus und Antisemitismus und endend mit »alltägliche(n) Formen von Diskriminierung und Rassismus«. Sie erfordern »ein klares ›Nein‹ der großen, oft schweigenden Mehrheit.«[1] Auch was folgt, verdient Beifall und Beachtung: »Auf vielen Ebenen ist unser Einsatz für ein Miteinander im Sinne des Grundgesetzes nötig. Die Menschenrechte gelten für alle und jeden Einzelnen.«

Die Zivilcourage ist keine Tugend der demokratischen Gesellschaft als solcher. Sie kann auch nicht von oben verfügt werden. Sie ist eine Tugend des Einzelnen, der mit seinesgleichen diese Gesellschaft bildet. Sie ist gleichsam eine staatsbürgerliche Pflicht, einsichtig für jeden, der den demokratischen Staat bejaht. Jeder von uns ist also angesprochen, auch die Schreiber dieser Zeilen.

Die Bezugnahme auf das Grundgesetz und das Bekenntnis zu den Menschenrechten, also zu Rechten, die jedermann zeitlos zustehen, stellt klar, dass auch die Menschen, die das Grundgesetz geschaffen haben, ebenso wie ihre Wähler, die Segnungen der Weltanschauung des Grundgesetzes über ihren Tod hinaus genießen. Sie müssen gegen die »alltäglichen Formen von Diskriminierung und Rassismus« geschützt bleiben, geschützt *von* jenen, die Macht haben und sich feierlich zum Grundgesetz bekennen – wie auch *vor* jenen. Geschieht das, oder werden unsere Vorfahren verunglimpft?

Das Doku-Zentrum hat mit gutem Beispiel voranzugehen, wenn es die selbstgesetzte Aufgabe nicht verfehlen will. Doch insofern melden sich Zweifel, die im Folgenden ausführlich geäußert und belegt werden. Jeder Besucher des Zentrums, jeder Leser des Katalogs soll in die Lage versetzt werden, sich ein eigenes Urteil zu bilden im Bewusstsein der vorrangigen Sätze unseres Grundgesetzes, die da lauten: »Die Würde des Menschen ist unantastbar. Sie zu achten und zu schützen ist Verpflichtung aller staatlichen Gewalt.«[2] Zugleich: Im Bewusstsein des ethischen Gebots der Zivilcourage, zu dessen Befolgung ihn der oben zitierte Text auffordert, sowie aus Liebe zu München und zu den Münchnern, den Lebenden wie den Verstorbenen.

# EINFÜHRUNG

Die erste Umschlagseite des Katalogs zeigt den Münchner Odeonsplatz, auf dem Zehntausende Soldaten angetreten sind – gleichsam soweit das Auge reicht: Stahlhelm an Stahlhelm, gleichgeschaltete Diener ihres Herrn.

Im Doku-Zentrum wie im Katalog werden immer wieder Massenaufläufe von scheinbar begeisterten Anhängern des Systems dargestellt. Derlei gab es tatsächlich in großer Zahl und die ließ der Reichspropagandaminister gerne im Bilde festhalten. Aber nicht alles war echt: »Die Rapporte der Konsulate wie der [britischen] Botschaft liefern zum Teil sehr anschauliche Beispiele dafür, dass die von den gleichgeschalteten Medien kolportierte allgemeine Begeisterung [...] eine Fassade war, die bei näherem Hinsehen erhebliche Brüche aufwies. Schon der von der Presse behauptete Vorbeimarsch von 500 000 Menschen am Abend des 30. Januar 1933 vor der Reichskanzlei schmolz nach Einschätzung des britischen Militärattachés, der in der Beobachtung von Paraden geübt war, auf etwa 15 000 Personen zusammen. Auf dem Tempelhofer Feld in Berlin konnten die Machthaber am 1. Mai 1934 die von der Botschaft geschätzten 1,5 bis 2 Millionen Menschen nur deshalb aufmarschieren lassen, weil für alle Arbeitnehmer Anwesenheitspflicht bestand. Lediglich wer ein ärztliches Attest oder andere wichtige Gründe vorlegen konnte, wurde freigestellt, allerdings war für ihn dann der 1. Mai kein bezahlter ›Feiertag‹ mehr [...] Und aus München berichtete [Generalkonsul] Gainer über die Maifeierlichkeiten 1935, dass es statt der erwarteten 150 000 Teilnehmer bei der zentralen Kundgebung auf der Theresienwiese seitens der Betriebe nur zu 75 000 Anmeldungen gekommen sei. [...] Um die befürchteten gelichteten Ränge zu vermeiden, verlegte man die zentrale Kundgebung lieber in einen Bierkeller [...]«[1] Wer von den Lesern und Besuchern weiß derlei schon? Ist derlei nicht wissenswert für die richtige Einschätzung der optischen Eindrücke? Peter Longerich, sachkundig wie kaum ein anderer, warnt: »Wir müssen aufpassen, dass wir nicht die letzten Opfer der Nazi-Propaganda werden.«[2]

Die Einführung im Katalog belehrt: »In der zerrissenen westdeutschen Nachkriegsgesellschaft hatten sich die wenigen Gegner mit den vielen Mitläufern und Mittätern des NS-Regimes in einer Art Burgfrieden zusammengeschlossen [...]«[3] Der Satz behauptet Tatsachen, die fragwürdig sind, aber offenbar als dogmatische Vorgaben stillschweigend akzeptiert werden sollen. War die Gesellschaft damals zerrissener als heute? Zerrissener als nach dem Ersten Weltkrieg? Wer ja sagt, muss es beweisen. Wo ist der Nachweis? Man hat zusammengearbeitet, um, wie es treffend heißt, »das zerstörte Land gemeinsam wiederaufzubauen«. Der rasche Erfolg wurde als »deutsches Wirtschaftswunder« im Ausland bestaunt. Spricht das nicht gegen Zerrissenheit?

Über das, was sich damals in Münchens Bürgerschaft abspielte, wusste niemand besser Bescheid als der Widerstandskämpfer Karl Wieninger, nach dem Kriege Entnazifizierungsrichter und später Bundestagsabgeordneter. Er hatte einen Bürgerkrieg zwischen den Nazis und ihren Gegnern befürchtet. Doch dazu kam es nicht. Da war die Besatzungsmacht, die im Bedarfsfall sicher eingeschritten wäre. Da war das Abrücken vieler von Hitler und seinen Doktrinen schon vor dem Zusammenbruch des Dritten Reiches angesichts der drohenden Niederlage. Ferner: »Die nach dem Krieg bekanntgewordenen Untaten der SS und der Gestapo bewirkten bei einem weiteren Teil die Einsicht, dass das verflossene Regime verbrecherisch gewesen war.«[4] Natürlich verblieb ein Rest »Uneinsichtiger oder Verbitterter«. Doch sie standen am Rande. Nochmals Wieninger: »Die Kluft zwischen den ehemaligen Parteigenossen und denen, die nicht der Partei angehört hatten, hatte sich weitgehend geschlossen. Ich bin überzeugt, dass wir mit unserer mühevollen Arbeit die Entwicklung einer demokratischen Gesinnung im Volk gefördert haben.«[5]

Für die Richtigkeit von Wieningers Sicht spricht: Die Besatzungsmächte hatten mit verbreiteten Werwolfaktivitäten, mit kriegerischen Handlungen verbliebener Nazis gerechnet, sobald die Alliierten im Feindesland operieren. Doch von kaum erwähnenswerten Ausnahmen abgesehen, geschah nichts dergleichen. Offenbar waren die ganz

Fanatischen getürmt, oder bereits in Verwahrung, und der große Rest war heilfroh, dass er überlebt hatte. Bekennende Hitleranhänger gab es kaum noch. Mit denen hätten die anderen auch nicht zusammengearbeitet – also kein »Burgfriede«.[6]

Zurück zum Doku-Zentrum: »Die Wunden sollten verheilen, aber der Preis dafür war, dass Mitte der 1950er Jahre nahezu alle ehemaligen Parteigenossen, auch solche, die schwere Verbrechen begangen hatten, in die bundesdeutsche Gesellschaft integriert waren.«[7] Doch die Haupttäter hatten sich selbst gerichtet (Hitler, Himmler, Göring, Goebbels, Bormann usw.) oder hatten die Flucht ergriffen (Eichmann, Mengele usw.) oder waren hingerichtet worden (Frank, Kaltenbrunner, Ribbentrop, Rosenberg, Streicher usw.). Zehntausende befanden sich im automatischen Arrest, der alle Hochrangigen bis hinab zum Dorfbürgermeister erfasst hatte, auch den persönlich unbelasteten Bruder Albert des Reichsmarschalls Hermann Göring, nur wegen der engen Verwandtschaft.

Ja, viele Mittäter und Gehilfen kamen schließlich mit einer milden Strafe davon, deren Rest meist nach wenigen Jahren erlassen wurde. (Falls sie es jedoch dann zu Amt und hohen Würden brachten, holte sie die braune Vergangenheit wieder ein, so in München Theodor Maunz, den Kultusminister.)

Ist das heute anders, man denke nur an die »Abrechnung« mit den DDR-Gewaltigen? Für den Akt der Versöhnung haben sich nicht nur offene oder heimliche Sympathisanten stark gemacht, sondern gerade auch NS-Opfer, wovon noch die Rede sein wird, ebenso wie von den »wenigen Gegnern« des NS-Regimes.

»Mehr als jede andere Stadt war München mit dem Nationalsozialismus verknüpft und verstrickt«, glaubt der Herausgeber des Katalogs zu wissen. Das ist eine Wertungsfrage. Meint er mit »München« die oktroyierte Stadtverwaltung? Die Fronvögte? Auf sie trifft das Gesagte zu. Doch die Stadtverwaltung war in der fraglichen Zeit nie demokratisch legitimiert! Weit wichtiger als die Funktionäre sind die Menschen, die Münchner. Trifft auf sie das »verknüpft und verstrickt« zu? Der Leser und Betrachter ist gespannt. Wenn der Herausgeber fortfährt: »Zwar lassen sich die ›Machtübernahme‹ und der Vernichtungskrieg nicht allein aus einer stadtgeschichtlichen Perspektive erklären«, wächst die Spannung noch weiter, ob das Doku-Zentrum auch nur halbwegs den Nachweis für die Plausibilität dieser Schuldzuweisung erbringt.

»Warum gingen einige der schlimmsten Verbrechen von München aus?« Dieser in Frageform gekleidete Schuldvorwurf des Herausgebers lässt den kundigen Leser an den 9. November 1923 denken, als in München ein gutes Dutzend von Hitlers nächsten Gefolgsleuten erschossen wurde! Deshalb trafen sich fünfzehn Jahre später, am 9. November 1938, die überlebenden braunen Kämpfer, nun die Machthaber, erneut in München und läuteten die Reichspogromnacht ein, weil alle antisemitischen Maßnahmen vorher nicht den gewünschten Erfolg hatten. Auch die vorwurfsvolle Bemerkung des Herausgebers: »Von München aus wurde das Konzentrationslager Dachau errichtet, der Inbegriff und ›die Schule der Gewalt‹ des NS-Terrorsystems« – gereicht sie nicht paradoxerweise den Münchnern zur Ehre, wenn man bedenkt, dass dieses KZ das erste KZ des Dritten Reiches gewesen ist und die Opfer primär politische Gegner aus der Umgebung Dachaus, München natürlich eingeschlossen, gewesen sind? Lager errichtet man dort, wo sie benötigt werden!

Wohl niemand widerspricht, wenn es des Weiteren heißt: »Nur auf der Basis von Wissen können [...] Erkenntnisse gewonnen und eigene kritische Reflexionen in Gang gesetzt werden [...]. Es geht um Erklärung und Verstehen.« Klaus von Dohnanyi[8] wird mit den Worten zitiert: »Wir brauchen die rücksichtslose Aufklärung, wir brauchen ein helles Licht, um die dunkle Vergangenheit wirklich auszuleuchten.« Was er damit meinte, verdeutlichte er im Vorwort zum Buch »Deutsche Schuld [...]?« mit dem Satz: »Wo Wahrheit neben Wahrheit steht, wird doch erst die ganze Wahrheit erkennbar.«[9] Es geht um die Vergangenheit, wie sie wirklich war. Und um sie zu ergründen, muss ein Doku-Zentrum, das diesen Namen verdient, alle Beweise heranziehen, auch, ja erst recht die meist jüdischen Zeitzeugen mit ihren Bekundungen.

Die Einführung endet mit dem Leitmotiv: »Das geht mich etwas an!« Wie wahr!

Unter der Überschrift »Guter Start für das NS-Dokuzentrum« berichtete die Presse: »Mehr als 60 000 Besucher kommen in den ersten vier Wochen in das neue Haus beim Königsplatz«[10]. Der Vorsitzende des Kuratoriums, Theo Waigel, ergänzt: »Jeder Schüler in Bayern sollte das einmal sehen.«[11] Das soll so bleiben, jedoch auf der Basis fundierter Erkenntnisse, frei von Agitation und Verunglimpfung des Andenkens Verstorbener. Deshalb ist unsere Verantwortung so groß, deshalb dieses Buch.

# I. DAS DOKU-ZENTRUM INFORMIERT – EIN KRITISCHER ÜBERBLICK
*(Löw/Dirsch)*

## 1. »Ursprung und Aufstieg der NS-Bewegung«

Gleichsam einleitend sehen wir eine Aufnahme des riesigen Trauerzugs durch München anlässlich des Begräbnisses von Kurt Eisner am 26. Februar 1919 und erfahren, dass er von »dem nationalistischen und antisemitischen Studenten Anton Graf von Arco auf Valley ermordet« worden ist.[1] Unerwähnt bleibt: Der Täter selbst war ebenfalls Jude, was damals schon bekannt war und der öffentlichen Verwirrung Vorschub leistete. Deshalb sollte es heute nicht verschwiegen werden.

Auch der riesige Trauerzug verdient eine Erläuterung: Die Wahlen vom 12. Januar 1919, also nur sechs Wochen zuvor, hatten gezeigt, dass Eisner und seine USPD unbeliebt waren. Nur 2,5 von Hundert der abgegebenen Stimmen entfielen auf sie. Trotzdem jetzt der riesige Trauerzug! Er war in erster Linie eine sichtliche Missbilligung der Bluttat, keine Huldigung. Die »Rasse« spielte offenbar keine Rolle.

Weiter in der Dokumentation: »Es begann der Münchner Sonderweg in der deutschen Revolution von 1918/19, der zur Räterepublik und anschließend zu einer radikalen gegenrevolutionären Umkehr führte.«[2] Frage: War die antidemokratische »Räterepublik« mit ihren Geiselnahmen und ihrer Geiselerschießung nicht auch, und zwar vorab, radikal? Hochangesehene jüdische Bürger befürchteten das Schlimmste. Sigmund Fraenkel, Sprecher der jüdischen Orthodoxie Bayerns, appellierte am 6. April 1919 in einem dramatischen offenen Brief an fünf namentlich genannte Führer der roten Machthaber:

»Wir Münchener Juden haben in all den schweren, leiderfüllten Wochen der Vergangenheit geschwiegen, da Sie und andere landfremde, des bayerischen Volkscharakters unkundige Phantasten und

Träumer die bittere Not und die seelische Depression unseres Volkes ausnützten, um Gläubige für Ihre vielleicht wohlgemeinten, aber verhängnisvollen und der menschlichen Natur zuwiderlaufenden Pläne einer zukünftigen Wirtschafts- und Gesellschaftsordnung zu werben. [...] Der heutige Tag, an dem Tausende und aber Tausende von aufreizenden antisemitischen Flugblättern in Münchens Straßen verteilt wurden, zeigt mir mit aller Deutlichkeit die Größe der Gefahr, die nicht die Bekenner unserer Glaubensgemeinschaft, sondern das Judentum selbst bedroht, wenn die große Masse von Münchens werktätiger Bevölkerung die erhabenen Lehren und Dogmen der jüdischen Religion in ideellen Zusammenhang mit den bolschewistischen und kommunistischen Irrlehren bringt [...]«[3]

Wenn es in der Dokumentation weiter heißt, die Räteherrschaft habe »den Hass auf Bolschewismus und Marxismus geschürt«[4], so stellt sich die Frage, ob Leute wie Fraenkel wirklich als Hasspropagandisten abqualifiziert werden dürfen. Eingedenk der brutalen Diktatur der Bolschewiki, seit über einem Jahr in Russland an der Macht, war die entschiedene Ablehnung der mit Lenin verbundenen Kräfte nur allzu verständlich, wie Fraenkel veranschaulicht. Um den Nationalsozialismus entschieden – mit Herz und Verstand – abzulehnen, braucht man keinen Hass. Das gilt nicht minder für den Bolschewismus.

Die gegenrevolutionären Truppen seien mit äußerster Brutalität vorgegangen und hätten völlig Unschuldige, darunter »53 russische Kriegsgefangene«,[5] ermordet. Die Brutalität ist hinlänglich bewiesen. Doch waren die Russen wirklich harmlose »Kriegsgefangene«? – lange nach Kriegsende! Oder doch Agenten Lenins, der am 1. Mai 1919 auf dem Roten Platz das neuentstandene »Sowjetbayern« feierte?[6]

Abscheuliche »Feindbilder als Waffe« kommen zur Darstellung, versehen mit Kommentaren wie: »Inhumane Redeweisen, die Menschen als ›Parasiten‹ oder ›Schädlinge‹ verächtlich machten, durchdrangen die Sprache der Rechtskonservativen und Völkischen.«[7] Doch nicht einmal die Frage wird gestellt, wie sich die politischen Gegner verhalten haben, auch und gerade die Anhänger des Marxismus, von dem oben die Rede war. Erinnert sei nur an Marx höchstpersönlich, dessen Hassorgien geradezu sprichwörtlich sind, so wenn er am 30. Juli 1862 an Freund Engels schreibt: »Der jüdische Nigger Lassalle, der glücklicherweise Ende dieser Woche abreist, hat glücklich wieder 5000 Taler in einer falschen Spekulation verloren. […] Es ist mir jetzt völlig klar, dass er, wie auch seine Kopfbildung und sein Haarwuchs beweist, – von den Negern abstammt, die sich dem Zug des Moses aus Ägypten anschlossen (wenn nicht seine Mutter oder Großmutter von väterlicher Seite sich mit einem nigger kreuzten).« Lassalle war immerhin der Begründer des Allgemeinen Deutschen Arbeitervereins, und Marx selbst ein Jude wie Lassalle. Für Engels ist Wilhelm Liebknecht, der namhafteste Sozialdemokrat des 19. Jahrhunderts, meist nur der »Esel« oder das »Rindvieh«.[8] Haben die Anhänger von Marx und Engels insofern ihren Idolen abgeschworen? Das Gegenteil ist der Fall. Darf man diese Tatsache unterdrücken?

»Der Münchner«, 1923

Den höchsten Anteil an NSDAP-Mitgliedern wies der Bezirk Königsplatz auf (1,24 %), den niedrigsten Giesing/Harlaching (0,32 %). Weit über Durchschnitt waren auch Schwabing-Ost (0,88 %) und -West (1,0%).[9]

Verfällt das Doku-Zentrum nicht selbst in den Fehler abstoßender Agitation, wenn es eine Karrikatur des *Simplicissimus* zeigt, die die Überschrift trägt: »Der Münchner«, dargestellt als primitiver Bierdimpfl, ohne Stirn, ohne Hirn, in den Augen je ein Hakenkreuz, jeder Münchner demnach dem Nationalsozialismus verfallen?[10] Die Tatsachen sprechen eine andere Sprache. Bei den Reichstagswahlen, die wenige Monate nach dieser Verunglimpfung stattfanden, im Mai 1924, wählten »nur« 28,5 Prozent der Stimmberechtigten den Völkischen Block (Tendenz bis 1929 fallend!), zur Hälfte Frauen. Männer wie Frauen jeweils knapp über 40 000. Weit mehr Bürger stimmten für die Sozialdemokraten und die Kommunisten, zusammen 92 000. Warum werden dem Leser und Betrachter keine Wahlergebnisse mitgeteilt?[11] Wer so *die* Münchner beschuldigt, der verletzt Recht und Moral. Beide kennen keine Kollektivschuld.

Was dem Ganzen die Krone aufsetzt, ist die Tatsache, dass die Völkischen überwiegend dort gewählt wurden, wo der *Simplicissimus* gefragter gewesen sein dürfte als in Altmünchen, in Giesing und in der Au, nämlich in Schwabing, der bevorzugten Heimat der Avantgarde, der Georgejünger, der Schickeria, der Moderne, wo auch Hitler zunächst logierte. Gerade unter den Studenten, wohnhaft überwiegend in Schwabing, war der Antisemitismus virulenter als sonst. Schließlich verdient auch Ludwig Thomas Antisemitismus in diesem Zusammenhang Erwähnung. Er war jahrelang tonangebender Mitarbeiter, ja Chefredakteur, des *Simplicissimus*, bevor er ab Juli 1921 bis zu seinem Tode 167 Hetz-Artikel für den *Miesbacher Anzeiger* verfasste. Als das alles um 1990 publik wurde und Thoma als Wegbereiter Hitlers bezeichnet werden konnte,[12] sah sich das amtliche München gezwungen, die jährliche Verleihung der Ludwig-Thoma-Medaille zu beenden. Doch Thomas *Simplicissimus* darf den Münchner weiter verunglimpfen – den Tatsachen zuwider. »Haltet den Dieb!«

Nach den Kapiteln »Der Weg zur Macht – Demokratie kann scheitern« und »Demagogische Protestpartei in der Weltwirtschaftskrise« folgen »Kampf gegen die NSDAP in München« und »Gesichter des anderen München«. Gleich neben dem Sozialdemokraten Thomas Wimmer werden dort zwei Kommunisten und Plakate der KPD vor-

## 1. »Ursprung und Aufstieg der NS-Bewegung« 23

gestellt.¹³ Die Erwähnung des kommunistischen Widerstandes ist der Vollständigkeit halber geboten. Aber geht es ohne den Hinweis, dass die KPD im Solde Stalins stand und wild entschlossen war, die freiheitliche Ordnung zu zerstören? Wie die NSDAP hätte die KPD damals verboten werden müssen, die dann 1956 tatsächlich verboten worden ist – im Kampf wider die Verfassungsfeinde. Die Furcht vor den Kommunisten hat sicherlich viele Bügerliche veranlasst, jenen die Stimme zu geben, die am lautesten diese Gefahr anprangerten, die NSDAP. Was nach dem Reichstagsbrand vom Februar 1933 sofort feststand, war, dass mit Marinus van der Lubbe, ein Kommunist – mit oder ohne Hintermänner –, das Feuer entzündet hatte. Er bekannte sich zu seiner Tat. Also größte Gefahr in Verzug! – so hatte es für sehr viele den Anschein.¹⁴ Das Verbrechen kam Hitler und seinen Kumpanen wie gerufen und deshalb – cui bono? Wem nützt das Verbrechen? – auch die Überzeugung vieler NS-Gegner, die Braunen seien die eigentlichen Brandstifter. Wäre damals die KPD anstelle der NSDAP zur Macht gelangt, so hätten Leute wie Thomas Wimmer die gleichen Nachstellungen befürchten müssen, die sie unter Hitler zu erdulden hatten.

Als Kampfblatt gegen den Nationalsozialismus wird vom Doku-Zentrum die SPD-Parteizeitung *Münchner Post* gewürdigt. Doch sie stellte die Kommunisten und die Nazis auf eine Stufe! So schrieb sie am 1./2. Oktober 1932 auf Seite 1: »›Nieder mit dem System! Nieder mit der Sozialdemokratie! Es lebe die Diktatur!‹ Das war der gemeinsame Ruf der Nationalsozialisten und der Kommunisten. Damit siegten sie. 230 Nationalsozialisten und 89 Kommunisten saßen in dem am 12. 9. wieder aufgelösten Reichstag. Nationalsozialisten und Kommunisten hatten im Reichstag die Mehrheit. Was haben die ›Sieger‹, die Diktaturschreier gemeinsam erreicht?« Am 17./18. Dezember titelte die *Münchner Post*: »KPD hilft den Nazis« und darunter: »Die planmäßige Taktik der Kommunisten, Arbeiter gegen Arbeiter zu hetzen, hat auch […] in Sachsen einem Nazibürgermeister ins Amt verholfen. Dass dieser Fall nicht vereinzelt dasteht, zeigt folgende Liste 1. […] 6. […] Kann der kommunistische Verrat an der Arbeiterklasse drastischer bewiesen werden als durch diese Kette von Begünstigungen?«

Letztlich erreichten sie gemeinsam das Ende der Weimarer Republik, wie wenig später, am 6. März 1933, die *Münchner Post* bitter beklagen musste: »Unter rücksichtsloser Ausnutzung des gesamten amtlichen Apparats hat die Nationalsozialistische Partei einen Wahlerfolg errungen, wie er in der Geschichte des Parlamentarismus bisher kaum zu verzeichnen ist. [...] Von den 192 sozialdemokratischen Zeitungen erschienen am Wahltag im ganzen Reich noch etwa acht, die übrigen waren mundtot gemacht. [...] Wir haben die Überzeugung, dass nach diesem politischen Taumel, in den weite Kreise des Volkes bei dieser Wahl versetzt wurden, wieder ein Tag kommen wird, wo die politische Vernunft zurückkehrt. Und das wird unser Tag sein. Diesen Tag ohne die KPD zu erleben, ist unsere Hoffnung. Denn mit der KPD würde auch dieser Tag des Erwachens in sein Gegenteil verkehrt. [...] Ohne diese Partei wäre Hitler nie und nimmer Reichskanzler geworden [...] Die Führerschaft dieser Partei hat in Millionen von Arbeiterherzen einen Hass gegen die Sozialdemokraten geschürt, der jetzt zu einer Fahnenflucht in die braunen Reihen des Hakenkreuzes geführt hat. Das Wahlergebnis, besonders der Vergleich der Verluste der KPD mit den Gewinnen der NSDAP, lässt gar keinen anderen Schluss zu, als dass Hunderttausende am Sonntag von den Bolschewisten zu den Nationalsozialisten übergewechselt sind.«

Diese Texte oder eine ähnliche Klarstellung fehlen im Doku-Zentrum. Es konstruiert eine Arbeiterbewegung, die es als Einheit und Bündnis nicht gegeben hat, und behauptet – völlig der *Münchner Post* konträr: »Nur die Arbeiterbewegung bekämpfte entschieden die NSDAP.«[15]

Was den Sozialdemokraten widerfahren ist, die sich der Zwangsvereinigung von KPD und SPD 1946 widersetzt haben, ist hinlänglich bekannt. Das wäre 1933 nicht anders gewesen. Dass es unter den Kommunisten auch Idealisten gegeben hat, ist nicht zu bezweifeln. Doch Idealisten gab es auch unter den Anhängern Hitlers, man denke nur an die Geschwister Scholl[16] und andere, die sich später im Widerstand bewährt haben. Die Zahl der Opfer des Kommunismus weltweit wird mit mehr als 85 Millionen beziffert.[17] Da bleibt kein Raum für Nachsicht.

## 2. »Mitmachen – Ausgrenzen. Zwei Seiten der ›Volksgemeinschaft‹«

»Die Mehrheit der Richter, Staatsanwälte und Ministerialbeamten hatte eine antiliberale Grundhaltung. Sie begrüßte die Wendung zum autoritären Staat und trat fast reibungslos in den Dienst der neuen Machthaber.«[18] Darf man derlei einfach so behaupten? Auch unter den späteren Opfern gab es viele, die der Monarchie nachtrauerten. Angesichts der Wahlergebnisse mag manch guter Bürger an der Reife des Volkes für die Demokratie gezweifelt haben. Natürlich waren die allermeisten heilfroh, wenn sie 1933 nicht entlassen wurden – bei sechs Millionen Arbeitslosen. Das Gegenteil zuzumuten wäre doch lebensfremd vermessen.[19] Aber wenn man jemanden belasten will, so genügt es, die Messlatte so hoch zu legen, dass sie nahezu jeder reißt. Gab es auch nur eine Handvoll, die freiwillig den Staatsdienst verließen, abgesehen von Leuten, die ohnehin altersbedingt schon ausscheiden durften? Gab es Juden, die trotz des Frontkämpferprivilegs um Entlassung aus dem Staatsdienst nachsuchten?

Und als NS-Gegner: Wie froh waren sie, wenn sie es mit humanen Richtern, Lehrern, Vorgesetzten usw. zu tun hatten, die nun halbherzig mitmachten! (Ich, K. L., habe noch die Worte meines Vaters im Ohr, der des öftern sagte: »Mich schützt mein Chef [...]!« – der Leiter des Finanzamts München-Ost, sicherlich ein NSDAP-Mitglied.) In seiner Autobiographie schreibt George Weidenfeld, selbst ein aus Wien vertriebener Jude: »Die gedankenlose Verurteilung jeglicher Kollaboration durch Menschen, die selbst nie der Verfolgung ausgesetzt waren und Einschüchterung, Terror und Tod, die andernfalls gedroht hätten, nicht in ihre Überlegungen einbezogen, hat mich oft geärgert, ja angewidert.«[20] Wer wollte ihm widersprechen?

Weiter geht es mit ähnlichen Anschuldigungen. Das Ende der Demokratie in Stadt und Land wird veranschaulicht und beschrieben: »Nur etwa ein Prozent der Beamten und 3,5 Prozent der Arbeiter und Angestellten der Stadt wurden 1933/34 entlassen, die meisten passten sich mehr oder weniger bereitwillig den neuen Machthabern an.«[21] Die Zahlen mögen stimmen und auch der Rest. Doch welche realistische Alternative gab es? War es wirklich ohne Rücksicht auf Frau und Kinder geboten, den Beruf an den Nagel zu hängen – noch dazu in einer Zeit größter Arbeitslosigkeit?

Die folgenden Zeilen provozieren dieselben Fragen. Es heißt da: »Wenngleich viele der Münchner Hochschullehrer fachliche Standards wahrten [...], arrangierten sich – in unterschiedlichem Ausmaß – fast alle mit den Anforderungen des Regimes.«[22] War der, der dies nicht tat, nicht weg vom Fenster? Daher ist der nächste Satz überflüssig, nämlich: »Wie an allen Hochschulen stellten sich auch die Professoren der TH München in den Dienst des NS-Regimes.«[23] Auf welche Weise, harmlos oder bedenklich? Keine Antwort. Längst nicht jeder musste Böses tun.

»Viele ›Volksgenossen‹ sahen ihre eigenen Vorteile und ihre angebliche eigene ›Höherwertigkeit‹ durch die Ausgrenzung der anderen bestätigt«, heißt es unter der Überschrift »Volksgemeinschaft«.[24] Woher weiß das der Verfasser und was heißt »viele«? Sind das Tausende oder Hunderttausende? Jeder zehnte oder jeder zweite oder gar noch mehr?

Die Blockwarte »führten Buch über die Spendenwilligkeit, meldeten verdächtige Äußerungen und gaben politische Auskünfte, die bei Beförderungen, Ausbildungsbeihilfen oder Ehestandsdarlehen wichtig waren.«[25] Diese anschauliche Schilderung der totalen Kontrolle verdient es, verbreitet zu werden. Aber der Sachverhalt war prinzipiell reichseinheitlich und nicht typisch für München. Auch hat längst nicht jeder Hauswart/Blockwart die genannten »Pflichten« erfüllt, was ich, K. L., mit Blick auf unseren Hauswart, Georg Höfle, beeiden könnte.

»Ausgrenzung und Verfolgung« bilden ein weiteres Schwerpunktthema. Wenn der reichsweite »Judenboykott« vom 1. April 1933 in diesem Zusammenhang groß als »erstes öffentliches Fanal der Verdrängung«[26] herausgestellt wird, so will der Leser wissen, welche Überlegungen es rechtfertigen können, dass die Boykottaufrufe in den USA und Großbritannien praktisch[27] unerwähnt bleiben, die den Boykott in Deutschland ausgelöst haben?[28] Aus taktischen, aber auch aus prinzipiellen Erwägungen ist ein entschiedenes *Keine* geboten. Natürlich sind dann auch die schlimmen Vorfälle zu erwähnen, die zu den Aufrufen im Ausland geführt haben.

2. »Mitmachen – Ausgrenzen. Zwei Seiten der ›Volksgemeinschaft‹« 27

*Grußpflicht am NS-»Ehrenmal« an der Feldherrnhalle*

In Großformat herausgestellt wird die Aufnahme eines NS-Bildreporters aus dem Jahre 1937. Sie zeigt zwei Frauen, die auf dem Fahrrad am NS-»Ehrenmal« an der Feldherrnhalle vorbeifahren und dabei, wie geboten, den rechten Arm zum Gruß heben. Ein Bildrätsel, das der Ausdeutung Tür und Tor öffnet. Wer sind die Frauen? Dass sie Münchner Bürgerinnen sind, dürfen wir unterstellen. Auch die »Rasse«? Was empfinden sie. Offenbar ist keine der beiden begeistert. Warum haben sie keinen Umweg gemacht, um der Grußpflicht zu entgehen? Wurde derlei von der Gestapo registriert? Fragen über Fragen, aber keine Antwort, weder im Zentrum noch im Katalog.

Ärgerlich sind die Unterschrift und der Text nebenan. »Was im Wittelsbacher Palais an der Brienner Straße geschah, war in der Bevölkerung bekannt. Wer im Café Luitpold unter Palmen beim Kaffee saß, wusste um den Terror in der benachbarten Gestapozentrale.«[29]

Viele wussten wohl, dass es sich um die Münchner Gestapo-Zentrale handelte und dass es gut war, wenn man nicht dorthin bestellt wurde. Aber war das wirklich Allgemeinwissen? Darf man derlei Behauptungen einfach so aufstellen? In welcher Entfernung war es politisch noch korrekt, Platz zu nehmen? Hätte das Café schließen sollen?

Neben dem Foto wird es noch anstößiger, wenn dort steht: »Ähnlich bildete das Beflaggen der Häuser mit Hakenkreuzfahnen bei größeren Veranstaltungen ein öffentliches Zeichen der Zustimmung.«[30] Jeder, der seine oppositionelle Einstellung nicht preisgeben wollte, war zu diesem Kotau mindestens ebenso gezwungen wie zu der Teilnahme an den »Wahlen«. Wer von den Verantwortlichen des Doku-Zentrums wagt zu sagen, dass seine Vorfahren nicht beflaggt haben? Doch ja, es hat so Mutig-Verwegene gegeben. Aber nur ganz wenige. Von der Masse darf man keinen Heroismus erwarten.

Anschließend eine Vermutung: »Das private Glück, das mit Angeboten wie Ehestandsdarlehen, Wohnungsbau und Aussicht auf einen KdF-Wagen (Volkswagen) verknüpft wurde, förderte das Gefühl der Zugehörigkeit zur NS-Gemeinschaft.« Nun kommt's: »Damit stellte sich die Mehrheit auch auf die Seite des Regimes, nahm weitgehend gleichgültig die Ausgrenzung von Minderheiten hin [...]«[31] Weil jemand ein aus Steuermitteln finanziertes Darlehen beantragt, toleriert er, wie es abschließend heißt, »den alltäglichen Rassismus«. Dann hätten die Regime-Gegner auch auf die Lebensmittelkarten verzichten müssen, da auch insofern die »Fremdrassigen« disqualifiziert wurden. Unter den Juden gab es »Privilegierte«, die bis zur Vertreibung oder Deportation ihre gekürzten Ruhebezüge entgegennahmen, so beispielsweise Victor Klemperer. Sie wurden dadurch doch keine Mitläufer!

## 2. »Mitmachen – Ausgrenzen. Zwei Seiten der ›Volksgemeinschaft‹«

KZ-Häftlinge in Reih und Glied.
Gegner, da im Konzentrationslager? Wohl ja!
Oder doch Mitläufer, da sie den Befehlen
so perfekt gehorchten?
Allein des Gehorsams wegen sicher nicht!

Der Dachau-Häftling Stanislav Zámečník schildert, was sich im Lager am 12. November 1933 anlässlich der Reichstags-»wahlen« zutrug. Da die Häftlinge befürchteten, das Wahlgeheimnis könnte missachtet werden, kamen sie überein, »mit ›Ja‹ zu stimmen, und trösteten sich damit, dass das Wahlergebnis einen Beweis für den Terror im Lager liefern würde. Die Kommandantur verstand dies jedoch nicht so und belohnte die Häftlinge [...]«[32] Waren die Ja-Sager nun zu Mitläufern geworden?

Unter der Überschrift »Die Kirchen zwischen Zustimmung, Anpassung und Verweigerung« wird ausgeführt: »Die katholischen Bischöfe hatten bis 1933 vor dem Nationalsozialismus gewarnt, weil er ›Rasse‹ höher stelle als Religion [...]. Sie zogen diese Warnung jedoch zurück, nachdem Hitler in seiner Regierungserklärung vom 23. März 1933 kirchenfreundliche Zusagen gemacht hatte.«[33] Was war wirklich geschehen? In seiner programmatischen Reichstagsrede vom

23. März hatte Hitler ausgeführt: »Die nationale Regierung [...] kann aber nicht dulden, dass die Zugehörigkeit zu einer bestimmten Konfession oder einer bestimmten Rasse eine Entbindung von allgemeinen gesetzlichen Verpflichtungen sein könnte. [...] Ebenso legt die Reichsregierung, die im Christentum die unerschütterlichen Fundamente der Moral und Sittlichkeit des Volkes sieht, größten Wert auf freundschaftliche Beziehungen zum Heiligen Stuhl [...].«[34] Darauf die Antwort des Episkopats: »Ohne die in unseren früheren Maßnahmen liegende Verurteilung bestimmter religiös-sittlicher Irrtümer aufzuheben, glaubt daher der Episkopat das Vertrauen hegen zu können, dass die vorbezeichneten allgemeinen Verbote und Warnungen nicht mehr als notwendig betrachtet zu werden brauchen.«[35] Ist das ein signifikanter Rückzieher, eine »Kapitulation« oder nicht vielmehr eine unvermeidliche Konzession in einem totalitären Staat? »Ohne [...] die Verurteilung [...] aufzuheben«! Die Nazis haben stets eine Ablehnung insbesondere seitens der katholischen Kirche wahrgenommen, wovon noch die Rede sein wird.[36]

Zwei Seiten weiter folgt die Überschrift »Die Kirchen zwischen Zustimmung, Anpassung und Verweigerung.«[37] Im Bild hebt ein älterer katholischer Geistlicher den rechten Arm zum »Deutschen Gruß« wie Dutzende um ihn herum. Was es offenbar aus ganz Deutschland nicht gibt, ist das Foto eines Bischofs, der so grüßt. Neben dem Geistlichen auf der nächsten Seite ist Kardinal Faulhaber abgebildet, wie er ein Flugzeug segnet. Darunter steht: »Michael Kardinal von Faulhaber bei der Weihe von Missionsfahrzeugen am Flughafen Oberwiesenfeld.«[38] Was haben Bild und Text mit dem Thema »München und der Nationalsozialismus« zu tun? Nichts! Oder? Sollen die Fotos überleiten zu der Behauptung an dieser Stelle: »Doch die katholische Amtskirche in München wie im übrigen Deutschland schwieg zur Verfolgung der Juden [...]«?

## 3. »München und der Krieg«

Unter »Diskriminierung im Krieg« sieht der Besucher ein Foto, das acht Mädchen zeigt, die vor ihrem Schulgebäude plaudern. Zur Erläuterung heißt es: »Christine Roth (Jg. 1927 [...]) mit Klassenkameradinnen vor ihrem Ausschluss vom Schulbesuch, Angerkloster 1942/1943.« Auch wenn jedem Betrachter hoffentlich klar ist, dass der Ausschluss seitens der NS-Obrigkeit verfügt wurde, so sollte doch der Hinweis nicht fehlen, dass die Schule selbst nicht fortexistieren durfte. (Meine – K. L's – Schwester Gabriele, ebenfalls Jahrgang 1927, war davon betroffen, und ich als Violinschüler ebendort.) Es war also eine Diskriminierung nicht nur der Juden, sondern aller Schüler und Schülereltern dieser Klosterschule, was nicht oft genug betont werden kann.[39]

Wenn schon Angerkloster, warum wird dann nicht auch der in der Dokumentation beiläufig erwähnte Ernst Grube zitiert, der in seinen Vorträgen berichtet: Wann immer ich und die Meinen in Not waren, wandten wir uns an das Kloster der Armen Schulschwestern, Anger-Kloster, und erhielten Hilfe. Schwester Laurentine war die Anlaufstelle. Sie gewährte Nahrung und Obdach und erteilte auch Unterricht, was ebenfalls streng verboten war. Als Juden, beziehungsweise jüdisch Versippte, erhielten wir keine Wohnung. Wir bekamen dann für einige Zeit im Angerkloster eine Notwohnung im dortigen Kindergarten. Wir wurden dort auch verpflegt. Ernst Grube, München, ist immer noch zu Auskünften bereit.

Das Thema »Widerstand[40] und Zivilcourage im Krieg« wird mit dem fünften Flugblatt der Weißen Rose eingeleitet. Alle Mitglieder dieser verschworenen Gemeinschaft verdienen Anerkennung und Dank. Wir sind stolz auf sie! Doch der zitierte Text gibt auch Rätsel auf. Man versetze sich in die Lage eines gutwilligen Empfängers, der sich angesprochen fühlt. Er liest: »Deutsche! Wollt Ihr und Eure Kinder dasselbe Schicksal erleiden, das den Juden widerfahren ist? Wollt Ihr mit dem gleichen Maße gemessen werden wie Eure Verführer? Sollen wir auf ewig das von aller Welt gehasste und ausgestoßene Volk sein? Nein! [...] Beweist durch die Tat, dass Ihr anders denkt! Ein neuer Befreiungskrieg bricht an. Der bessere Teil des Volkes kämpft auf unserer Seite. [...]«[41]

Jeder halbwegs informierte Deutsche wusste über Funk und Presse, dass politische Flugblätter bei den zuständigen Stellen abzuliefern waren. Wer war der Absender? Vielleicht gar die Gestapo, die mir, einem Unzuverlässigen, eine Falle stellen wollte. Und dann, falls man sich über derlei Ängste hinwegsetzen konnte: Wo sind die Vorboten des »Befreiungskrieges« wahrnehmbar? Und dann, was kann ich konkret unternehmen mit Aussicht auf irgendeinen nennenswerten Erfolg, ohne gleichsam Selbstmord zu begehen?

Als nächstes kommt »Widerstand aus der Arbeiterbewegung« zur Darstellung. Die Helden waren demnach überwiegend Kommunisten. Ihr Widerstand begann, soweit die Texte Aufschluss geben, nachdem das Hitlerregime die Sowjetunion angegriffen hatte, also ab Sommer 1941, also nach dem Ende des Freundschaftsvertrages zwischen Hitler und Stalin, so wie auch der kommunistische Widerstand in Frankreich nicht nach dem Einmarsch der deutschen Streitkräfte seinen Anfang genommen hatte. Diesen Widerständlern ging es nicht um eine freiheitliche demokratische Ordnung, sondern um eine »Diktatur des Proletariats« nach sowjetischem Muster. Die Todesmärsche kurz vor Kriegsende werden anschaulich dokumentiert und glossiert: »Völlig erschöpfte Gefangene starben am Wegesrand oder wurden erschossen. Die deutsche Bevölkerung reagierte vielfach gleichgültig oder verängstigt, nur wenige versuchten zu helfen.«[42] Es mag häufig so gewesen sein. Doch woher hat der Verfasser sein Wissen: »gleichgültig«? Darf man das so einfach behaupten? Woran erkennt man den Gleichgültigen? Wie zeigt man Anteilnahme, wenn man weder Brot noch Wasser austeilen kann?

Ich, K. L., damals dreizehn Jahre alt, stand auf unserem Balkon in Unterbrunn bei Gauting, als im April 1945 ein solch desolater Haufen völlig überraschend vorüberzog. Ich wusste nicht, wer die Menschen waren, die das traurige Häuflein bildeten. Ich wusste nicht, woher sie kamen und welches ihr Ziel. Voraus und dahinter ging je ein mit Gewehr bewaffneter Uniformierter. Ehe ich recht zur Besinnung kam, waren die Elendsgestalten schon wieder meinen Blicken entschwunden. Bis heute frage ich mich, ob ich etwas Hilfreiches schuldhaft unterlassen habe. Natürlich hatte ich Mitleid. Aber das allein befriedigt nicht. Hat meine Mutter etwas von dem tristen Spektakel mitbekommen? Ich weiß es nicht mehr. Falls ja, dann noch weniger als ich. Sonst war niemand zuhause.

Aus der näheren Umgebung Unterbrunns gibt es eine aufschlussreiche Erinnerung einer mir Unbekannten: »Ich kam eben vom Einkaufen heim, als an der Ecke bei Robl zwei der Häftlinge stöhnend am Boden lagen. Als Leute aus der Nachbarschaft Kaffee bringen wollten, wurde vom Posten mit Erschießen gedroht. An der nächsten Straßenecke lag ein anderer Häftling, der mit den Füßen getreten wurde, worauf die Vorübergehenden scharf protestierten. Einer der Posten war besonders roh [...] Er drohte den Frauen, dass sie, wenn sie jetzt nicht ruhig sind, auch mitmarschieren müssen.«[43] Liegt ein schuldhaftes Fehlverhalten der Frauen vor?

## 4. »Auseinandersetzung mit der NS-Zeit«

Eingangs erfreut die Feststellung: »Eine ›Kollektivschuld‹ der Deutschen wurde weitgehend verneint.«[44] Gleich darauf folgt die Mitteilung: »Lediglich die Evangelische Kirche bekannte sich in ihrem ›Stuttgarter Schuldbekenntnis‹ im Oktober 1945 zu einer Mitverantwortung.« Geht es hier um Verantwortung oder um Schuld? Oder werden beide Wörter als gleichbedeutend gebraucht, sodass sich die Evangelische Kirche doch zu einer Kollektivschuld, die aller Ethik hohnspricht, bekannt hätte? Die Antwort sucht der Leser vergebens.

Nicht minder problematisch der folgende Text: »Die breite Mehrheit zog sich ins Private zurück, betrachtete sich selbst als Opfer des Krieges und wehrte jede Schuld ab: Man habe nichts gewusst [...].« Wer verteidigt sich so? Noch nie bin ich, K. L., einem Menschen begegnet, der mit Blick auf Hitlers radikalen Antisemitismus totale Ignoranz geheuchelt hätte, vorausgesetzt er hat damals schon gelebt und nicht nur als Kind. Darf man eine so lächerliche Uneinsichtigkeit einfach so behaupten?

Zur Entnazifizierung heißt es: »In Bayern wurden bis Ende 1949 die Meldebögen von ca. 6,8 Millionen Personen bearbeitet. [...] Von den 290 000 behandelten Fällen stuften die Spruchkammern [...] nur

4,1 Prozent als Hauptschuldige oder Belastete ein.«[45] An der Spitze jeder Spruchkammer stand jeweils ein politisch nicht belasteter Jurist. Darf da unterstellt werden, dass zu milde geurteilt wurde? 4,1 Prozent, 11 600 Personen, sind nicht sehr viel, aber doch weit mehr als eine Quantité négligeable.[46]

Aufnahmen von Angeklagten in Entnazifizierungsverfahren werden gezeigt und wie sie ihre Unschuld beteuern. Darf uns das in Erstaunen versetzen? Durfte man erwarten, dass Hitlers engere Gefolgsleute ihre Mitschuld an der Katastrophe einsehen und auch noch offen eingestehen – als angeklagte »Engel«? Derlei ist doch auch sonst die große Ausnahme, und wenn sie geschieht, drängt sich die Frage auf: glaubwürdig?

Nur jeder vierte nach dem Gesetz zur Befreiung von »Nationalsozialismus und Militarismus« Meldepflichtige war vom Gesetz betroffen, also offenbar irgendwie verantwortlich. Entsprechendes gilt für ganz Bayern. Ist es gleichwohl vertretbar, wenn mehrmals vom »Land der Täter«[47] die Rede ist?

Von den eigentlichen Haupttätern lebte damals kaum noch einer, und wenn dann nicht als freier Mann in Deutschland, es sei denn er hatte seine Strafe verbüßt. Ausländische NS-Opfer, die als displaced persons (DPs) Aufnahme in Deutschland gefunden hatten, glaubten tatsächlich – wie das feindliche Ausland –, sie seien im Land der Täter, weshalb Margot Elsner auf Geheiß ihres Mannes ihre freundschaftlichen Beziehungen zu allen Deutschen, auch zu K. L.'s Schwester Gabriele, abbrechen musste. Dabei war Gabriele doch die Mittelsperson, über die der versteckten Mutter, einer »Voll«-Jüdin, in den Jahren der Verfolgung mit Lebensmittelmarken geholfen werden konnte. Eine Tochter Margots lebt noch und weiß das Wesentliche.

»Täter vor Gericht«,[48] so lautet eine weitere Überschrift. Dann wird ausgeführt, dass die Täter Fürsprecher hatten, Vereine und Persönlichkeiten, darunter sehr namhafte, so Weihbischof Johannes Neuhäusler und Bundesjustizminister Thomas Dehler. Darf man es unterlassen, in diesem Zusammenhang zu erwähnen, dass es sich bei beiden um NS-Opfer handelte? Der Weihbischof hatte über vier Jahre im KZ Dachau vegetieren müssen. Auch Dehlers Weste war weiß. Mit einer Jüdin verheiratet, der er die Treue hielt, vertrat Dehler als Anwalt Juden vor Gericht, wurde vielfältig diskriminiert und sogar seiner Freiheit beraubt. Darf man unterstellen, dass auch nur einer von den beiden aus niederen Beweggründen für seine Peiniger von gestern tätig geworden ist? Darf man unterstellen, dass alle Besucher des Doku-Zentrums und Leser des Katalogs über diese Personalien Bescheid wissen?

Eines Tages kam Peter Löw, K. L.'s Vater, verstört nach Hause. Sein Freund, Otto Hipp, bis 1933 Oberbürgermeister von Regensburg und nun im Auftrag der US-Streitkräfte Pflichtverteidiger in Landsberg am Lech, wo gegen SS-Leute Strafverfahren stattfanden, war zu der bitteren Erkenntnis gekommen, dass Mandanten gefoltert und nach erpressten Geständnissen hingerichtet worden waren. Dieses bittere Erlebnis hatte Hipp meinem Vater mitgeteilt. War derlei nicht ein ehrenwertes Motiv für Fürsprache? Auch US-Amerikaner verschafften ihrem Gewissen Luft, indem sie ihre Regierung auf die Missstände in Landsberg hinwiesen, so der Richter Edward Leroy van Roden.

Der Leser und Besucher wird daran erinnert, dass arabische Terroristen 1970 versucht hatten, eine israelische Maschine zu kapern. Es folgt: »Am 5. September 1972 führte eine Geiselnahme palästinensischer Terroristen zum Tod von elf israelischen Sportlern während der Olympischen Spiele in München.«[49] Dann ist von einem Anschlag auf ein Altenheim der Israelitischen Kultusgemeinde die Rede, bei dem sieben Menschen starben. Dazu die Bemerkung: »Ob die Tat rechts- oder linksterroristisch motiviert war, ist bis heute ungeklärt.«[50] Angesichts der vorausgegangenen Schilderungen mit Palästinensern als Tätern wäre doch auch hier ein Anschlag von Palästinensern mit in Betracht zu ziehen.

Die Ausstellung »Widerstand und Verfolgung in Bayern 1933–1945« wird lobend erwähnt. Unerwähnt bleibt, dass sie ihr Ende fand, nachdem das Institut für Zeitgeschichte, an dessen Spitze ein SPD-Mitglied stand, gutachtlich festgestellt hatte, dass die Ausstellung wissenschaftlichen Ansprüchen nicht genügt: »Vor allem bei der Erklärung des Nationalsozialismus ist die Tendenz zur monokausalen Ursachenerklärung mit gelegentlichen Anleihen aus einer historisch nicht mehr haltbaren marxistischen Faschismuserklärung vorherrschend.«[51]

Das war in den 1980er Jahren. Ein ähnliches Schicksal widerfuhr der Ausstellung »Verbrechen der Wehrmacht«, die zahlreiche falsche Schuldzuweisungen enthielt und deshalb ihre Tore schließen musste. Doch das Doku-Zentrum spricht von einer »angeblichen Verunglimpfung«.[52]

## 5. Zusammenfassung der Kritik

Die Ausstellung bietet reichlich Bildmaterial, das zum großen Teil der NS-Propaganda entnommen ist. »Das andere München« kommt dabei zwangsläufig zu kurz. Wer wollte, wer konnte Opposition im Bild festhalten? Und wie?

Zu den Texten: Viele relevante Fakten bleiben unerwähnt. Viele Tatsachen werden einfach so behauptet, ohne sie auch nur plausibel zu machen, z. B. »Alltag: Wegschauen, Zuschauen, Mitmachen«. Die bolschewistische Gefahr wird gänzlich übergangen. Die KPD ist im Text des Doku-Zentrums eine Partei wie jede andere auch. An die Menschen von damals wird ein Maßstab angelegt, der Übermenschliches fordert, weshalb aus der Sicht dessen, der sich selbst zum sakrosankten Richter erhebt, eigentlich alle damals Lebenden Versager sein mussten, auch die Opfer, auch die Gegner. Doch darüber kein Wort.

## II. DAS DOKU-ZENTRUM IGNORIERT – DIE WICHTIGSTEN ZEUGEN
*(Löw/Dirsch)*

Der Richter urteilt nicht danach, wie es tatsächlich war, sondern nach dem Ergebnis der Beweisaufnahme, und dabei können sich viele Fehler eingeschlichen haben. Das ist zutiefst bedauerlich. Doch da der Richter nicht allwissend ist, muss er den Sachverhalt erkunden und darf sich nicht auf seine Inspiration verlassen.

Er muss tunlichst alles heranziehen, was der Ermittlung des wahren Sachverhalts behilflich sein kann, insbesondere Zeugen anhören, Sachverständige befragen und Dokumente einsehen. Dennoch bleibt das Ergebnis der Beweisaufnahme fraglich. Eine an Sicherheit grenzende Wahrscheinlichkeit ist deshalb das Non-plus-ultra und für eine Verurteilung ausreichend. Wegen der Differenz zwischen Sicherheit und Wahrscheinlichkeit besteht unter engen Voraussetzungen die Möglichkeit, eine Korrektur des Urteils zu erwirken, auch wenn es schon lange rechtskräftig ist.

Die Tätigkeit des Historikers entspricht der des Richters, was die Ermittlung der Tatsachen anlangt. Auch er wird das, worüber er schreibt, kaum je erlebt haben. Wenn doch, so ist er gegenüber dem Richter im Vorteil, der Selbsterlebtes nicht zur Grundlage seiner Entscheidung machen darf. Doch der Historiker ist gut beraten, wenn er sich nicht nur auf eigene Erfahrungen verlässt. Im Übrigen gilt auch für ihn: Zeugen, Sachverständige (Kollegen), Dokumente (und anderes), je mehr umso besser.

Hat der Richter das Beweismaterial nicht oder nur lückenhaft herangezogen, so hat das Urteil keinen Bestand, falls der Verurteilte oder sonst ein dazu Berechtigter die Entscheidung anficht. Insofern ist der Historiker in einer besseren Lage, als der von seinen Ausführungen

Betroffene kein Gericht anrufen kann – von seltenen Ausnahmen abgesehen. Wenn es um brisante Themen der Geschichte unseres Landes geht, ist dann nicht jeder, der glaubt, es besser zu wissen, in Wahrnehmung seiner staatsbürgerlichen Pflichten gehalten, tunlichst seine Stimme zu erheben und sein fundiertes Wissen mitzuteilen, auch auf die Gefahr hin, dass er nicht gehört wird?

Im Folgenden werden Dokumente präsentiert, die das Doku-Zentrum nicht berücksichtigt, obwohl sie das Thema München und der Nationalsozialismus betreffen. Die Zeugnisse sind gegliedert in solche, die von Juden stammen, und solche von anderen NS-Gegnern. Ferner: Wie vor Gericht, so finden auch hier die Täter und ihre Gehilfen Gehör. Je nachdem, worum es geht, können ihre Bekundungen sehr aufschlussreich sein. Die Fülle der Zeugnisse gewährt uns Einblick in das Denken und Handeln der Münchner mit Bezug auf die parteiamtliche Weltanschauung.

Es wurden alle einschlägigen Aussagen berücksichtigt, die den Autoren zur Kenntnis gelangt sind. Für Hinweise auf weitere Bekundungen schon hier aufrichtigen Dank!

**Kursiv** gesetzte Texte in II. sind Zitate.

## 1. Stimmen jüdischer Zeitzeugen

*Ich will Zeugnis ablegen.*[1] Derselbe, der sich hier zu Worte meldet, Victor Klemperer, notierte drei Jahre später, Anfang 1945, nachdem er sich wieder zum Schreiben überwunden hatte, die Zeugenschaft geschehe *mit einiger Selbstüberwindung und Pedanterie, denn es ist so wenig Hoffnung, dass ich überlebe, und noch viel weniger Hoffnung, dass meine Manuskripte in Pirna überleben. Die Vernichtung geht immerfort weiter, Tag und Nacht.*[2] Doch welch Glück, die Manuskripte haben überlebt – und sind doch tot, wenn wir sie nicht beachten.

Auch eine Zeugin soll einleitend zu Worte kommen, Lore Oppenheimer: *Oft frage ich mich, warum wurde ich befreit. Meine einzige Antwort: um der Welt zu berichten […]*[3]

## 1. Stimmen jüdischer Zeitzeugen

Zunächst kommen in alphabetischer Reihung 46 Juden zu Wort, gebürtige Münchner oder Menschen, die in München am eigenen Leib Nationalsozialismus erlebt und darüber Aufzeichnungen hinterlassen haben. Ein Teil von ihnen wird im Doku-Zentrum zwar abgebildet, doch was nun zitiert wird, bleibt dort nahezu gänzlich unberücksichtigt. Dabei heißt es im Katalog: *Die Einbeziehung der Opfer und Multiperspektivität sind somit bei der Vermittlung unabdingbar.*[4]

Else **Behrend-Rosenfeld** kam 1891 in Berlin zur Welt. 1933 zog sie mit Mann und Kindern nach Schönau am Königssee, von wo sie aus rassistischen Gründen vertrieben wurden. Sie fanden 1934 eine Bleibe in Icking bei München. Der Mann und die Kinder konnten rechtzeitig auswandern, sie nicht. Von 1938 bis 1941 arbeitete sie in der jüdischen Gemeinde München, dann bis 1942 im Judenhaus München Berg am Laim. Von dort gelang ihr – über Berlin und Freiburg i. B. – am 20. April 1944 die Flucht in die Schweiz. Nach dem Krieg wohnte sie wieder in Icking, bis sie 1960 zu ihren in England verheirateten Kindern zog. Dort starb sie 1970.

*Da traf uns Mitte Dezember [1933 in Schönau] ein neuer Schlag in Gestalt eines Briefes von der Gemeinde folgenden Inhaltes: Unser Verbleib hier sei unerwünscht […] Wir wussten sofort, dass der Lehrer dahintersteckte […]*[5]

Die Familie begab sich nach Icking, wo sie herzlich aufgenommen wurde:

*Unsere Kinder haben dort gute Jahre gehabt, sowohl Lehrer wie Kameraden ließen sie ihre Rassenzugehörigkeit nicht fühlen.*[6]

*Dann kam der 10. November 1938! Völlig ahnungslos waren wir am Morgen aufgestanden, […] als es klingelte. Unser guter Bürgermeister stand draußen, schwitzend vor Verlegenheit. »Die Kreisleitung der Partei hat mich angerufen und beauftragt, Ihnen zu sagen, Sie müssten innerhalb von drei Stunden von hier fort […] Ich hoffe, es ist nur für kurze Zeit.«*[7]

*Als sie ihm ihre Schlüssel brachte, versuchte er, sie zu trösten. »Rufen Sie mich von München an, ehe Sie wiederkommen, und wenn Sie sonst irgendetwas wollen. Gell, Sie wissen, dass ich alles tun werde, damit Sie bald wieder bei uns sind!«*[8]

## II. Das Doku-Zentrum ignoriert – Die wichtigsten Zeugen

Behrend-Rosenfeld suchte Unterkunft bei Bekannten in München. Dort erlebte sie:

*Immer wieder trafen wir auf Menschenansammlungen vor jüdischen Läden, wo man sich das Zerstörungswerk ansehen wollte [...] Die Menge verhielt sich ruhig, auch den Gesichtern war ganz selten einmal anzumerken, was ihre Besitzer dachten. Hier und da fielen Worte der Schadenfreude, aber auch solche des Abscheus konnte man gelegentlich hören.*[9]

Schließlich fand sie für eine Reihe von Tagen eine Bleibe:

*Jeder Ausgang in diesen ersten Tagen nach dem 10. November [1938] kostete Überwindung. Wenn die Wohnungstür hinter mir zufiel, hatte ich das Gefühl, mich erst straffen und wappnen zu müssen, einer grausamen Außenwelt gegenüber.*[10]

*Wenn übrigens durch die Inschriften [z. B. »Kein Verkauf an Juden!«] von der Partei bezweckt worden war, den Juden den Einkauf unmöglich zu machen, sie an den dringendsten Bedürfnissen des täglichen Lebens Not leiden zu lassen, so ist dieser Zweck nicht nur nicht erreicht, sondern beinahe in sein Gegenteil verkehrt worden. Die Nachbarn und Bekannten, ja in vielen Fällen die Inhaber der Geschäfte, die jüdische Familien zu Kunden hatten, beeilten sich, ihnen alles, was sie brauchten, oft in Fülle und Überfülle, in die Wohnungen zu bringen.*[11]

*Die Spekulation, die Gewalttaten gegen die Juden in den Novembertagen des Jahres 1938 als spontanen Ausbruch der kochenden Volksseele hinzustellen, hatte sich als Fehlspekulation erwiesen, und in Zukunft wurde ein anderer Weg eingeschlagen. Alle Verfügungen, die sich gegen die Juden richteten, wurden außer den Betroffenen nur den unmittelbar mit ihrer Durchführung betrauten Organen bekanntgegeben und als »geheim« bezeichnet, sodass weite Volkskreise kaum etwas von all den Beschränkungen und Zwangsmaßregeln erfuhren.*[12]

*Übrigens hat es mir wohlgetan, im Dorf deutlich die Sympathien für uns und unser Schicksal zu spüren, als ich am Tag nach Deiner Abreise bei den verschiedenen Leuten Deine Abschiedsgrüße bestellte.*[13]

Auch Behrend-Rosenfeld betrieb die Ausreise und machte sich berechtigte Hoffnungen. Unter »Isartal, Sonntag, den 4. Mai 1941« schreibt sie: *Donnerstag feierte ich meinen fünfzigsten Geburtstag unter diesen freudigen Vorzeichen mit allen hier gewonnenen Freunden, unter denen weder die Nachbarn und die Familie Pr. noch unsere wirklich prachtvolle Lebensmittelhändlerin fehlte, die durch [...] Sondereinkäufe für diesen Tag nach der Ursache gefragt hatte.*[14]

Behrend-Rosenfeld, nun zwangsweise im Judenhaus München-Berg am Laim lebend, stellte sich die Frage, wie die Bevölkerung auf die Stigmatisierung mit dem Stern (ab 19. 9. 1941) reagieren werde. Ihre Erfahrung:

*Die meisten Leute tun, als sähen sie den Stern nicht, ganz vereinzelt gibt jemand in der Straßenbahn seiner Genugtuung darüber Ausdruck, dass man nun das »Judenpack« erkennt. Aber wir erlebten und erleben auch viele Äußerungen der Abscheu über diese Maßnahme und viele Sympathiekundgebungen für uns davon Betroffene. Am schlimmsten ist es für die Schulkinder, die vom sechsten Jahr ab den Stern tragen müssen. Zwei etwa siebenjährige Buben wurden von etwa gleichaltrigen »Ariern« jämmerlich verprügelt.*

Bis hierher wird Behrend-Rosenfeld auch im Katalog zitiert.[15] Doch die nun folgenden Beispiele tätiger Hilfe bleiben unberücksichtigt! Warum nur?

*Bei einem legte sich allerdings ein des Weges kommender älterer Herr ins Mittel, der die Buben mit Schimpfworten auseinanderjagte und das weinende kleine Opfer bis an seine Haustür begleitete. Einer älteren Frau aus unserm Heim schenkte ein Soldat die Marken für eine wöchentliche Brotration, einer anderen, die zur Arbeit in der Tram fuhr und keinen Platz fand, bot ein Herr mit tiefer Verbeugung ostentativ seinen Sitzplatz an. Mir erklärten unser Metzger und unser Butterlieferant, dass sie uns nun erst recht gut beliefern würden; sie schimpften kräftig auf diese neue Demütigung, die uns angetan wird [...] Mir scheint, dass jedenfalls in München die jetzigen Machthaber mit dieser Verfügung nicht erreichen werden, was sie bezwecken [...]*[16]

»Metzger« und »Butterlieferant« – stehen sie nicht für den Großteil der Bevölkerung? Die meisten hatten selbst nur das Nötigste und konnten deshalb nicht wie die Händler helfen.

Behrend-Rosenfeld ist die einzige Zeitzeugin von allen, die hier zu Worte kommen, denen der Besucher des Zentrums und Leser des Katalogs auch dort begegnet. Doch von ihr werden nur auszugsweise die Erfahrungen mit dem »Stern« zitiert. Die Auswahl ist bezeichnend. Von den sechs Episoden, die der Veranschaulichung dienen, wird nur die für die Münchner negative wiedergegeben. Die fünf positiven werden dem Leser vorenthalten.[17]

Vier Wochen später, Behrend-Rosenfeld: *Die Bevölkerung tut, als sähe sie die Sterne nicht. Viele Freundlichkeiten in der Öffentlichkeit und noch viel mehr im Geheimen werden uns erwiesen, Äußerungen der Verachtung und des Hasses uns gegenüber sind selten. Und ich glaube, gerade diese Reaktion hat eine neue, sehr unangenehme Verfügung verursacht: Kein Jude darf mehr seinen Wohnsitz (z. B. zu einem kurzen Ausflug am Sonntag!) verlassen, die Benutzung öffentlicher Verkehrsmittel ist verboten.*[18]

Nach der Rettung:

*Ich wusste, dass viele Deutsche keine Vorstellung von den Verbrechen hatten, die stattgefunden, nicht wussten, dass die Zahl ermordeter Juden, gläubiger Tatchristen und Sozialisten aller Schattierungen in die Millionen ging. Wieviel Unwissende es waren und wie viele unter ihnen nicht wissen wollten, weil das gefährlich war, wird man niemals feststellen können. Aber wir sollten niemals außer acht lassen, dass es, solange unsere Welt besteht, immer nur eine Minderheit wirklicher Helden gegeben hat, von deren Taten oft nur ein kleiner Kreis wusste. Wir sollten nicht versäumen, uns zu fragen, ob und wie wir selbst zu solchem Heldentum bereit und fähig gewesen wären.*[19]

Der mehrfach lobend erwähnte Bürgermeister von Icking war Mitglied der NSDAP, eine Voraussetzung dafür, dass er während der NS-Ära Bürgermeister bleiben konnte. Auf Bitten seiner Freunde, um Schlimmeres zu verhindern, brachte er dieses Opfer der Mitgliedschaft. Ihretwegen verfiel er nach dem Krieg dem automatischen Arrest. Kaum wieder frei, wählten ihn die Bürger erneut zu ihrem Bürgermeister – wie bereits vor 1933. (Seine Tochter treffe ich, K. L., fast Sonntag für Sonntag.)

Schalom **Ben-Chorin** (dt. Friede, Sohn der Freiheit) wurde am 20. Juli 1913 in München als Fritz Rosenthal (bis 1931, dann Namensänderung) geboren. 1935 wanderte er nach Jerusalem aus. Nach dem Krieg hielt er sich öfter in München zu Vorträgen auf. Er starb am 7. Mai 1999 in Jerusalem. Sein letztes Wort soll »München« gewesen sein.[20] Schon 1937 dichtete er:

## 1. Stimmen jüdischer Zeitzeugen

*Immer ragst du mir in meine Träume*
*Meiner Jugend – zartgeliebte Stadt.*[21]

Was er über Kurt Eisner schreibt, aber auch die Schilderung des gymnasialen wie des universitären Lebens vor und zu Beginn der NS-Ära sind aufschlussreich. Wieder begegnen wir einem hilfsbereiten »Nationalsozialisten«.

*An der Spitze des Rates der Arbeiter, Soldaten und Bauern in Bayern stand der aus Berlin stammende jüdische Schriftsteller Kurt Eisner, der mir noch wie eine Mischung von Wotan und Prophet Elia vor Augen steht. […] Meine Mutter flüsterte mir zu, dass dies der gefürchtete Revolutionär Eisner sei. Als ihm die Würde eines Ministerpräsidenten der neuen bayerischen Regierung angetragen wurde, beschwor ihn eine Delegation der jüdischen Gemeinde […], dieses Amt nicht anzunehmen. Er schlug dieses Ansinnen selbstverständlich aus, fühlte sich als legitimer Repräsentant der Revolution und endete unter den Schüssen des Grafen Arco, der seinerseits halbjüdischer Abstammung war.*[22]

*Dennoch [trotz des Autoritätsbewusstseins des Schulleiters] fand in seine Anstalt der aufkommende Ungeist, der so gewaltig auf die nationale Pauke schlug, keinen legalen Einzug, und wenn die meisten von uns später sich nicht auffressen ließen von dem, was kam, so wurde der Grund dazu in der Schule gelegt […]*[23]

*Der Münchner Publizist Erich Kuby, der wenige Jahre vor mir dieselbe Luitpold-Kreis-Oberrealschule besucht hatte, […] spricht von einer Situation des Inselhaften. Sie war uns damals natürlich nicht bewusst, aber dass das Klima unserer Schule und vielleicht sogar – trotz allem – unserer Stadt [München] anders war als in anderen Gauen Deutschlands, wurde mir in der dritten oder vierten Klasse durch einen kleinen Vorfall bewusst. In unsere vorwiegend bayerische Schulklasse kam ein fremder Schüler, ein Ruschke aus Tilsit. […] Wir sprachen alle mehr oder weniger den bayerischen Dialekt Münchens, der Ruschke völlig fremd war. Dass er dadurch etwas isoliert war, empfand ich als ein Unrecht, und so knüpfte ich in der Pause arglos ein Gespräch mit ihm an. Ruschke blieb stumm, antwortete mit keiner Silbe. Bei den Umstehenden löste das Erstaunen und Missbilligung aus: »Warum gibst du ihm keine Antwort?« Ruschke* antwortete schneidend: »Mit einem Juden rede ich nicht!« Das war für die Schulklasse unfassbar.[24]

Unsere Lehrer, meist strammnational gesinnt, hielten sich von den unseligen Einflüssen der um sich greifenden Rassentheorie noch fern, was sich etwa in ihrem Verhältnis zu dem Mathematiklehrer Dr. Adolf Schaalmann, dem einzigen jüdischen Studienrat an unserer Schule, bewährte.[25]

Wir sahen das Unwetter heraufziehen und blieben doch eigentlich passiv, widmeten uns den Aufgaben des Tages, sahen unsere Pflicht in der Vermittlung geistiger Güter.[26]

Als die ersten Braunhemden in Kolleg erschienen, sah Kutscher [der Begründer der Theaterwissenschaft] sie versonnen über den Brillenrand an und bemerkte: »Meine Vorlesung ist kein Kostümfest.«[27]

Im Jahr 1934 hörte ich auf, die Vorlesungen der Universität zu besuchen [...] Überdies war mir die Lust an einem täglichen Spießrutenlauf begreiflicherweise bald vergangen, obwohl ich keinen persönlichen Anfeindungen ausgesetzt war.[28]

Der Jesuit Erich Przywara, Herausgeber der »Stimmen der Zeit«, sollte eine Vorlesung, ebenfalls im Auditorium Maximum, über das Christlich-Heroische halten. Es kam nicht dazu. Über den Einleitungssatz hinaus ließ ihn die akademische Meute nicht zu Worte kommen, brüllte ihn nieder, verwandelte den Hörsaal in einen Hexenkessel. Der feingliedrige, schmächtige Mann verbeugte sich lächelnd und trat vom Katheder ab. [...] Freunde und Jugendgespielen schielten feige zur Seite, wenn ich ihnen in den fremdgewordenen Gassen begegnete [...] Und dann holten sie mich und die Tür des Polizeigefängnisses schloss sich hinter mir [...] Ich hatte es einem Freund zu verdanken, einem Freund, den wahrscheinlich auch der Zweite Weltkrieg umgebracht hat, dass ich nach wenigen Tagen das Gefängnis wieder verlassen durfte.[29]

Die Legalität war allenthalben noch zu spüren. Auch als ich nach drei Tagen [Inhaftierung] entlassen wurde (die Entlassung hatte ich wohl dem Stiefvater meines Freundes Soik, einer hohen SA-Charge, zu verdanken), musste ich unterschreiben, dass ich gut behandelt, nicht misshandelt wurde. Ich unterschrieb. Ich schäme mich dieser Lüge nicht. Durch diesen ersten Blick hinter die Kulissen des Dritten Reiches war mir klar geworden, dass die Wahrheit des Schwachen gegenüber der Gewalt

*nur noch das Vorrecht des Don Quixotes sein konnte. Ich muss diese Erkenntnis auch heranziehen bei der nachträglichen Beurteilung vieler Deutscher, die damals gegen ihr besseres Wissen, gegen ihr Gewissen, gegen die Stimme der Vernunft und der Menschlichkeit schwach wurden.*[30]
*Jacques Rosenthals Enkelin Gabriella und ich heirateten zu Pfingsten 1935. […] Auch in der Synagoge fanden sich noch manche christlichen Freunde ein. So erinnere ich mich an den Kunsthistoriker Wilhelm Hausenstein […]*[31]

Arthur **Berg** ist Jude, wie dem Zitat zu entnehmen ist. Näheres konnte nicht ermittelt werden. Der Text wurde bereits vor Kriegsbeginn verfasst. Als Gefahr in Verzug war, dass der Text der Gestapo in die Hände fallen könnte (Einmarsch der deutschen Truppen in die Beneluxstaaten), wurde er anonymisiert. Die spätere Wiederzuordnung ist nicht immer mit letzter Sicherheit geglückt. Die Quelle, aus der zitiert wird, ist jedoch über jeden Zweifel erhaben.

*Die Stimmung unter der christlichen Bevölkerung in München ist durchaus gegen die Aktion [Pogrom 1938]. Von allen Seiten wurde mir das lebhafteste Beileid und Mitgefühl entgegengebracht. Man hatte allgemein angenommen, dass am Freitagabend (11. November) die Wohnungen gestürmt werden sollten. Arische Unbekannte aus der Umgebung haben meiner Familie angeboten, bei ihnen zu übernachten. Die Kolonialwarengeschäfte ließen trotz des Verbotes, an Juden zu verkaufen, anfragen, ob man etwas brauche, die Bäcker lieferten Brot trotz des Verbotes usw. Alle Christen benahmen sich tadellos. Zu meiner Frau kam eine ihr vollkommen unbekannte arische Dame der besten Gesellschaftsklasse mit dem Bemerken: »Gnädige Frau, ich schäme mich, eine Deutsche zu sein.« Eine andere unbekannte Dame schickte eine Flasche Wein. […] Arische Freunde riefen telefonisch an […], um zu fragen, in welcher Weise sie helfen könnten. […] Einer der ersten Bankiers von München (Arier) erklärte mir weinend: »Ich schäme mich, ein Deutscher zu sein. Erklären Sie dem Ausland, dass 90 % der Bevölkerung gegen diese Missetaten sind.«*[32] Insofern stimmen alle Erfahrungsberichte überein. Doch je mehr Zeugen, umso besser.

Erhard **Bernheim** wurde am 22. März 1923 in Augsburg geboren. Der Vater war Jude. Die Familie wurde in München sesshaft. Die Schulerfahrungen – auf breiter Basis – sind besonders aufschlussreich. Wie mehrmals sonst ist auch hier von einem hilfsbereiten Gestapomann die Rede. Ab 16. Oktober 1944 musste Erhard in ein Zwangsarbeitslager. Von dort gelang ihm die Flucht. Im Untergrund überlebte er. Die Aufzeichnungen wurden wohl in den 90er Jahren des letzten Jahrhunderts gemacht.

*Wir bezogen eine Wohnung in [München-] Schwabing in der Ainmillerstraße 37 und ich kam ins Maximiliansgymnasium, ebenfalls in Schwabing. Ich erinnere mich, dass dies eine sehr feine Schule war und ich habe dort keinen Lehrer kennengelernt, der nicht nett oder sogar besonders nett zu mir gewesen wäre. Der Oberstudiendirektor Dr. Kemmer war ein ausgesprochener Gentleman und einer unserer Klassleiter, er hieß Schwerd, war ein äußerst engagierter Katholik. Er hatte sogar den Mut, am Ende des Schuljahres zu sagen »Buben, vergesst mir Euren Herrgott nicht!«*[33]

*In dem Haus Ainmillerstraße war ein Hausmeisterpaar namens Bogensperger, fanatische Nazis, wahrscheinlich früher Kommunisten. Bogensperger war Hauswart und Blockwart, d. h. der von der Partei aufgestellte Beobachter, dass alles im Sinne der NSDAP seine Ordnung habe. Der in der Dachwohnung lebende Mieter wurde irgendwann einmal von Bogensperger und Sohn zusammengeschlagen. Merkwürdigerweise geschah uns von diesen Leuten nichts, ich hatte sogar [...] den Eindruck, dass mich die Bogensperger mochten.*[34]

*Es wurde am Nachmittag vor der Pogrom-Nacht von dem Mann einer früheren Hausangestellten meiner jüdischen Großeltern gewarnt. Der Mann hieß Ritter, früherer Polizeibeamter, der, um vorwärts zu kommen, sich zur Gestapo meldete und auch dort unterkam. Herr Ritter sah meinen Vater auf dem Königsplatz in München, damals Königlicher Platz. Ohne ihn anzusehen, quasi vor sich hinsprechend, sagte er »Verschwinden Sie heute Nacht«. Das rettete Vater vielleicht das Leben. Ungefähr zehn Jahre später holte er Herrn Ritter aus einem Lager für inhaftierte Nazis heraus mit der Begründung, dieser Mann habe ihm das Leben gerettet.*[35]

Nach Schulwechsel: *Ich war sehr ungern an dieser Schule und hatte dort auch mein einziges Erlebnis mit einem widerlichen Nazi-Lehrer.*

*Er schien nach der Pogromnacht 9. November 1938 darauf gekommen zu sein, dass ich Halbjude bin. Daraufhin wurde ich sehr gemein von ihm behandelt, als einziger der Klasse geduzt, so im Stil »Maul halten, Du wirst schon noch sehen, was dir alles passiert«. Leider weiß ich seinen Namen nicht mehr, er war quasi der Klassleiter, gab unter anderem kaufmännisch Rechnen. Nochmals: Er war der einzige, der sich so verhielt von sechs Oberschulen. Diese Aussage steht im Gegensatz zu den Berichten des Schriftstellers Ralph Giordano, der über seine Hamburger Schulzeit viel Grauenhaftes berichtet.*[36]

*Zu dieser Zeit war bereits eine Bestimmung gültig, dass Halbjuden nur noch die mittlere Reife machen durften und von der Oberstufe der höheren Lehranstalten inklusive Abitur ausgeschlossen waren. Es spricht alles dafür, dass der Oberstudiendirektor des Wittelsbacher Gymnasiums, an dem wir die Reifeprüfung ablegen mussten, ein Parteigenosse namens Dr. Hudececk, Vorsitzender der Oberstudiendirektoren der Gymnasien in München, dies wissentlich übersah und mir zum Reifezeugnis verhalf. Nach Abschluss der Prüfungen wurden die, die sie bestanden hatten, – von den Privatschülern nur 50 % –, einzeln zu Dr. Hudececk gerufen. Er gab mir mein Zeugnis und schaute mich eigenartig an. Ich habe noch heute den Eindruck, dass er gerührt war. Er sagte »Machen Sie es gut, alles, alles Gute«. Zwischen den Zeilen war herauszuhören, was er damit sagen wollte.*[37]

Unter der Überschrift »Beim amtlichen Bayerischen Reisebüro« berichtet Erhard: *Nach vielleicht zwei Monaten rief mich Herr Jahn ins Büro und sagte, ich solle zu Herrn Fuß ins Hauptbüro am heutigen Promenadeplatz […] kommen. Herr Jahn, den ich bis dahin für einen reinblütigen Nazi gehalten hatte, der auch nicht viele Worte machte, schaute mir in die Augen und sagte »Bernheim, Sie werden sich ja wohl denken können, warum«. Ich sagte darauf »Wissen Sie Bescheid, Herr Jahn?« Er sagte »Ja, schon ein paar Tage, aber von mir kriegen's keine Schwierigkeiten, ich nehm' Sie schon wieder. Mir ham so viele Trottel hier, da wär's ja ungeschickt, so einen gscheiten Buben wegzuschicken«.*[38]

Nach der Flucht aus dem Zwangsarbeitslager: *Gut, nun stand ich in München ohne Bleibe, denn meine alte Wohnung konnte ich natürlich nicht mehr aufsuchen. Mein erster Absteig [sic] war im Haus meines Freundes […]. Die Mutter hatte den Schneid, mich aufzunehmen, behielt mich aber nur wenige Tage. [...] Ich erinnere mich nicht mehr ganz genau, wie viele solche temporäre Unterkünfte ich benutzen konnte. Ich will versuchen, ein paar aufzuzählen. In der Nähe der Nymphenburgerstraße wohnten die Eltern meines Mitgefangenen Werner Hess, da hauste ich ein paar Tage respektive Nächte. Dann war ich bei zwei Angestellten des Amtl. Bayerischen Reisebüros [...], beide waren glühende Nazihasser. [...] Die Beherbergung eines halbjüdischen Flüchtlings aus einem Zwangsarbeitslager hätten z. B. die beiden zitierten Frauen sicher mit KZ bezahlen müssen.*[39]

*Diese Aufzeichnungen, die doch zum Teil ein positives Licht auf deutsche Menschen werfen, sollen keinesfalls sagen, es wäre ja alles nicht so schlecht gewesen. Ich kann aber nur schildern, was ich selbst erlebt habe und so ist dieser Bericht einzig und allein eine persönliche Erinnerung.*[40]

Friedrich **Bilski** wurde am 9. Februar 1894 in Posen geboren. Er studierte in München und Berlin Medizin und arbeitete in München als praktischer Arzt. Mit seiner Frau emigrierte er im Februar 1939 über Triest nach Palästina. 1976 starb er in Haifa. Die Erinnerungen verfasste er zwischen 1955 und 1967.

Was Bilski berichtet, ist überraschend: *Der erste Schock nach Hitlers Umbruch hatte sich gelegt. Das Leben ging zunächst für die Juden ungestört weiter. Meine Praxis wuchs und damit meine Einnahmen und ich baute sogar in meinem Landsitz, wo nur 2 Holzhäuschen standen, ein schönes Landhaus [...].*[41]

*Aber die Behörden waren korrekt, ja sogar entgegenkommend und als ich den maßgebenden Beamten fragte, ob ich nicht doch einen »Transferberater« nehmen sollte, meinte er, ich hätte den Antrag ganz richtig gemacht und er hätte ihn befürwortend weitergegeben, und wirklich bekam ich meine Genehmigung. [...] So nahmen wir mit mehr Trauer als Bitterkeit Abschied von unserem schönen München.*

Die Praxis befand sich zuletzt am Bavariaring, wo auch Charlotte Knobloch lebte. Bilskis großer Erfolg ist ein sicheres Indiz dafür, dass ihm die meisten Menschen der Umgebung das Judesein nicht anlasteten. Hätten sie ihm sonst das Vertrauen entgegengebracht und die Honorare zukommen lassen? (Auch der Autor K. L. und das Mädchen, das heute seine Frau ist, lebten in nächster Nähe – Gotzinger- bzw. Oberländerstraße – und wurden von einem jüdischen Arzt betreut.)

Moritz Julius **Bonn**, gebürtig 1883 in Frankfurt am Main, Nationalökonom. Leiter der Handelshochschule in München, 1931–1933 Rector Magnificus in Berlin. Emigration nach Österreich, England und in die USA. Gestorben 1965 in London.
Die Aufzeichnungen wurden 1953 bzw. 1958 veröffentlicht.

*Edgar Jaffe, den ich nach München berufen hatte, hatte eine führende Rolle in der Revolution gespielt. [...] Er war jüdischen Ursprungs, obwohl längst übergetreten, und er lieferte natürlich neuen Zündstoff zu dem plötzlich ausgebrochenen Antisemitismus, den Eisner, ein norddeutscher Jude, als Haupt der Revolution hervorgerufen hatte. Ich hatte bis dahin München recht tolerant gefunden. Wer von Fremden nach München kam und sich dem Münchener Wesen anpasste, wurde ohne weiteres akzeptiert; passte er sich nicht an und lebte er nach seiner Weise, so war das auch gut, so lange er seine Münchener Mitbürger nicht störte [...] ein echt-bayerischer Jude war in der Regel populärer als ein echt-preußischer Protestant.*[42]

*Bei der geringen Beliebtheit, deren ich mich bei den Nazis erfreute, wäre ich sicher nicht mit dem Leben davongekommen – in einer Nazi-Broschüre erschien eine Karikatur von mir mit der Überschrift: »Höchst gefährlich, noch nicht gehängt.« Die Anerkennung, die darin lag, habe ich mit Genugtuung zur Kenntnis genommen, da ich damals schon dem Zugriff der nationalsozialistischen Justiz entzogen war.*[43]

*Die amerikanischen Truppen, die in Frankreich gekämpft hatten und nun in Deutschland einrückten, fanden zu ihrem Erstaunen, dass ihnen die verhassten Hunnen viel näher standen als ihre geliebten französischen Alliierten »Gott sei Dank, wir sind wieder in einem sauberen Land!« riefen zwei junge amerikanische Journalisten aus, die es geschafft hatten, unmittelbar nach dem Waffenstillstand München zu erreichen.*[44]

*Es ist menschlich begreiflich, dass ein Mann, der mit den Lebenswegen seines Vaters [Morgenthau] und dessen deutschjüdischen Zeitgenossen vertraut war, in leidenschaftliche Erregung über die Nazi-Untaten geriet. Denn die Scheußlichkeiten von Auschwitz und anderen Orten waren in Amerika längst bekannt, als die große Menge der Deutschen davon noch* nichts wusste; das Nichtwissen-Wollen spielte in den Vereinigten Staaten keine Rolle.[45]

Die öffentliche Meinung begann einzusehen, dass unter Amerikas Führung die deutschen Deiche unterhöhlt worden waren, die seit 1918/1919 die bolschewistische Flut von Westeuropa abgewehrt hatten, bis Hitlers Wahnwitz die ersten Breschen in sie geschlagen hatte. Sie konnten ohne Amerikas tätige Hilfe nicht mehr gefestigt werden. Die Vereinigten Staaten schickten sich an, die Politik der Zerstörung einzustellen [...].[46]

Werner **Cahnmann** kam 1902 in München zur Welt. Er studierte Soziologie und war bis 1933 der Syndikus des Central-Vereins deutscher Staatsbürger jüdischen Glaubens. Anlässlich der Reichspogromnacht wurde er ins KZ Dachau eingeliefert. 1939 gelang die Emigration über England in die USA. Gestorben ist er 1980. Die Aufzeichnungen stammen aus dem Jahre 1979.

Der Kaiser war in meiner Familie nicht beliebt, aber was Bayern betrifft, war ich Monarchist.[47] Das bayerische Königshaus galt allgemein als judenfreundlich.

Aber dem Beobachter konnte nicht verborgen bleiben, dass jüdische Schüler in den unteren Klassen der Mittelschulen damals einen schweren Stand hatten. Es kam so weit, dass ich einem um mehrere Jahre jüngeren Schüler, der in seiner Klasse der einzig Jude war, vor seinen Angreifern retten und unter Gejohle und Geschrei nach Hause begleiten musste. Dieser Vorfall [vermutlich um 1920] hat auf mich einen bleibenden Eindruck gemacht.[48]

In München war die Beteiligung von Juden in Vereinen [...] bis 1933 möglich, von studentischen Vereinigungen freilich abgesehen. Aber die Jahresversammlung der Alpenvereinssektion München im Jahr 1924 war symptomatisch. [...] Der Antrag [...] ging dahin, die Neuaufnahme jüdischer Mitglieder in Zukunft zu begrenzen, so dass ein numerus clausus erreicht werden konnte. Der Hundertsatz der jüdischen Mitglieder der Sektion, so hieß es in der Begründung, dürfe jenen der Juden in der Münchner Einwohnerschaft nicht »um ein Vielfaches« übertreffen.[49] Der Antrag wurde angenommen.

Die Zeit zu kämpfen und Einfluss zu nehmen, war in den zwanziger Jahren, aber die Frage war, ob man Bundesgenossen finden konnte.

[...] *Gegen Ende der zwanziger Jahre verstanden Kardinal Michael von Faulhaber und die feingebildeten Domkapitulare, dass die Rassenlehre heidnisch, die Partei antikirchlich war und dass »Staatsrechte« für Hitler und Genossen zum Alten Eisen gehörten. Es war daher möglich, mit der Bayerischen Volkspartei ins Gespräch zu kommen.*[50]
*Wertvolle Mitstreiter waren der unnachahmliche Stadtbibliothekar Hans Ludwig Held und Stadtpfarrer Muhler. Stadtpfarrer Muhler half mir, einen Gesprächskreis jüdischer und katholischer Studenten einzurichten.*[51] Muhler war Pfarrer von St. Andreas, München.

*Alle, die damals [ab 1933] tätig waren, wandten sich vorzugsweise an die Regierungsstellen, nicht an die Parteistellen, da wir die Hilfe der Regierungsstellen gegen die Parteistellen in Anspruch zu nehmen suchten.*[52]

*Die Isolierung hat eine lange Geschichte. In Wien [...], in Mittelfranken [...]. In München waren ähnliche Tendenzen zu beobachten, aber sie blieben vereinzelt.*[53] Diese Beobachtung, in München nur »vereinzelt«, verdient eine Hervorhebung.

*Das Symbol der Verfemung für die Masse der Bevölkerung war der Boykott jüdischer Geschäfte am 1. April 1933. Aber der Boykott hatte nicht den gewünschten Erfolg. Zwar wurden Hunderte von jüdischen Geschäften [...] geschlossen, aber die Haltung der Bevölkerung entsprach nicht der Erwartung eines nationalen »Erwachens«. [...] Die nationalsozialistische Propaganda war desavouiert, aber der Glaube derjenigen, Juden wie Christen, dass der Wellenkamm nun überschritten sei, war eine grausame Selbsttäuschung. Im Gegenteil, ich bin davon überzeugt, dass gerade die passive Haltung der Bevölkerung dazu beigetragen hat, in den Spitzen der Parteileitung den Entschluss zu kräftigen, dass nur die schärfsten gesetzgeberischen und verwaltungsmäßigen Maßnahmen die Erreichung des Ziels, nämlich die Eliminierung des jüdischen Einflusses und die Ausrottung der Juden, garantieren könnten.*[54]

*In Anbetracht der rigorosen Isolierungspolitik ist es erstaunlich, dass einfache Menschen es trotzdem möglich machten, Juden eine hilfreiche Hand zu bieten. So konnte meine jüngere Schwester [...]*[55]

*An der Spitze der Gemeinde standen zwei hervorragende Juristen, Oberlandesgerichtsrat Dr. Alfred Neumeyer und der Syndikus, Justizrat Carl Oestreich. [...] Dr. Neumeyer war zudem bei allen Behörden bekannt und mit vielen leitenden Persönlichkeiten der bayerischen Bü-*

*rokratie befreundet. Bis 1935 konnten diese Verbindungen gelegentlich einen retardierenden Einfluss ausüben.*[56]
*Am 9. November 1938 erhielt meine Mutter etwa um 7 Uhr früh den Anruf eines Familienfreundes, eines Arztes in Ruhestand, der uns sagte, dass ihn gerade ein früherer Patient, jetzt Beamter der Gestapo, gewarnt habe, Massenverhaftungen von Juden stünden unmittelbar bevor.*[57] Von derlei Warnungen ist immer wieder die Rede. Dabei ist man doch versucht, Gestapo-Beamte für durch die Bank verbohrte Antisemiten zu halten.

Ernst **Eisenmann** kam im Dezember 1910 in Nördlingen zur Welt. Seine Jugendzeit verbrachte er überwiegend in München. Das Medizinstudium musste auf Weisung von oben abgebrochen werden. 1935 emigrierte er nach Palästina. Gestorben ist er am 23. Dezember 2000.
Die Aufzeichnungen stammen aus den 90er Jahren des letzten Jahrhunderts.
*In einer Kleinstadt gibt es keine Grenzen selbstverständlich. Jeder wusste, dass wir Juden waren. Man hat uns akzeptiert, genau wie die Protestanten und Katholiken auch zusammengelebt haben. Wir waren eben die Juden in Nördlingen.*
*In der gleichen Klasse wie ich [in München] war ein Sohn des Politikers Frick. Dessen Vater war damals Innenminister in Thüringen, später Hitlers Reichsinnenminister. [...] Ich, der Jude, war der beste Sportler in der Klasse und er ein miserabler. Ich wurde sein Vorturner, habe mich aber geweigert, Frick junior Hilfestellung zu leisten, weil er mich dauernd angriff. [...] Ich war auch der schnellste Läufer. Das Resultat war, dass Frick sagte: »Die Juden sind immer vorne dran.« Bei einem Ausflug zum Ammersee dagegen bin ich als letzter der Gruppe gegangen. Da hieß es: »Schau, die jüdischen Drückeberger!« Das sind so einige Erfahrungen aus der Schulzeit, in der ich sonst nicht gelitten habe.*[58]
*Das politische Klima im Hamburg des Jahres 1931 sagte mir mehr zu als das im brodelnden München.*[59] [Doch 1933 war er dann in München.]

*In unserer Familie sagte man nach der Machtergreifung Hitlers: »Bald werden die Nazis abgewirtschaftet haben.« Und: »Gegen uns hat man nichts, nur gegen die Ostjuden.«*[60] *Nach meinem Ausschluss aus dem deutschen Volk und nach Gesprächen mit glaubwürdigen Partnern während meines zweiten Studiums erinnere ich mich an meine Vergangenheit. Ich glaube, dass viele Deutsche der Nazi-Partei beitreten mussten, aber nie ihre Doktrin annahmen; dabei schließe ich keineswegs eine spätere Beeinflussung aus.*[61] Frick sen. wurde 1946 in Nürnberg hingerichtet.

Lion **Feuchtwanger** kam am 7. Juli 1884 in München zur Welt, wo er auch aufwuchs. Journalist. Von einer Vortragsreise nach Frankreich und in die USA ist er nach der Ernennung Hitlers zum Reichskanzler nicht mehr nach Deutschland zurückgekehrt. Er starb am 21. Dezember 1958 in Los Angeles. Im Vorwort zu »Der gelbe Fleck. Die Ausrottung von 500 000 deutschen Juden«, 1936 anonym in Paris erschienen, schreibt Feuchtwanger:

*Dieses Buch stellt mit vorbildlicher Sachlichkeit das Material zusammen über das, was man im Dritten Reich »Die Lösung der Judenfrage« nennt.*[62]

*Tröstlich bleibt Eines: Immer wieder finden sich in den hier zusammengestellten Berichten kleine Geschehnisse verzeichnet, die beweisen, dass weite Teile der Bevölkerung nicht einverstanden sind mit dem, was sich in Deutschland ereignet. […] Das deutsche Volk ist nicht identisch mit den Leuten, die heute vorgeben, es zu vertreten. Es wehrt sich gegen sie.*[63]

In dem Text ist nicht ausdrücklich von München die Rede, aber alles spricht dafür, dass er insbesondere seine Vaterstadt vor Augen hatte. Dafür spricht auch, dass die Verfasserin von »Der gelbe Fleck«, Lilly Becher, eine Münchnerin gewesen ist.

Bruno **Frank** wurde am 13. Juni 1887 in Stuttgart geboren. 1916 zog er nach Feldafing bei München, 1926 nach München selbst. In dieser Zeit hat er die literarische Szene in Deutschland maßgeblich beeinflusst. In Vorahnung des Kommenden verließ er bereits 1933 seine Heimat und ließ sich nach Zwischenstationen in den USA nieder, wo er am 20 Juni 1945 gestorben ist.

Im Juni 1939 verfasste Frank eine Schrift mit dem Titel: »Lüge als Staatsprinzip«, in der er bloßlegte, wie Hitlers Herrschaft auf der Lüge aufgebaut ist: *Eines steht mir fest: nirgends wird das deutsche Volk verwechselt mit dem tollwütigen Fälscher, der versucht, es in den Abgrund zu führen, oder mit seinen Brotgängern, die für ihn stehlen und foltern. Ein Volk, so ist die Meinung der Welt, wird gewürdigt nach dem Hohen, das es hervorgebracht hat. [...]*[64]

Dazu schreibt Günther, der Frank zitiert: *Alles, was Bruno Frank in der Emigration in politischen Aufsätzen und Reden geäußert hat, ist getragen von dem Abscheu gegen die Barbarei, zugleich aber atmet es Gerechtigkeit gegenüber dem deutschen Volke, das er in keinem Augenblicke hasst, weil er es nie mit dem Regime gleichsetzt.*[65] Auch wenn er die Münchner nicht ausdrücklich erwähnt, hat er sicherlich in erster Linie an sie gedacht, da er insbesondere in ihrer Mitte gelebt hat.

Sechs junge Männer eroberten Anfang der 30er Jahre des 20. Jahrhunderts mit ihrer Musik von Deutschland aus die Welt, die Comedian Harmonists. Doch da drei von ihnen »nichtarisch« waren, so Harry **Frommermann**, wurden sie als »Judenbande« diskriminiert.[66] Was sie in München erlebt haben, stellt dem Publikum ein beachtliches Zeugnis aus. 1933 waren die Nationalsozialisten an die Macht gekommen. Es war zugleich die Zeit der größten Erfolge der Comedian Harmonists. In diesem Jahr gaben sie mehr Konzerte als jemals zuvor in ihrer Geschichte: einhundertfünfzig. Mitte April 1934 sollten sie in München auftreten. Doch da wurde ihnen ein Bein gestellt – aus rassenpolitischen Erwägungen. Schließlich konnte das Hindernis ausgeräumt werden. Robert Biberti,[67] einer der sechs, erinnert sich:

*Als wir nach anstrengender Nachtfahrt am 13. März morgens in München ankamen, wartete schon in der Hotelhalle »Vier Jahreszeiten« ein Anruf unserer Konzertdirektion auf uns. Das längst ausverkaufte Konzert in der Tonhalle war von der Gauleitung München verboten worden. Nun ging ein heftiger Kampf los. Unsere Konzertdirektion schaltete einen Anwalt ein, der als sogenannter alter Kämpfer einen gewissen Einfluss hatte Mit ihm fuhr ich sofort ins Braune Haus, also ins Zentrum der nationalsozialistischen Macht und stieß dort zuerst einmal auf vollständige Ablehnung. Am späten Nachmittag gelang es uns endlich, die Aufhebung des Verbotes zu erreichen. Dafür wurden uns allerdings Auflagen gemacht: Wir mussten uns verpflichten, nie mehr in München aufzutreten, wir sollten einen Teil der Einnahmen an das Winterhilfswerk abführen, und schließlich hatte der Direktor der Tonhalle dem Publikum vor unse-*

*rem Auftritt diese Auflagen anzusagen. Es passierte folgendes: [...] Da kommt ein Mann herein, aber nicht der Direktor der Tonhalle, und stellt sich als Beauftragter des Gauleiters vor, natürlich in brauner Uniform. Dann läuft er an uns vorbei auf die Bühne, wendet sich an das verblüffte Publikum und sagt sinngemäß etwa folgendes: »Meine Damen und Herren! Diese Gruppe der Comedian Harmonists tritt heute in München zum letzten Male auf. Und auch das nur durch eine Sondererlaubnis des Gauleiters, obwohl diese Musik nicht mehr im Sinne der Auffassung der Nationalsozialisten akzeptiert werden kann. Diejenigen unter Ihnen, die sich diesem entarteten ›Kunstgenuss‹ nicht aussetzen wollen, haben das Recht, sich das Eintrittsgeld an der Kasse wiedergeben zu lassen und friedlich den Saal zu verlassen.«*[68]

Frommermann, ergänzt: *Im Saal war darauf betretenes Schweigen. Und wirklich standen darauf unter den Blicken des neugierig gewordenen Publikums vier oder fünf Leute auf und verließen den Saal. Der Mann ging ab, und dann war es soweit, dass wir auftreten mussten. Da bricht ein Orkan los – unvorstellbar! Das gesamte Publikum, etwa eintausendsiebenhundert Menschen, erhebt sich, und gibt uns eine Ovation, wie wir sie noch nie erlebt hatten. Das alles geschieht, bevor wir auch nur einen Ton gesungen haben.*[69]

Schließlich Ari Leschnikoff[70]: *Und als wir fertig waren mit dem Konzert, da haben wir ein Lied gesungen, ein Lied, das wir immer zum Schluss sangen, unser Abschiedslied:*

*»[...] und sage mir Auf Wiedersehn, auf Wiedersehn, leb wohl!«*

*Und diese letzten paar Worte: »Auf Wiedersehn, auf Wiedersehn«, sangen alle im Saal mit, »Auf Wiedersehn, hier in München!«*[71]

Die Zitate sind in mehrfacher Hinsicht sehr bemerkenswert. Die Besucher des Konzerts hatten offenbar keine Aversion gegen Juden – ebenso wenig wie jene, die einen jüdischen Hausarzt oder Anwalt konsultierten, und das war bekanntlich ein hoher Prozentsatz der Bevölkerung Münchens und außerhalb. Der Beifallssturm lässt auf die Kluft schließen, die zwischen den braunen Machthabern und der Bevölkerung bestand: »Vier oder fünf« verließen den Saal, knapp zwei Tausend blieben. Sie spendeten noch vor Beginn des Konzerts einen Applaus, wie ihn die Band noch nie erlebt hatte. Die Ovation – war sie nicht eine Ohrfeige für den Braunen und jene, die er vertrat? Ein unüberhörbarer Protest! Und schließlich die Zuneigung zu München: »Auf Wiedersehn, hier in München!«

Erika **Gabai**, am 22. September 1918 in München geboren, emigrierte mit ihren Eltern 1939 nach Chile. Bis ins hohe Alter besuchte sie regelmäßig München und die dort lebenden Freundinnen. In Chiles Hauptstadt starb sie 2004. Ihre Aufzeichnungen stammen aus den Jahren 2001 und 2002.

Die Anhänglichkeit an ihre alte Heimat wird verständlich, wenn wir lesen: *I keep very gratifying memoires both of elementary school and the following nine years of secondary instruction.*[72] Doch längst nicht alles war erfreulich. *Am Tag davor [Abiturfeier] rief mich unser Direktor Dr. Hans Jobst in sein Büro und teilte mir mit,* »*dass meine Klassenkameradin Regina Fiehler, eine Tochter des Oberbürgermeisters von München, bekundet hatte, dass sie ihr Zeugnis nicht öffentlich zusammen mit einer Jüdin empfangen wollte.*« Doch es gab eine Tröstung: *Meine engen Freundinnen und Klassenkameradinnen Gerda Schäffer, Tochter von Fritz Schäffer, einem erbitterten Nazigegner, der nach dem Krieg Adenauers Finanzminister wurde, und meine liebe Emmi-Christl Hahn wollten mich diese Kränkung vergessen lassen. Sie bewirkten ein echtes Wunder: Meine Eltern erlaubten mir, mit ihnen zu unserer eigenen Feier für drei Tage zum Skilaufen in die Berge zu fahren.*[73]

Charlotte **Haas Schueller** wurde am Juni 1912 in München geboren. Sie besuchte von Mai 1922 bis März 1931 das Städtische Mädchenlyzeum an der Luisenstraße. Bereits 1934 emigrierte sie nach England, später in die USA. Sie starb 2010. Ihre Erinnerungen verfasste sie 2002.

*Unsere Lehrer waren ausgezeichnet, aber viele von ihnen waren, wie erwähnt, schon in den zwanziger Jahren Nationalsozialisten, mit denen ich nicht warm wurde. Auch mit meinen nichtjüdischen Klassenkameraden hatte ich nicht wirklich eine enge Freundschaft. Ich hatte ein gutes Verhältnis zu vielen, aber ich wurde von ihnen nie nach Hause eingeladen noch kamen sie zu mir.*[74]

Dem fast widersprechend wird berichtet: »Die Bindung zur alten Heimat hat Charlotte Haas Schueller nach 1945 nicht abreißen lassen.

Bis ins hohe Alter hat sie München regelmäßig jedes Jahr besucht, um ihre zahlreichen Freunde zu treffen.«[75]

Hans **Habe** wurde am 12. Februar 1911 in Budapest geboren. Bald zog die Familie nach Wien, von wo er 1938 fliehen musste. Er gelangte Ende 1940 in die USA und meldete sich freiwillig zu den Waffen. Er diente in der Stabsgruppe für Propaganda und Psychologische Kriegsführung. Nach dem Krieg gründete er auf Weisung der Besatzungsmacht u. a. *Die Neue Zeitung* mit Sitz in München. Am 29. September 1977 starb er in Lokarno. In seiner Autobiographie teilt er seine Maximen mit:

*Ich habe an eine deutsche Kollektivschuld nie geglaubt [...] Der ganze Antisemitismus, der russische im besonderen, basiert auf einer Kollektivschuldlüge, und wenn es in den Jahren des Hitlertums oder nach der deutschen Kapitulation besonders viel Juden gab, die »Kollektivschuld!« schrien, da es nun ausnahmsweise einmal nicht um sie ging, dann beweist das nur die abgrundtiefe Dummheit der Völker [...]*[76]

Dazu passt, was Kurt Fritz Rosenberg am 16. Oktober 1933 seinem Tagebuch anvertraut hat: *Kann man das deutsche Volk ein Volk von Mördern nennen, weil es Mörder unter ihnen gegeben hat? Die gleiche Empörung und berechtigte Empörung, die jeder Deutsche in solchen Fällen hätte, darf jeder anständige Jude, jeder anständige Emigrant für sich in Anspruch nehmen! Ist es denn so schwer zu erkennen, dass jedes Wort, das heute als Ausdruck der Entrüstung in die Welt gesprochen wird, genau in den Mund des entrechteten Juden um seines jüdischen Schicksals willen passt?*[77]

Konrad **Heiden** kam am 7. August 1901 in München zur Welt. Als sozialdemokratischer Journalist und Schriftsteller floh er schon im Mai 1933 aus Deutschland. Von ihm stammt die erste Hitler-Biographie (1936). Gestorben ist er am 18. Juni 1966 in New York. Die nachfolgenden Zitate stammen aus dem Jahre 1938. Zwar war Heiden kein unmittelbarer Zeuge der Pogrom-Ereignisse in Deutschland. Er sah seine Hauptaufgabe darin, Informationen aus Deutschland, die Reisende und Emigranten boten, zusammenzutragen. Es ist kein Grund ersichtlich, warum er sein Urteil über das deutsche Volk schönen sollte. Bezeichnend ist, dass er, der Verfolgte, eine »Millionenschar durchschnittlicher Parteigenossen« in Schutz nimmt.

*Das Buch wünscht objektiv zu sein; es wünscht, einen sachlichen Beitrag zur Naturgeschichte der Bestialität zu liefern.*[78]

*Es wird und soll die Erinnerung daran bleiben, wie sie plötzlich schwiegen, logen und die Schuld dem »Volk« zuschoben.*[79]

*Alles hat das harmlose Volk getan. Dabei hat dieses Volk doch gesehen, wer es wirklich getan hat. Was mag dieses Volk im Stillen denken, wenn es in seinen Zeitungen liest: die Rolle der S.S. und der S.A. habe darin bestanden, das Feuer der brennenden Synagogen einzudämmen zu helfen?*[80]

*Wenn man von den Nationalsozialisten, ihrer Herrschaft über Deutschland und von ihrem unerbittlichen Willen zur Vernichtung spricht, soll man nie an jene Millionenschar durchschnittlicher Parteigenossen denken, unter denen sich wie in jeder zufällig zusammengewürfelten Riesenmasse gerechte und ungerechte, brutale und gutmütige [...] Zeitgenossen befinden.*[81]

*Die Massen sollen in den Taumel des antisemitischen Handelns hineingerissen werden, damit sie auf diese Weise antisemitisch fühlen lernten. Und das ist nicht gelungen. Eine Fülle von Zeugnissen spricht es aus. Die breiten Massen des deutschen Volkes haben sich an den Verbrechen des 9. und 10. November – von örtlichen Ausnahmen abgesehen – nicht beteiligt:*[82]

*Das bleibt ein Trost in den Gräueln dieses Novembers. Die Mehrheit des deutschen Volkes empfand diese Gräuel so, wie die übrige Welt sie empfand.*[83]

*Zahlreiche öffentliche und private Zeugnisse berichten von dem geheimen Protest der Bevölkerung, der sich in Worten wie in Taten ausdrückte. So erzählt der Münchner Korrespondent des »Daily Telegraph«: »There is great indignation to-day among Bavarians at the savage treatment of the Jews. I have spoken to many Munich residents and all of them, with the exception of Nazis, have expressed the utmost horror at the brutality of the mob« [...] Ein englischer Journalist stellte in München fest: »Many shopkeepers and, indeed, the greater part of the population, feel nothing but sympathy for the persecuted Jews.« [...] Wenn irgendwo, dann wird man gerade in dieser Frage auch die Stimme der unglücklichen Opfer hören müssen. In den uns vorliegenden Berichten überwiegt durchaus der Eindruck, dass die nicht uniformierte, nicht von der Partei erfasste Bevölkerung zum größten Teil die Ausschreitungen nicht mitgemacht und zum größeren Teil sie missbilligt hat.* […] *Dass christliche Familien verfolgte Juden versteckten, wird unter anderem auch aus München berichtet* […][84]

Ernest (Ernst) **Hofeller** wurde am 22. September 1921 in München geboren. 1938 konnte er ausreisen und gelangte über die Schweiz schließlich in die USA, wo er 2008 gestorben ist. Seine Erinnerungen verfasste er Ende der 1990er Jahre.

Zum 1. April 1933, Boykotttag, schreibt er: *The Nazis tried to persecute the Christian customers from buying in Jewish places, but many disregarded this and crossed just as you would a picket line and be called a scab.*[85] *Kardinal Faulhaber war ein ausgesprochener Nazigegner, der ständig Schwierigkeiten mit den Behörden hatte. Sein Palais war umstellt von SA-Wachen und seine Amtsausübung wurde immer wieder behindert.*[86]

Ina **Iske** wurde 1931 in Frankfurt am Main als Tochter eines estnischen Juden und einer Deutschen geboren. 1936 emigrierte die Familie nach Tallin/ Estland. Im August 1941 Einmarsch der Wehrmacht. Der Vater und weitere Angehörige wurden ermordet. Mit Papieren, die der deutsche Konsul hatte fälschen lassen, gelang Ina 1944 die Evakuierung ins Deutsche Reich. Bis Kriegsende Unterschlupf bei Verwandten in Traunstein. Dann Wohnsitz Frankfurt a. M. In ihren Aufzeichnungen ist nicht ausdrücklich von München, sondern von Oberbayern die Rede. Doch München war und ist der Mittelpunkt dieser Region.

*Im Ort* [Traunstein] *wusste nur die Verwandtschaft, dass ich Halbjüdin war.* […] *Sie behielten ihr Geheimnis für sich. In Traunstein galten wir als Ausgebombte.* […] *Das katholische Oberbayern war für meine Mutter und mich ein Glücksfall. Die meisten Leute, vor allem auf dem Land, waren gläubige Katholiken und standen den Nazis eher ablehnend gegenüber.* […]. *Nur zwei Leute am Ort verhielten sich uns gegenüber misstrauisch. Sie blickten meine Mutter und mich komisch an, sagten aber nichts.*[87]

## II. Das Doku-Zentrum ignoriert – Die wichtigsten Zeugen

Bruno **Kirschner**, 1884 in Berlin geboren, wirkte dort als Rabbiner. 1937 emigrierte er nach Palästina, wo er 1964 starb. Seine Huldigung an München ist ergreifend. Seine Einsicht, dass die Stadt zwölf Jahre vergewaltigt war, bedenkenswert. Der Text stammt aus dem Jahr 1958.

*Obwohl geborener Berliner, der bis zur Auswanderung, also ein halbes Jahrhundert, in Berlin verbracht hat, habe ich München stets als meine zweite Heimat betrachten dürfen.*[88]

*An der Liebe zu München können auch die Schandtaten der Bestien, die die Stadt mehr als zwölf Jahre lang vergewaltigen konnten, nichts ändern. München ist überdies jedem, der seine Bergluft, seine Kunst, seine Musik, seine Architektur, seine Fröhlichkeit und Natürlichkeit einmal eingesogen hat, über alles Grausame hinweg, das auch dort uns angetan wurde, ein unvergleichbarer seelischer Besitz.*[89]

Max **Kirschner**, geboren am 7. März 1886 in München, wirkte als Mediziner in der Nähe von Frankfurt am Main. Während des Pogroms vom November 1938 wurde er ins KZ Buchenwald eingeliefert. Am Monatsende entlassen, emigrierte er in die USA, wo er am 16. August 1975 starb. Da sein Wohnsitz während des Ersten Weltkrieges noch München war, werden hier auch seine Erfahrungen als jüdischer Soldat berücksichtigt.

*Geboren bin ich in der bayerischen Hauptstadt München, einer der schönsten und liebenswertesten Städte, die ich kenne. [...]*[90] *Wir hatten in Bayern keine Rassenprobleme.*[91]

*Ich habe nie, weder in der Volksschule noch im Gymnasium und auch danach nicht, etwas wirklich Unangenehmes erlebt [...] Die Juden sahen sich als festen Bestandteil dieser aufblühenden Gesellschaft. Die Westjuden waren überzeugt, dass Krieg und Verfolgung für immer vorüber seien, dass sie am Beginn einer Ära ewigen Friedens und allgemeinen Wohlbefindens stünden.*[92] *Wenn ich zurückdenke, gab es zwischen Ost- und Westjuden immer einen Riss, und ich kann nicht leugnen, dass wir uns ihnen überlegen fühlten.*[93]

*Im Ersten Weltkrieg: Ich war stolz, Offizier zu sein, ich hatte so oft von meinen Männern verlangt, ihren kleinen Wehwehchen nicht nachzugeben, aber am wichtigsten war mir mit, dass ich als einziger Jude des gesamten Haufens nicht als Feigling gelten wollte. [...] Solange ich mit*

1. Stimmen jüdischer Zeitzeugen    61

*ihnen zusammen war, hatte ich mit keinem von ihnen jemals Schwierigkeiten.*[94]

*Man hörte damals und hört auch heute noch so viel über die deutschen Grausamkeiten während des Ersten Weltkrieges – aber ich bekam eine Belobigung, weil ich französisches Leben gerettet hatte. Dazu möchte ich auch sagen, dass ich nie irgendwelche Gräueltaten, Plündereien oder Vandalismus gesehen habe.*[95]

*Als Beweis für unser gutes gegenseitiges Verhältnis muss ich erwähnen, dass wir gestern Abend Duzbrüderschaft getrunken haben, nachdem oder vielleicht weil ich am Tage zuvor offen und mit voller Absicht über meine Religion gesprochen hatte. Das ist ein schöner Ausdruck von Verstehen und Kameradschaft.*[96]

*Ich finde, die Gefangenen werden zu milde behandelt. »Menschlichkeit« ist in Ordnung. Diese Männer haben für ihr Land gekämpft, wie wir für das unsere. Viele von ihnen wollten den Krieg nicht, wie viele von uns ihn eigentlich auch nicht wollten. Aber einseitige Überlegungen sind ein Fehler. Schließlich hören wir nichts über die Behandlung und das Leiden unserer Soldaten in Frankreich, England oder Russland. Wir haben kein Sibirien, kein Algerien. […]*[97]

*Kurt Eisner, ein jüdischer Schriftsteller, der während der Revolution bayerischer Ministerpräsident geworden war – ein fähiger Politiker war er nicht –, wurde am 21. Februar 1919 von einem reaktionären Grafen ermordet. Ich notierte in jener Zeit: »Die sogenannten Spartakisten, eine kommunistische Gruppe, haben die Regierung übernommen. […] Ständig werden die Häuser durchsucht, manchmal geplündert, auf der Suche nach versteckten Waren, Geld wird konfisziert, Geiseln werden genommen, viele von ihnen getötet. Ein Terrorregime brandet über die sonst so friedliche und schöne Stadt München. […] Gegen weitere kommunistische Aufstände bildete sich eine freiwillige »Bürgerwehr«, der ich mich im Juni 1919 anschloss.*[98]

*Wie wir durch diese Notzeit [letzten Kriegsjahre und Nachkriegszeit] kamen, wie wir es schafften, dass wir und unsere Kinder gesund blieben und satt wurden – ich weiß es nicht. Mir kommt das immer noch wie ein Rätsel vor.*

*[Aus dem Raum Frankfurt:] Der Boykott-Tag verlief wie geplant. An jedes jüdische Geschäft und jedes jüdische Büro wurde ein gelbes Plakat*

*mit schwarzem Davidstern angebracht, in dessen Mitte in großen, fetten Buchstaben das Wort JUDE prangte. So geschah es auch am Zaun vor meiner Praxis. Doch viele treue Patienten schickten uns Blumen, einige statteten uns am Nachmittag einen privaten Besuch ab. Ein junger Mann, Sohn eines Polizeibeamten, der in unserem Haus wohnte, kam nach Hause, riß angewidert das Plakat ab und warf es fort. Wir sahen das und bewunderten seinen Mut.*[99] *Immer mehr Leute hatten Angst, beim Betreten unseres Hauses gesehen zu werden. Kein Wunder also, dass es nicht lange dauerte, bis meine Ausgaben meine Einnahmen überstiegen.*[100]

Hermann **Klugmann**, geboren am 22. März 1885 in Wiesenbronn, Unterfranken, studierte u. a. in München, wo er sich auch später aufhielt. Studienprofessor in München 1919–1937. Emigration in die USA 1938. Dort starb er im Dezember 1974. Die Aufzeichnungen sind kurz nach der Emigration entstanden.

*Es herrschte an den beiden akademischen Unterrichtsanstalten, der Universität und der Technischen Hochschule [...] ein guter akademischer Ton. Dieser gebot, in jedem Studenten den akademischen Bürger zu ehren, gleichviel welcher Religion [...]; den Rassenbegriff im heutigen Sinn kannte man damals noch nicht.*[101]

*Mein Verhältnis zu den Kollegen gestaltete sich sehr gut, insbesondere verband mich bald eine aufrichtige Freundschaft mit meinem Fachkollegen, dem katholischen Geistlichen Roetzer; auch die in jenen Wochen beginnende intensive nat.-soz. Propaganda mit ihrer bisher unbekannten massiven Judenhetze hat dieses gute Einvernehmen mit meinen Kollegen nicht gestört.*[102]

*Das Verhältnis zu meinen nichtjüdischen Schülerinnen war ebenfalls sehr gut. Ich kann mich nicht erinnern, dass mir aus meinem Judesein jemals eine Schwierigkeit erwachsen wäre. Eher das Gegenteil [...]*[103] *Die große Mehrheit der Lehrkräfte an der Schule ist dem Nat-Soz. ablehnend gegenübergestanden [...]*[104] *Sie hat sich bei der Behandlung der Judenfrage der größten Zurückhaltung und wohltuenden Taktes befleißigt.*[105]

Als die Neue Synagoge in München abgebrochen werden musste (Juni 1938), mischte sich Klugmann unter die Umstehenden: *Ich habe an den Minen der meisten Menschen, die den Abbruch der Synagoge beobachtet haben, entschiedene Missbilligung gelesen [...] Als ich an einem dieser Tage in der Abendstunde von der halb niedergerissenen Synagoge wegging, gesellte sich ein Mann zu mir [...] Er sagte zu mir: »Sie gehören doch auch zu der jüdischen Gemeinde?« Als ich sehr zögernd antwortete, meinte er: »Haben Sie keine Angst, wir Katholiken fühlen mit Ihnen«* und entfernte sich.[106]

Victor **Klemperer** wurde 1881 in Landsberg/Warthe als Kind eines Rabbiners geboren. Von 1902 bis 1905 studierte er insbesondere in München, wo er ab 1919 als a.o. Professor wirkte. 1920 erhielt er ein Lehramt für Romanistik in Dresden. Seiner Herkunft wegen erfolgte 1935 die Versetzung in den Ruhestand. Die Zerstörung Dresdens Anfang Februar 1945 bot die Gelegenheit, ohne Judenstern unterzutauchen und Richtung München zu fliehen, wo er kurz nach Kriegsende mit seiner Frau, Eva, die ihm als »Arierin« die Treue gehalten hatte, ankam. Am 10. Juni 1945 endete die Odyssee mit der Rückkehr nach Dresden ins eigene Heim.

Über all die Jahre hat Klemperer akribisch Tagebuch geführt. Und so ist er unbestritten der namhafteste Chronist der NS-Ära, was das Leben als Jude und Sternträger in Deutschland betrifft. Im Folgenden nur einige Beobachtungen aus der Münchner Zeit oder München betreffend.

Am 8. April 1919: *Gestern früh die unglaubliche Proklamation der socialistisch-communistischen Räterepublik. Bruch mit Weimar. Gruß an die russischen u. ungarischen Brüder. »Nationalfeiertag«.*

Zwei Tage später: *Es wird Zeit, dass München zurückerobert wird.*

Auf einer Fahrt von München nach Wasserburg/Inn (1.2.1920): *Uns gegenüber Frau aus dem Volk u. Arbeiter; sie haben es bequem, sie schimpfen auf die »Großen«. Die Großen sind immer die, die oben sind u. die an allem schuld haben. Gestern der Kaiser, heute Ebert. Aber neu ist hier der Hass auf die Kirche.*[107] *Die Juden bleiben nicht verschont. An einem Fenster der [Türken-] Kaserne [in München] ein Hakenkreuz, vor der Kaserne neulich furchtbare antisemitische Flugblätter verteilt [...].*[108]

Aus Dresden gibt Klemperer ein Gespräch mit einem Bekannten wieder, das Süddeutschland betrifft, und damit wohl insbesondere München: *Es kommen viele Menschen zu mir. Zuerst weit ausgestreckter Arm, Hitlergruß. Dann tasten sie sich im Gespräch heran.*

*Dann, wenn sie sicher geworden sind, fällt die Maske. [...] Ich war eben in Süddeutschland. Da hört man sehr selten das »Heil Hitler« – meist »Grüß Gott!«*[109]

Kurz nach dem Krieg und kurz vor München: *Aber alles ist absolut dunkel. Nur dies beides nicht, dass wir keine Gestapo und keine Bombe mehr zu fürchten haben, und dies »nur« ist doch so viel, dass wir eigentlich katholisch werden müssten.*[110] Die Erleichterung ist nur zu verständlich. Aber warum katholisch? Diese Frage beantworten die vorausgegangenen Seiten des Tagebuches, wo von Gesprächen mit praktizierenden Katholiken die Rede ist:

*Abends im Schulhaus sagte ich, ich wollte nicht mehr mit verdeckten Karten spielen, berichtete und zeigte meinen Judenpass. »Wir haben schon ähnliches vermutet.«* – [...] *Die beiden [...] erzählten dann von ihrer Liiertheit mit Juden – Freundschaft, »in der Verwandtschaft«, Mitleid, Parteirichtung – vom Münchner Ghetto, von mehreren Fällen, wo Juden »gestorben«, mit anderen Papieren und Namen auferstanden und so durchs dritte Reich gekommen seien. Es wurde ein langer und intimer Abend [...]*[111]

*Wir haben in all dieser Zeit keinen strapaziöseren Marsch-, Hunger-, Hitze-, Enttäuschungstag erlebt als an diesem Freitag, dem 20. Mai* [richtig: 18. Mai 1945]. *Wir waren wirklich aus dem Paradies, dem irdischen: Unterbernbach, dem himmlischen unserer Hoffnungen und unseres Herrengefühls, in ein neues Inferno gestoßen worden. Denn München in seinem jetzigen Zustand, und dies ist wieder wirklich keine Übertreibung, München ist mehr als danteske Hölle [...] Als wir hier nach 19 Uhr ankamen, war Eva mit ihren Kräften zu Ende. Immer wieder wurde ihr so schlecht, dass sie sich lang hinlegen musste. [...] Die barmherzigen Schwestern – welchen Ordens? – mit riesigen weißen Hauben und Schulterkragen – nahmen uns sehr freundlich auf. [...] Auf einem langen Gang lagen in ihren Betten aufgereiht ein halbes Dutzend alte Frauen, Kranke, dann ein Wandschirm, und dann isoliert in der Nähe eines offenen Fensters, standen, ebenfalls in Längslinie, zwei weitere Betten; sie waren für uns bestimmt. Da wohnen wir nun, Gott weiß, auf wie lange.*[112]

*Sie* [die Cars der Amerikaner] *fahren eilig und nonchalant, und die Deutschen trotten demütig zu Fuß, sie spuken überallhin die Fülle ihrer Zigarettenstummel, und die Deutschen sammeln die Stummel auf. Die*

*Deutschen? Wir, die Befreiten, schleichen zu Fuß, wir bücken uns nach den Stummeln, wir, die wir gestern noch die Unterdrückten waren, und die wir heute die Befreiten heißen, sind schließlich doch nur die Mitgefangenen und Mitgedemütigten. Merkwürdiger Konflikt in mir: Ich freue mich der Rache Gottes an den Henkersknechten des 3. Reichs […], und ich empfinde es doch als grausam, wie nun die Sieger und Rächer durch die von ihnen so höllisch zugerichtete Stadt jagen. Im Übrigen machen die Amerikaner weder einen bösartigen noch einen hochmütigen Eindruck.*[113]

*An der Feldherrnhalle steht mit Riesenlettern sorgfältig gemalt: »Buchenwald, Felden, Dachau – ich schäme mich, ein Deutscher zu sein.«*[114]

*Am Sonnabend, dem 26. Mai, nach dem Frühstück nahmen wir von der Oberin des Martinsspitals* [nahe Ostfriedhof] *Abschied: zu meiner Beschämung dankte sie mir, sie fühle bereits die wohltätige Wirkung meines Eingreifens, denn es kämen jetzt keine Flüchtlinge mehr. […] Wir begannen unseren Marsch durch München gegen zehn Uhr; die Isar-Anlagen und der Englische Garten […] gefielen mir sehr, wie ich denn dieses Mal München in all seiner Trostlosigkeit als mächtige Prunkstadt vieler Jahrhunderte hoch über das zierliche Rokoko-Kästchen Dresden stellte.*[115]

Endlich in Dresden bei Bekannten angekommen: *Dies war die Wendung zum Märchen. Frau Glaser empfing uns mit Tränen und Küssen, sie hatte uns für tot gehalten. […] Am späten Nachmittag stiegen wir nach Dölzschen* [zum eigenen Haus] *hinauf.*[116]

Charlotte **Knobloch** wurde am 29. Oktober 1932 in München geboren. 1942 konnte sie in Arberg, Mittelfranken, bei einer Familie Hummel untertauchen. 1945 kehrte sie nach München zurück. Seit 1985 ist sie Präsidentin der Israelitischen Kultusgemeinde in München und Oberbayern. Ihre Aufzeichnungen fügen sich nahtlos in die Bilder, die die anderen Juden hinterlassen haben, insbesondere zu den Ereignissen Boykott und Pogrom.

*Viele seiner jüdischen Freunde und Bekannten, so erzählte Vater mir später, wollten die Bedeutung dieses Tages* [30. Januar 1933] *nicht erkennen. Sie trösteten einander und redeten sich ein, dass Hitler eine vorübergehende Erscheinung, ein Phänomen sei: Ebenso rasch, wie er aufgetreten sei, werde er auch wieder verschwinden.*[117]

66    II. Das Doku-Zentrum ignoriert – Die wichtigsten Zeugen

*Die Aktion* [Boykott der jüdischen Geschäfte am 1. April 1933] *wurde allerdings abgebrochen, weil die Machthaber enttäuscht feststellen mussten, dass die Bevölkerung ihrem Aufruf, die Juden zu ächten, nicht im gewünschten Umfang nachgekommen war. Noch konnten die meisten zwischen Recht und Unrecht unterscheiden. Doch das Gift des Hasses träufelte bereits in ihre Herzen.*[118]

*Am Abend des Mittwoch, 9. November* [1938] *Vater heißt mich, sofort meinen Mantel anzuziehen. Wir müssen unsere Wohnung verlassen. Zu dieser Stunde? Vaters Gesicht lässt keine Zeit für Fragen. Später erzählt er mir, er habe eine Warnung erhalten, man würde ihn in dieser Nacht »holen«.*

*Als ich meine Augen endlich von der Zerstörung abwende und mich umdrehe, schaue ich den Menschen in die Gesichter, die ebenfalls die Verheerung betrachten. Ihre Mienen sind ernst, sie wirken traurig und bedrückt. Von der Zerstörungslust, die ich in der vergangenen Nacht gesehen hatte, ist bei ihnen nichts zu spüren. Vielleicht, so versuche ich mich zu trösten, waren es doch nur einige wenige gewesen, die mitgetan hatten. Gleichzeitig kann ich den Gedanken nicht loswerden, dass ich niemanden gesehen hatte, der gegen die Verwüstungen eingeschritten war.*[119]

*In späteren Jahren habe ich oft über die Tätigkeit des Herrn Koronczyk* [damals Vorsitzender der jüdischen Gemeinde Münchens] *nachgedacht. Es ist eine der unzähligen Niederträchtigkeiten, dass die Gestapo die jüdischen Gemeinden zwang, als ihre Helfershelfer zu fungieren. Denn nach den Angaben der Gemeinde wurden die Deportationslisten zusammengestellt. Warum gibt man sich für eine solche Arbeit her, fragte ich mich. Doch auch diese Menschen litten Todesangst. Sie versuchten, durch ihr unheilvolles Tun, sich und ihre Familie zu retten. Man soll nicht über Menschen richten, die aus Verzweiflung handeln.*[120]

*Zenzi* [in Arberg] *und die Familie Hummel haben alles für mich riskiert. Die Entdeckung meiner wahren Identität hätte für die Familie fatale Konsequenzen gehabt. Einen Juden zu verstecken konnte den Tod bedeuten.*[121]

Wenn Knobloch schreibt: *Noch konnten die meisten zwischen Recht und Unrecht unterscheiden*, so lässt dieser Satz auf eine nachfolgende Radikalisierung schließen, die aber – den Befürchtungen zuwider – nirgendwo nachgewiesen wird.

## 1. Stimmen jüdischer Zeitzeugen    67

Hans **Lamm** wurde am 6. Juni 1913 in München geboren. 1938, noch vor dem Pogrom, emigrierte er in die USA. Nach dem Krieg kehrte er zurück und wurde 1970 Präsident der Jüdischen Kultusgemeinde München und Oberbayern. Er starb am 23. April 1985 in München. Seine Texte zeigen, dass ihm die Münchner den Boden nicht heiß gemacht haben.

*Von 1933 bis zu meiner Emigration lebte ich […] ich würde nicht gerade sagen glücklich, aber ich würde auch nicht sagen unglücklich. Man lebte eben, und man schrieb und studierte, ohne zu merken, dass man auf einem Vulkan saß.*[122]

[Nach dem Krieg ein jüdischer Bekannter:] *Darüber, dass Du noch immer erwägst, in Deutschland zu verbleiben, zerbreche ich mir viel den Kopf. Ich kann es wirklich nicht verstehen. Natürlich, das Land ist schön, aber anderswo ist's auch schön. Was wichtiger ist, ist die Bevölkerung eines Landes, mit der man zu leben hat. Ich kann mich nur auf Zeitungsberichte und Einwanderer stützen, aber daraus schließe ich, dass die Mehrheit der Deutschen die Juden noch genauso hasst, wie je […]*[123]
[Dazu Lamm:] *Es war meine Überzeugung, dass ein Verharren im Exil nach dem Zusammenbruch einer nachträglichen Zustimmung zu Hitlers Rassentheorie gleichkäme. Er hatte verkündet, dass die Juden kein Recht hätten, in Deutschland zu sein […]*[124]
[Bei der Verleihung der Medaille »München leuchtet – den Freunden der Stadt« 1978, Lamm in seiner Dankansprache:] *Es ist ein Glück, Münchner zu sein und in München wirken zu können.*[125]

Melvin **Lasky** kam am 15. Januar 1920 in New York zur Welt. Als Militärhistoriker sammelte er im Auftrag der US-Army kurz vor und gleich nach Kriegsende Eindrücke und insbesondere Einlassungen Deutscher zur politischen Lage. Allmählich wurde Deutschland zu seiner Heimat, wo er auch am 19. Mai 2004 gestorben ist.

In München ist es zunächst Ex-Hauptmann Gerngross, den Lasky interviewt. Gerngross hatte am 28. April 1945 mit seinen Soldaten den Bayerischen Rundfunk besetzt und vorzeitig das Ende des NS-Regimes verkündet.[126] Rund vierzig seiner Mitstreiter bezahlten die kühne Tat mit dem Leben. Sie wurden hingerichtet. Er konnte sich verstecken. Am 14. Mai 1945 äußerte Gerngross gegenüber Lasky: *Süddeutschland ist anders. liberal eingestellt. […] Bayern war nichts für die Nazis. […] München war keineswegs die »Hauptstadt der Bewegung«, vielmehr allgemein bekannt als »Hauptstadt der Gegenbewegung«. »Terroristengruppen« wurden organisiert. […] Welche konkreten Erfolge? So gut wie keine, um ehrlich zu sein. Wir mussten abwarten. Die SS bedrohte uns von außen, die Gestapo von innen.*[127]

*Unser Aufstand war der einzige, nicht einmal in Wien haben sie das geschafft […] Ich hoffe, München hat der Welt gezeigt, dass es deutsche Antinazis gab, die bereit waren, ihr Leben zu riskieren.*[128]

*Bruchstücke der Unterhaltung [Laskys mit zwei Russinnen in München]: das Unglück der Deutschen in Bayern. [Die Bayern:] Fürchteten die SS, hassten das Regime. Hitler wurde insgeheim immer verflucht. Später ein gewagter Witz: Auf den Führer schimpfen mehr Leute […] als auf Stalin!*[129] *Hören sich interessiert und ohne gekränkt zu sein an, was ich ihnen über die Angst der Deutschen vor den Russen erkläre. Die Geheimpolizei, die Diktaturen, die düstern Seiten des russischen Regimes. Keine Angst vor den Russen an sich.*[130]

Lasky zitiert einen Fahrstuhlführer: *»Nein, Bayern war nicht hitlerisch. Natürlich waren viele Bayern Nazis und sind es immer noch.«*[131]

*Dass man in Deutschland auf der Straße eine Pistole tragen müsse (in Frankfurt, Heidelberg, Mannheim, Augsburg oder München), ist absurd, geradezu lächerlich. Es gibt keine deutschen Rebellen, und was den Nazismus unter den Mädchen betrifft, so ist auch das nur ein Witz. Die Politik und besonders die alten Fragen sind erst einmal passé.*[132]

Leopold **Levinger** kam am 2. Oktober 1927 in München zur Welt. Sein Vater war ein schwerkriegsbeschädigter Jude. Da sich seine Frau nicht scheiden ließ, lebte der Vater in privilegierter Mischehe. Ein Leser einschlägiger Publikationen arrangierte ein Interview, das am 25. Februar 2015 bei Levinger stattfand.

Frage: Herr Levinger, wie schon Ihr Name vermuten lässt, sind Sie jüdischer Abstammung und gehörten damit zu jenem Personenkreis, der während der Hitlerherrschaft auf vielfältige Weise verfolgt wurde. Wo und wie haben Sie damals gelebt?

*Mein Vater war Jude, meine Mutter nicht. Eine der Schwestern meines Vaters, Clementine Krauser, geb. Levinger, hat im Verborgenen in Nürn-*

berg überlebt, die verwitwete Schwester Therese Rappl[133], geb. Levinger, wurde deportiert und gilt als in Riga verschollen. Mein Vater wurde auch mehrmals verhaftet, da er sich systemkritisch geäußert hatte, kam aber jeweils rasch wieder frei.

Ihre Erfahrungen mit den Nachbarn?

*Während der gesamten NS-Ära wohnte ich bei meinen Eltern in München-Nymphenburg, Richildenstr. 11. Da ich etwa ab dem 8. Lebensjahr den Nachbarn meine Dienste als »kleiner Hausmeister« anbot, lernte ich alle Anwohner der kurzen Straße kennen. Nicht selten hatte ich mehr Aufträge, als ich bewältigen konnte. Beim Bäcker Paul Isaak, trotz des Namens nicht »rassistisch belastet«, verrichtete ich fünf Jahre lang vor Schulbeginn Hilfsdienste. Niemand hat mich wegen meiner Abstammung geschmäht oder geschnitten. Im Gegenteil: Ich glaube, ich war beliebt. Eine Frau, Helene Babel, galt als fanatische Hitleranhängerin. Doch mir hat sie nichts getan.*

*Besonders bemerkenswert erscheint mir, dass mich der Ortsgruppenleiter der NSDAP in Nymphenburg, ein Herr Dietrich, Romanstraße 102, damit beauftragte, nach Fliegerangriffen durch die dortigen Straßen zu radeln und ihm Schäden zu melden, was ich auch tat. So meldete ich ihm die Beschädigung seines Wohnhauses, in dem sich Frau und Tochter befunden hatten. Sie waren unversehrt geblieben.*

Wie erging es dem Schüler Leopold?

*Als der Übertritt an eine höhere Schule anstand, 1938, ging mein Vater, der kriegsblinde Leopold Levinger (1877–1959), mit mir zu mehreren höheren Schulen. Doch als »Halbjude« wurde ich zunächst überall abgewiesen. Der Schulleiter des Wittelsbacher Gymnasiums gab jedoch den Rat, wir sollten uns an die Rupprecht-Oberrealschule wenden. Der Leiter dieser Anstalt, Dr. Otto Lankes, könne sich als Träger des Goldenen Parteiabzeichens Privilegien herausnehmen. Und so geschah es. Sofort willigte er ein. Jahr für Jahr konnte ich unter seinem Schutz die Schule besuchen.[134] Auch die Lehrer respektierten diese Protektion. 1947 konnte ich dort das Abitur machen.*

Und die Mitschüler?

*Meine Abstammung war kein Thema. Alle waren anständig. Nur ein Schüler hat mich gemieden. Doch er hat mich nicht angegriffen. Sein Vater war ein höherer Nazi.*

Sie erwähnten Verhaftungen Ihres Vaters, und dass er jeweils rasch wieder frei kam. Wie erklären Sie sich das?

*In unserer Umgebung gab es mehrere einflussreiche Leute des herrschenden Systems, die sich für meinen Vater verwendet haben, so einen ranghohen SS-Mann namens Meffert. Seine Tochter hat sich für meinen Vater mit Erfolg eingesetzt. Ferner sei der Kriminalkommissar Gehring erwähnt. Auch Dietrich, von dem schon die Rede war, gehört hierher. Zumindest erklärte er sich für den Fall des Falles hilfsbereit.*

*Nach dem Krieg hat meinen Vater – seinen Erlebnissen gemäß – »Persilscheine« ausgestellt an Bittsteller, die schon zu einer Zeit hilfsbereit waren, als sich das Ende des Krieges noch nicht abzeichnete.*

Oberstudiendirektor Lankes steht für jene Nationalsozialisten, die nicht zugleich aufsässige Antisemiten gewesen sind. Die Schilderung zeigt ferner, dass Leute wie er mehr Positives bewirken konnten als die notorischen Regimegegner. Paradox?

Jakob **Littner** wurde am 17. April 1883 in Budapest geboren. 1912 übersiedelte die Familie nach München. Jakob wurde Briefmarkenhändler in Stachusnähe. Am 1. März 1939 emigrierte er nach Prag, dann nach Polen. Dort vegetierte er in Ghetto und Versteck. 1944 wurde er befreit und kehrte 1945 nach München zurück. Im Juli 1947 wanderte er zu seiner Tochter nach New York aus. Dort ist er am 6. Mai 1950 gestorben. Den Bericht verfasste er kurz nach seiner Rettung. Kernaussagen: »Wie viel heimliche Hilfsbereitschaft«! »Die deutschen Soldaten waren alle durchwegs sehr anständig«! »München!«

*Tiefer Frieden, glückliches Bayernland, prächtige Menschen! Man musste sich wohlfühlen dort, wo so herzlich das »Grüß Gott« klang. Welch tiefen schönen Sinn hatte das bajuwarische »Leben und leben lassen!«*[135]

Oktober 1938 Abtransport Richtung Polen: *Auf dieser Fahrt ins Graue kam ich mit dem neben mir sitzenden Polizisten ins Gespräch. Er gab mir zu verstehen, dass er mit uns allen Mitleid habe. Dieser menschlich fühlende Polizist versprach mir auch, nach seiner Rückkehr in München Christine [Freundin] zu besuchen und ihr zu berichten [...].*[136]

*Damit wir nicht verhungerten, versorgte uns Christine, die treue Seele, in rührender Weise heimlich mit Lebensmitteln. Die Situation war für sie sehr gefährlich. Wir konnten ja nichts kaufen. Überhaupt zeigte sich wieder das goldene, unverdorbene Herz vieler Münchner. Wie viel heimliche Hilfsbereitschaft wurde da bewiesen. Von nicht wenigen Juden konnte man erfahren, dass sie vor ihren Türen heimlich dorthin gelegte Lebensmittel, Milch, Brot usw. gefunden haben. So und auf ähnliche Weise wurde geholfen. Dies sei hier ausdrücklich festgestellt zur Ehrenrettung des anständigen Teiles der Münchner.*[137]

*Trotz dieser so wohltuend empfundenen Hilfsbereitschaft mussten wir viel Gehässigkeit erleben. Die Bestie im Menschen zeigte sich bei dieser Gelegenheit häufig genug. Der bereits erwähnte R., ein Geschäftsmann meiner Branche, hat sich hierin besonders ausgezeichnet.*[138]

*1. März 1939: Abschied von München. Für mich war es nicht nur ein Abschied von der schönen Stadt, sondern auch von Menschen, die mir im Laufe dieser langen 26 Jahre etwas bedeutet hatten, von denen ich wusste, dass ihnen die Trennung nicht weniger nahe ging, als mir selbst, bei denen ich sicher war, dass sie trotz aller Diskriminierungen, die ich erleiden musste, zu mir hielten und solche Gewaltakte verabscheuten. Aber was konnte das bedeuten in einem »totalitären Staat«!*[139]

*Die deutschen Soldaten waren alle durchwegs sehr anständig und menschlich. [...] Ich möchte betonen, dass sich die Soldaten der Wehrmacht uns gegenüber stets korrekt, ja direkt menschlich benommen haben. Unwillkürlich musste ich an den alten Münchner Spruch »leben und leben lassen!« denken. Wie konnte es nur kommen, dass sich diese Menschen, die alles andere als Untiere waren, für so grausame Ziele einsetzen ließen? Das wird wohl ein psychologisches Rätsel bleiben.*

*Die Soldaten waren meist Bayern und Österreicher, sie tranken mit uns, ja sie ließen uns beim Reihumgehen der gefüllten Feldbecher zuerst trinken. Für kurze Augenblicke versetzte ich mich fast nach München zurück. Ich konnte ja mit den Soldaten im bayerischen Dialekt plaudern.*[140]

*Schon damals war wohl für diese unverdorbenen Soldaten die SS ein Gräuel, denn sie sprechen nicht gut davon und warnten uns davor.*[141]

*Es kam ein Befehl: Deutsche Soldaten mussten gegrüßt werden: Dann kam ein Verbot, sie zu grüßen. Die Soldaten wussten jeweils selbst nicht, was nun zu recht bestand. Fuhr ein Militärauto vorbei und grüßte ein Jude nicht, hielt der Wagen an; und der Jude wurde erbärmlich verprügelt. Das Gleiche konnte in einem anderen Fall einem Juden blühen, der grüßte.*[142]

[Ende 1945, bevor eine Rückreise möglich war:] *München! Was mag wohl aus dieser schönen Stadt und den mir liebgewordenen Menschen dort geworden sein? Einen großen und nicht den hässlichsten Teil meines Lebens durfte ich in dieser Stadt des Gemütes und des Frohsinns verbringen. Bis 1933 hörte man dort nicht ein Wort von religiösen Anfeindungen. Wann und wie werde ich München wiedersehen?*[143]

Karl **Löwith** wurde am 9. Januar 1897 in München geboren, wo er auch aufwuchs. Er dozierte Philosophie zunächst in Marburg. Dank einem Rockefeller-Stipendium führte ihn 1933 der Weg nach Italien, dann nach Japan und in die USA. 1952 kehrte er nach Deutschland (Heidelberg) zurück. Gestorben ist er am 26. Mai 1973. Der Text stammt aus dem Jahre 1940 und offenbart eine erstaunliche Integration in seine alte Heimat. Ferner: »Ich war politisch so ahnungslos«! München 1931! München notfalls Zufluchtsort!

*Als mich der Krieg während unseres Sommeraufenthalts am Starnberger See in meinem 18. Lebensjahr überraschte, war ich ein Schüler der vorletzten Klasse des Münchner Realgymnasiums. Im Oktober meldete ich mich freiwillig zum Heer.*[144]

*Einen Unterschied der Rasse habe ich während meines ganzen Frontlebens weder von der Mannschaft noch vom Offizierskorps jemals zu spüren bekommen.*[145]

Nach dem Inkrafttreten des Gesetzes zu Wiederherstellung des Berufsbeamtentums: *Wir andern schienen damals gesetzlich gesichert und setzten unsere Vorlesungen* [in Marburg] *fort, ohne – wie andernorts – von Seiten der Studenten einen Skandal zu erleben.* […] *Der wiederholten Versicherung der obersten Führung, dass die jüdischen Kriegsteilnehmer »in allen Ehren« in ihren Ämtern verbleiben sollten, wurde allgemein Glauben geschenkt.*[146]

*So kam es, dass ich unter besonders günstigen Umständen zu dozieren begann und in meiner ersten Vorlesung an die 150 Hörer hatte. Nicht einem von ihnen wäre es damals eingefallen, mich als einen »artfremden« Eindringling anzusehen, von dem man die Universität zu »säubern« habe.*[147]

*Gegenüber den politischen Verhältnissen war ich indifferent. Auch las ich all die Jahre hindurch keine Zeitung, und erst sehr spät nahm ich die drohende Gefahr von Hitlers Bewegung wahr. Ich war politisch so ahnungslos, wie die meisten meiner Kollegen.*[148]

*1931 hatte ich noch die Freude, meinen Vater kräftig und heiter im Künstlerhaus zu seinem 70. Geburtstag geehrt zu sehen. Der bayerische Kultusminister und der Bürgermeister von München waren nebst vielen hervorragenden Persönlichkeiten der Stadt zu diesem Fest erschienen. Er war geschätzt, beliebt und hoch angesehen [...]*[149]

*Im katholischen Bayern war die Abneigung gegen Hitlers Partei so stark, dass ich erwog, mich im Notfall nach München umzuhabilitieren. Ich erkundigte mich darüber bei einem mir nahestehenden Mitglied der philosophischen Fakultät. Man antwortete mir sehr zuversichtlich, ich solle, wenn nötig, nur kommen. Denn dass Bayern den Wahnsinn der »Preussen« mitmache, sei völlig ausgeschlossen!*[150]

*Die deutsche Erhebung äußerte sich in Marburg wie überall zunächst durch die Entlassungen und die Judenhetze. Der jüdische Assistent eines medizinischen Instituts wurde von S.A.-Männern gezwungen, vor ihnen her durch die Stadt zu marschieren mit einer Tafel, auf der geschrieben stand: »Ich habe ein deutsches Mädchen geschändet.« Die Passanten haben sich bei diesem Schauspiel halb neugierig und halb beschämt auf die andere Straßenseite verdrückt – ich habe dies nicht selber gesehen, aber eine Photographie davon gezeigt bekommen. Das war die deutsche Zivilcourage, für die der Deutsche kein Wort hat, weil ihm die Sache fehlt.*[151]

*Ich rechnete beim Wiederbeginn meiner Vorlesung [im SS 1933] mit einem Skandal, der aber ausblieb.*[152]

Löwith zitiert beifällig einen jüdischen Freund und Kollegen: *Die größten Vorwürfe muss man der bourgeoisen Behäbigkeit aller Arrivierten machen, die gerade in diesen Tagen zeigen, dass es keine Märtyrergestalten unter ihnen gibt. Keine Stimme erhebt sich – unter den »Andern«. Ich frage mich natürlich selbst, ob ich nicht etwas Märtyrerhaftes tun könnte oder tun sollte – aber an den andern ist es jetzt.*[153]

Löwith wieder selbst: *Ich schloss die Vorlesung mit dem Wunsch, man möchte bei mir gelernt haben, dass man nicht notwendig »arisch« sein müsse, um mit Anstand dozieren zu können. [...] Nach der Vorlesung verabschiedete sich von mir der S.S.-Student v. K., und Boschwitz schenkte mir eine schöne von Gogh-Zeichnung.*[154]

*Noch ein Nachwort*

*Ich habe mich manchmal gefragt, wo ich heute wohl stünde, wenn ich als Deutscher mit Deutschen lebte. Die Frage mag müßig sein mit Bezug auf mich selbst, gibt aber mit Rücksicht auf die in Deutschland verbliebenen Freunde zu denken. Denn auch wer außerhalb der Partei steht, ist als Deutscher in das deutsche Geschehen verflochten, und ich selbst habe mitdestruiert, ehe die Wege sich trennten. Das geschah, als Hitler zur Macht kam und nun positiv etwas wollte [...].*[155]

Ruth **Meros** wurde 1922 in München geboren. Über die Schweiz gelang Ruth im Dezember 1939 nach Palästina. Seit 1953 lebten die Eltern wieder in München. Sie selbst kam 1963 zurück.

Die nachfolgenden Erinnerungen entstanden 1993.

*Aber plötzlich bekamen wir beide ganz schlechte Noten in unseren Aufsätzen. Daraufhin ist Ruths Mutter in die Schule gegangen und hat die Lehrerin nach dem Grund gefragt: Da hat die Lehrerin geantwortet: »Das ist doch ganz klar, dass die Juden in Deutschland keine guten Noten kriegen können!« An manche Lehrerinnen kann ich mich noch genau erinnern. Da gab es eine ganz fanatische Nationalsozialistin, die hieß Mändl. [...] Persönlich hat sie mir zwar nichts angetan, aber über die Juden im Allgemeinen hat sie sehr schlecht geredet. [...] Dann hatte ich eine Turnlehrerin, die vor dem Turnen immer antisemitische und nationalsozialistische Hetzreden gehalten hat. Mich hat sie schikaniert und angebrüllt. Weil ich das einfach nicht mehr ausgehalten habe, bin ich zur Direktorin gegangen. Ich habe sie gebeten, mich vom Turnunterricht zu dispensieren. Das hat sie freundlicherweise auch gemacht. Ich hatte ganz großen Respekt vor ihr, dass sie den Mut dazu hatte.*[156]

*Die Englisch- und Französischlehrerin dagegen hat sich mir gegenüber fantastisch verhalten. Ihr war klar, was ich mitmachen musste und wie schlecht es mir ging. Einmal, 1936 war das, hat sie deshalb auf dem Heimweg auf mich gewartet und mich zu ihr nach Hause eingeladen. Und aus dem einen Mal sind viele Male geworden.*[157]

*Immerhin der katholische Religionslehrer, der zugleich Pfarrer des St.-Anna-Kircherls war, wusste wohl recht genau, dass es mir nicht gut ging, und er hat versucht, mir Mut zu machen. Er hat mich zu einem Gottesdienst in seiner Kirche eingeladen, und ich bin hingegangen. Während seiner Predigt ist unsere Klassensprecherin, evangelisch, BDM-Führerin, fanatische Antisemitin und Nationalsozialistin mit ein paar anderen Mädchen aus der Klasse, alle in BDM-Kluft, in die Kirche marschiert. Sie haben Nazi-Lieder gesungen und die Predigt gestört. [...] Schließlich musste der Gottesdienst abgebrochen werden.*[158]

*Nach dieser Nacht [9./10. November 1938] stand an vielen Lebensmittelgeschäften:* »Juden Zutritt verboten«. *Die Mutter von einem Mädchen, das vis-à-vis wohnte, das ich aber nur so vom Sehen kannte, hat mir dann ein Zeichen gegeben, dass ich im Treppenhaus runterkommen soll. Da kam sie mit einem großen Einkaufbeutel voller Lebensmittel und hat gesagt:* »Ich bitte Dich, sage das niemand, bringe das Deiner Mutter [...]«.[159]

*Mir hat München oder die bayerische Natur am Anfang sehr gefehlt. Palästina ist landschaftlich ja vollkommen anders. Und natürlich auch die vielen Menschen, die zurückgeblieben waren.*[160]

Ruths schulische Erlebnisse während der NS-Ära zählen zu den tristesten, die von München überliefert sind.

Alexander Karl **Neumeyer** wurde am 28. Februar 1910 in München geboren. Er war einer der Söhne von Alfred **Neumeyer** (1867). Jurastudium. In der Bayernwacht, von der Alexander berichtet, waren Juden und andere NS-Gegner (auch der Vater des Autors K. L.). Da sich 1933 die Berufsaussichten schlagartig verschlechterten, wechselte er sein Studienfach. Als ausgebildeter Landwirt emigrierte er 1938, noch vor dem Pogrom, nach Argentinien. 1950 wählte er als Wohnsitz Israel, wo er 1989 starb. Die Aufzeichnungen stammen aus den letzten Lebensjahren.

In München: *Dieser Geschichtsabschnitt vor dem Ausbruch des Ersten Weltkrieges erschien mir in meinen Kindertagen und den schwierigen Zeiten, die späte kamen, wie das Goldene Zeitalter, wie das verlorene Paradies. [...] Ich will hier kein Geschichtsbuch schreiben, sondern nur den allgemeinen Hintergrund umreißen, vor dem ich im deutschen Bürgertum jener Zeit aufwuchs. Das war eine breite Klasse von friedlichen, ordentlichen, fleißigen, zivilisierten und durchschnittlichen Leuten. [...] In dieser Klasse wuchs ich als ein in jeder Hinsicht typischer Deutscher auf. Bis zum Aufstieg des Nationalsozialismus hatte ich nicht den geringsten Zweifel, dass ich ein Deutscher wie alle anderen war. Die deut-*

sche Nation war meine Nation, das deutsche Volk mein Volk. Deutschland war mein Land in Freud und Leid, mein Vaterland, an dem ich mit Herz und Seele hing.[161]

Die Nazis fingen an, aktiv zu werden. Einige Organisationen begannen, die Zulassung von Juden einzuschränken. Als meine beiden Vettern sich für meine Aufnahme bei den Pfadfindern einsetzten, bekamen sie einen Wink, dass die Eingliederung eines weiteren Juden in die Gruppe nicht wünschenswert sei. Von diesem Fall abgesehen, kann ich nicht sagen, in irgendeiner Weise unter der Tatsache gelitten zu haben, dass ich während meiner neunjährigen Gymnasialzeit der einzige jüdische Schüler der Klasse war.[162]

Ich trat der Bayernwacht bei, die von der Bayerischen Volkspartei organisiert wurde, der großen Partei der Mitte, die damals in der Regierung Bayerns dominierte und sich entschieden gegen den Aufstieg der Nazis stemmte. Wir kamen einmal pro Woche zu Wehrübungen zusammen. […] Unsere Tätigkeit nahm ein trauriges Ende, als Hitler zur Macht kam. Er löste sofort die Gruppierungen auf, die nicht nach seinem Geschmack waren, darunter die Bayernwacht.[163]

Die große Mehrheit war sich sicher, das [NS-] Regime werde nach wenigen Monaten zusammenbrechen. Sie glaubten, es komme nur darauf an, geduldig abzuwarten, bis das Übel vorüber wäre. Die Bevölkerung kaufte trotz der Nazi-Warnungen weiter in jüdischen Geschäften ein.[164]

Nach dem Krieg: *In unserer Familie und in der gesamten jüdischen Öffentlichkeit mischte sich die Freude über den Sieg der Streitkräfte der freien Welt mit Besorgnis und Schmerz über das Schicksal der Juden in Europa. Erst damals wurde das Ausmaß der Katastrophe bekannt. Zuvor hatten die Zeitungen zwar Berichte über Deportationen, Konzentrationslager und Massenmorde an Juden und Gräuel gebracht. Aber die Nachrichten waren bruchstückhaft gewesen, hatten zum Teil auf Hörensagen beruht und waren so schrecklich, dass viele sie nicht glaubten oder für übertrieben hielten. Jetzt stellte sich heraus, dass die Wirklichkeit schrecklicher als die Gerüchte war.*[165]

Alfred **Neumeyer** (1867) kam nahe dem Münchner Marienplatz zur Welt. Er war der Vater von Alexander Karl **N.** und ein entfernter Verwandter des Naturwissenschaftlers Alfred **N.**, (deshalb der Zusatz bei dem einen 1867, bei dem anderen 1901) und wirkte als Richter. Als solcher wurde er 1933 zwangspensioniert. Von 1919 bis 1941 war er Vorsitzender der Israelitischen Kultusgemeinde München (»König der Juden Bayerns«). 1941 emigrierte er nach Argentinien, wo er 1944 starb. Der Text entstand in den Jahren 1941–1944.

*Am Prinzregenten hing mein Vater mit ganzem Herzen. Mit seinem ersten Hofgeistlichen [...] verbanden ihn nahezu freundschaftliche Beziehungen.*[166]

*[...] zum ersten Mal in meinem Leben ist mir hier* [in Augsburg 1910 im Kontrast zu München] *die abstoßende, judenfeindliche Art, wenn auch in meist verschleierter Weise, entgegengetreten.*[167]

*Die Bayerische Staatsregierung war freundlich gesinnt.*[168]

*Die ausgetauschten Reden* [1924] *zeigten das gute Verhältnis des Verbandes* [Bayerischer Israelitischer Gemeinden] *zu den Behörden. Der Präsident des Verbandes [...] hatte ungehinderten Zugang zu allen Behörden, insbesondere dem Kultus- und Finanzministerium. Er wurde zu repräsentativen Akten vom Ministerpräsidenten, der Stadt München, der Presse und auch vom Preußischen Gesandten eingeladen [...]*[169]

*Ich gratulierte mit dem Rabbiner Dr. Baerwald dem Kardinal Faulhaber in München, der sich den Juden stets freundlich erwiesen hatte, zu seinem 60. Geburtstag* [1929]. *Wir wurden mit Auszeichnung empfangen, und der Kardinal erklärte, dass unsere Bekenntnisse nicht nur ein korrektes Verhalten miteinander zeigen, sondern sich bemühen sollten, sich zu verstehen. [...] Er erwiderte unseren Besuch binnen einer Woche persönlich. [...]*[170]

*Die uns freundlich gesinnte Bayerische Volkspartei war wohl die stärkste Partei im Landtag, besaß aber nicht die absolute Mehrheit.*[171] *Im Polizeipräsidium München war [...] 1932 Politischer Referent der Regierungsrat und spätere Reichsinnenminister Frick. Während ich zu allen anderen Referenten freundliche Beziehungen hatte und unsere Wünsche tunlichst berücksichtigt wurden, stand Frick uns kalt und starr gegenüber.*[172]

Neumeyer am 31. März 1933 an Hitlers Statthalter in München, General Franz Ritter von Epp, also am Tag vor dem Boykott: *Wir legen schärfste Verwahrung ein gegen die ungeheuerlichen Anschuldigungen, die gegen uns deutsche Juden erhoben werden. Wir haben nicht das*

Geringste zu tun mit Machenschaften, die gewisse Elemente im Ausland gegen Deutschland zu unternehmen suchen.[173]

[...] *unmittelbar nach der Machtübernahme von Hitler haben jüdische Kreise, darunter ein angesehener Rabbiner in Bayern* [Elie Munk, Ansbach], *öffentlich erklärt, dass Grundanschauungen der Bewegung mit der jüdischen Einstellung wohl vereinbart werden könnten.* [...] *Ausschlaggebend aber bleibt für die Verfolgung unserer Tage allein der starre Fanatismus des »Führers«. Wenn dies bei seiner Würdigung gesagt werden kann, trifft es nicht zu bei seinen Helfern, die sich als Verbrecher großen Stils darstellen. Inzwischen, 1944, übersteigen die Gräuel gegen die Juden jedes Ausmaß, so dass es schwer wird, die Distanz des Geschichtsschreibers zu wahren.*[174]

Sommer 1938, die Hauptsynagoge Münchens musste auf Hitlers Geheiß abgetragen werden. *Unsere Jugend entfernte aus dem Gotteshaus, was mit ihm nicht fest verbunden war. Die kostbare Orgel, die erst wenige Jahre vorher beschafft wurde, übernahm das Erzbischöfliche Ordinariat für eine neuerbaute Kirche* [St. Korbinian München Sendling] *zu dem von der Orgelbaufirma bezeichneten Preis.*[175]

*Noch konnten wir unbehelligt unsere Spaziergänge in der Umgebung von München machen, auch mit Bahnbenutzung. In der Stadt waren den Juden nur die wenigen Gaststätten verboten, die der Stadt selbst gehörten. Insbesondere war es uns möglich, angenehme Abende in den Bierkellern zu verbringen.*[176]

Neumeyer nimmt Abschied von Deutschland: *Den größten Eindruck aber machte auf uns ein Besuch, den wir im Hotel erhielten.* [...] *es kam, ehe wir uns nach unten begeben konnten, die vier Treppen herauf der von uns hochverehrte Geheimrat* [Max] *Planck, den wir so viele Jahre im Grundnerhof* [am Tegernsee] *getroffen. Wir hatten uns schriftlich von ihm verabschiedet, er wollte uns aber persönlich die Hand drücken und war sicherlich eine Stunde bei uns.* [...] *Es war ein lebendiger und in aller Ausgeglichenheit geistig und seelisch durchglühter Protest gegen die Geschichte unserer Tage. Er kam aus eigenem Antrieb auf die Stellung der Männer der Wissenschaft zur Bewegung zu sprechen. Mit tiefem Schmerz erklärte er, die deutsche Wissenschaft sei nicht fähig und darum nicht berufen, in die Politik einzugreifen und sie zu gestalten.* [...] *Es war uns bekannt, dass Planck persönlich den größten Mut gegen die neuen Machthaber aufgebracht hatte. Der Führer unterhielt sich mit ihm in liebenswürdiger Weise, als Planck die Rede auf die Juden brachte, verließ er das Zimmer und schlug die Türe zu.* […] *So hat der erste Vertreter der deutschen Wissenschaft uns in schlicht menschlicher Weise seine Teilnahme an unserem Schicksal gezeigt, und bei Würdigung des deutschen Gesamtcharakters ist mir dieser Besuch immer leuchtend und versöhnend vor Augen getreten.* […] *In Hendaye nahm die deutsche Gestapo nochmal eine eingehende Kontrolle vor.* […] *Jetzt erst war von den Mitreisenden die Angst gewichen, als sich die Türen des großen deutschen Gefängnisses geöffnet hatten, und sie nicht wieder zurückgeholt werden konnten.*[177]

Alfred **Neumeyer** (1901) kam in München zur Welt. Er ist ein entfernter Verwandter von Alexander und Alfred Neumeyer (1867). (Deshalb der Zusatz bei dem älteren Alfred 1867, bei dem jüngeren 1901). Noch vor dem Pogrom 1938 emigrierte der Jüngere in die USA, wo er am 26. Januar 1973 gestorben ist. Höchst bemerkenswert ist seine Offenlegung der Wurzeln von Hitlers Erfolg. Auch er war ein heißer Verehrer von München: das »verlorene Paradies«.

*So sehr gehörte auch ich fraglos zu jenem alten München, dass ich mit Begeisterung dem Freikorps Epp beitrat, das Anfang Mai in München die rote Herrschaft beseitigte.*[178]

*Wenn München auch vor 1918 in seinen Emotionen eine vorwiegend konservative Stadt gewesen ist, so haben ihr im Unterschied zu Norddeutschland die demokratischen Züge nicht gefehlt.*[179]

*Aber sein Burschenschaftsgeist* [die Rede ist von Karl Rothenbücher] *ähnelte dem eines Carl Schurz, und hundert Jahre früher wäre sein Platz in der Paulskirche gewesen. Wie sehr erinnerte ich mich nach 1933 an seinen Satz, dass am Universitätslehrer Deutschlands politischer Bankrott evident werden würde.*[180]

*Die nächsten Monate verwandelten das urkatholische, loyal monarchistische München in eine »rote« Stadt.* […] *Das gepeinigte Volk folgte den Utopisten Eisner, Landauer und Toller, idealistischen Literaten aus Norddeutschland, die das Menschheitsgewissen auf ihren Schultern trugen. Damals wurde der Same zum Antisemitismus gestreut, und wir Bürger und Bürgersöhne jüdischen Glaubens, von dem sozialen Messianis-*

*mus dieser edlen und dilettantischen Schwärmer unberührt, blickten mit Unbehagen und Widerwillen auf die neuen Volksführer. [...] Am 1. Mai erfolgte der von uns mit Sehnsucht erwartete Gegenschlag: die Freikorps Epp und Oberland [...] befreiten München vom Alpdruck einer uns als unmöglich und unwirklich erscheinenden Epoche. Die Kämpfe waren kurz und heftig [...].*[181]

*Die Geschichte der deutschen Verbrechen ist inzwischen oft, die der Taten der Edlen noch nicht genügend geschrieben worden. Gäbe es ein göttliches Gericht, Menschen wie Helmuth und Brigitte [»die dem Bösen widerstanden, als gäbe es dies nicht«] würden die Waage sinken machen. Auch mögen sich die verfolgten, gepeinigten Juden fragen, wie viele der ihren den Mut dieses Geschwisterpaares aufgebracht hätten?*[182]

*Obwohl im Grunde unpolitisch, hatte ich das Gefühl, dass der Einsatz für jeden einzelnen gekommen sei. So trat ich im Jahr 1932 dem Reichsbanner Schwarz-Rot-Gold bei, einer hauptsächlich aus der Sozialdemokratie hervorgegangenen Abwehrorganisation gegen die Straßenherrschaft der Nazis. Wie erschütternd wenig Studenten befanden sich in dieser Gruppe!*[183]

*Im ganzen war der Zusammenbruch der deutschen Universitäten ein trauriges Kapitel, in dem die apolitische, romantische und blind obrigkeitstreue Natur des deutschen Professors zutage trat.*[184]

*Wo sich also die Schlinge langsam enger zusammenzog, verknüpften sich auch die menschlichen Bande der bedrängten Freunde enger: Nie haben wir die Gabe der Freundschaft so köstlich empfunden wie damals. [...] Freunde strömten von allen Seiten zusammen. [...] Denke ich an den politischen Charakter dieser Menschen, so hatten die meisten eine entweder religiöse oder national bedingte konservative Haltung, die mit der meinen zusammenklang. Denn wenn ich auch politisch mich schon seit einem Jahrzehnt zu einem klaren Ja zu den Aufgaben der Demokratie – nicht zuletzt unter dem Einfluss meiner Mutter und ihrer Freunde – durchgerungen hatte, instinktiv neigte ich wie mein Vater zum Konservativen.*[185]

*Nach der letzten Ausreisekontrolle 1938: Eine unendliche Last löst sich von meinem Herzen. Sind wir entkommen? Sind wie entflohen? Haben wir das Paradies unserer Jugend [München] verloren?*[186]

Hedwig **Pringsheim** kam am 13. Juli 1855 in Berlin zur Welt. Ab 1878 wohnte sie in München, verheiratet mit dem Mathematiker und Kunstmäzen Alfred Pringsheim. 1939 gelang die Emigration in die Schweiz, wo sie am 27. Juli 1942 in Zürich starb.

Aus einem Brief an Schwiegersohn Thomas Mann vom August 1932: *Gestern hat mich eine zwar hagere aber gut gekleidete Frau mit zwei braunen Dackeln auf der Brienner Straße eine zeitlang verfolgt und mich versichert: »Jetzt ist die Zeit der Schwarzen und Roten vorbei, jetzt haben wir die Macht, endlich, endlich! das werdet Ihr Schwarzen und Roten schon merken, wenn ihr alle da droben am Obelisken baumelt!« Und dabei sah mich die Hagere mit so fanatischem Hass an, dass man ordentlich gruselig werden konnte.*[187] Eine Anpöbelung wegen ihrer jüdischen Herkunft gab es offenbar nicht, zumindest berichtet sie nicht von dergleichen.

*Es ist jetzt also so, dass er* [der Gatte]*, der bis jetzt* [Ende 1934] *noch lesen durfte, es nun nicht mehr kann, und dass seine Pension nur noch zwei Drittel seines Gehalts beträgt.*[188] Die Rede ist von Vorlesungen.

1935, nach einem erzwungenen Umzug, schreibt sie: »*Der Nachmittagsbesuch florierte wieder.* […] *morgen sind die großen Mathematiker mit Nachtmahl und Café* [bei uns]: *was will mein Greislein eigentlich noch mehr?*«[189] Dazu die Biographen Jens: *Zumindest bis Ende 1935 schien ein langsam sich normalisierender Alltag die politische Entwicklung zu überdecken.* […] *Kein Zweifel, man hatte »sich's gewöhnt«. Wie einst gehörten Opern-, Konzert- und Theaterbesuch wieder zum normalen Rhythmus.*[190]

*Wir haben uns überlegt, dass des Führers Wort doch über das jedes beigeordneten Beamten geht, und Betty, diesem zufolge, schließlich wohl doch wird bleiben können.*[191] Nach den Nürnberger Gesetzen hätte Betty, ein »arisches« Dienstmädchen, den Dienst bei den Pringsheim quittieren müssen. Aber der gute Draht zu Winifred Wagner und deren Beziehungen zu ganz oben machten den Verbleib offenbar möglich.

Aus einem Brief vom 13. November 1938, also kurz nach dem Pogrom, an eine Tochter: *Es geht uns persönlich ganz gut, wir haben außer dem Allgemeinen, das das Gemeine ist für alle, nichts Unangenehmes erlebt. Dies allerdings genügt bei bescheidenen Ansprüchen. Meine*

*Nerven sind am Zerreißen, aber ich bin ja bekanntlich beherrscht und halte mich wacker.*[192]

Nachdem bei ihnen viele Wertgegenstände beschlagnahmt worden waren: *Es hatte wirklich alles viel Beruhigendes, und wir zeigten uns von diesen Sicherungsmaßnahmen hoch befriedigt. [...] Das Wetter ist herrlich herbstlich. Die Sonne scheint über Gerechte und Ungerechte, und an Freunden fehlt's uns nicht. [...] Ach, wenn nur die vielen Sympathiebesuche nicht wären, die einem einesteils wohltun, aber andererseits doch auch enervieren und an anderen, wichtigeren Dingen – wie zum Beispiel am Spazierengehen – hindern!*[193]

Sommer 1939 in einem Brief an eine Tochter: *Man hört von allen Seiten, dass das Hinauskommen immer schwieriger wird. Es ist keine Logik in dem ganzen Gehabe. Einerseits will man uns los sein, und macht uns das Leben hier immer unwürdiger, andererseits hält man uns mit tausend Chicanen fest.*[194]

Kurz nach der Emigration in die Schweiz an eine ihrer Töchter: *Es war merkwürdig genug. Da war ein SS Mann. Oberstumführer, sogar mit dem Allerhöchsten liiert. Dieser SS Mann hatte den Auftrag: unser der Partei verkauftes Haus möglichst rasch zu evakuieren. So kam er auch mit Fay [Kosename für den Gatten] in Verbindung, der ihm klagte, wir wollen emigrieren, können aber trotz aller Versuche unsere Pässe nicht erlangen. Nun war dieser Mann, trotz Ober-Nazi, ein liebenswürdiger, sehr gutartiger, verständnisvoller, und dazu noch ein hübscher jüngerer Herr, der sofort bereitwillig sagte: »Das will ich schon machen!« Er flog nach Berlin, ging aufs Ministerium, und 2 Tage darauf hatten wir unsere Pässe! [...] Gott segne den Oberstumführer! (Sie sind nämlich keineswegs alle Schweine, wie es ein irriger Glaube wähnt).*[195]

Im Sommer 1941, nach der Emigration, an eine Tochter: *Aus München bekomme ich auf meine Telegramme nun nach und nach so herzliche Antworten von sämtlichen Ex-Kollegen, dass der gute liebe Fay [der verstorbene Gatte] sich vor Freude in seiner Aschenurne umdrehen würde.*[196]

Friedrich Gustav **Reuß** wurde am 5. Juli 1904 in Würzburg geboren. Er studierte u. a. in München, wo er auch beruflich als Jurist arbeitete. Im September 1938 gelang die Emigration in die USA. Dort ist er 1985 gestorben. Die Aufzeichnungen stammen aus dem Jahr 1940.

Tiefe Einblicke vermittelt eine Befragung bei der Ausreise: *Ich fuhr noch nach München, nach den oberbayerischen Bergen und nahm Abschied von Eltern, den wenigen Freunden und dem schönen Bayern und endlich fuhr ich ab.* [An der Grenze ein hinzugezogener Oberst:] *»Kommen Sie mal mit. Sie da, Leutnant fertigen Sie die andere Bande ab!«* [...] *»Sagen Sie, Herr Regierungsrat«, fragte er, »denken Sie, all der Unfug kann gut enden? Sie werden eines Tages froh sein, dass die Verhältnisse Ihnen den Entschluss auszuwandern, erleichterten. Ach Gott, ich wollte unser Kaiser da drüben* [Wilhelm II. in Holland] *über der Grenze käme zurück. Aber was kann man tun? Gehorchen, die Wut verbeißen, Pflicht tun. Mitmachen.«*

[Gustav Reuß:] *»Ja Herr Oberst, so hab ich auch gedacht. Mitgemacht solange es ging. Geduckt, es muss doch wieder anders kommen. Die Vernunft muss doch siegen [...].«* [Der Oberst:] *»Ich wollte, ich könnte mit Ihnen tauschen. Grüßen Sie Amerika von dem alten Deutschland, das gestorben ist. Vergessen Sie das neue, so schnell Sie können.« Ich drückte ihm die Hand. Niemand sah es. Draußen vor der Tür erhob er die Hand zum Hitlergruß.*[197]

Ernst **Rosenbaum** (ab 1947 Peter Roland) wurde am 26. April 1912 in München geboren. Er besuchte dort das humanistische Theresiengymnasium und begann anschließend mit dem Medizinstudium. Bereits am 5. Januar 1935 emigrierte er nach London. Die Erinnerungen wurden lange nach Kriegsende aufgezeichnet.

*We felt to be Germans who happened to be Jews, idealistic, hoping for a better society, left of centre and no Zionists [...] Although my friends were generally Jewish, I was on good terms with all the boys at school and the students I knew at university. Undoubtedly, some of them were Nazis, but somehow this did not affect much our personal relationship before Hitler came to power.*[198]

Hans **Rothfels**, geboren am 12. April 1891 in Kassel, war bis in die NS-Ära hinein Ordinarius für Geschichte in Königsberg. Als Protestant jüdischer Herkunft musste er 1934 seinen Lehrstuhl und 1939 Deutschland verlassen. 1951 aus den USA zurückgekehrt, wurde er mit Aufgaben und Ehren überhäuft, die ihn auch in München tätig sein ließen, so als Vorsitzenden des Beirats des Instituts für Zeitgeschichte (IfS) und ab 1953 mit Theodor Eschenburg Herausgeber der *Vierteljahrshefte für Zeitgeschichte*. Rothfels war auch Mitglied der Historischen Kommission bei der Bayerischen Akademie der Wissenschaften:

*Dass Anti-Semitismus zum Urbestand der nationalsozialistischen Bewegung gehörte [...], braucht nicht betont zu werden. Aber dass diese Gesinnungen und Handlungsweisen sich mehr oder weniger allgemeiner Zustimmung erfreuten oder bereitwillig hingenommen wurden, trifft keineswegs zu.*[199]

Pesach **Schindler** wurde am 11. April 1931 in München geboren. 1940 gelang noch die Emigration in die USA, wo die Familie sesshaft wurde. Seine Erinnerungen verfasste er 2004.

*In unserem Familienbetrieb [...] arbeitete ein Deutscher, der Mitglied der NSDAP war. Er war jetzt im Konflikt zwischen zwei Loyalitäten. Einerseits konnte er seine Familie ernähren, weil er für die Schindlers, die Juden, arbeitete. Andererseits war er der Nazi-Ideologie verpflichtet. Dieser Mann, der offensichtlich Einfluss in der örtlichen NSDAP hatte, stellte fest, dass der Name meines Vaters und der meiner Tante [...] auf der Liste von jüdischen Geschäftsleuten standen, die entweder nach Dachau oder nach Sachsenhausen geschickt werden sollten. [...] Dieser »gute« Nazi teilte meinem Vater und meiner Tante diese entscheidende Information mit. In derselben Nacht beschlossen sie, aus Deutschland zu fliehen.*[200]

Leonie **von Seuffert** wurde am 15. Oktober 1884 in München geboren. Sie war mit einem Nichtjuden verheiratet und deshalb »privilegiert«. In den letzten Kriegsjahren musste sie dennoch Zwangsarbeit verrichten und kam dabei in mehrere Münchner Betriebe. Daher sind ihre Bekundungen in hohem Maße repräsentativ. Die Aufzeichnungen stammen aus der unmittelbaren Nachkriegszeit. Gestorben ist sie 1955.

*Hatte ich bisher, durch den Schutz meiner Ehe persönlich, abgesehen von den für alle Juden geltenden Drangsalierungen, die ja sehr tiefgreifend waren, noch wenig mit der berüchtigten »Arisierungsstelle« zu tun gehabt, so änderte sich das gerade in diesen Tagen einer ohnedies starken seelischen Belastung, indem ich von der gefürchteten Widenmayerstraße (dem Sitz der Behörde für »Judenfragen«) die Aufforderung erhielt, mich alsbald um 7.30 Uhr »in Arbeitskleidung« dort einzufinden. [...] Während des Wartens erfuhr ich auch manches über Art und Wesen der hier regierenden Herrn. Fazit war, dass einer von den dreien immer schlimmer sei als der andere, und dass sie alles täten, um uns zu drangsalieren.*[201]

*Ich möchte schon hier betonen: Unsere Arbeitgeber und Vorgesetzten in den verschiedenen Betrieben, in denen ich im Laufe der Jahre tätig war, waren glücklicherweise alle nicht gehässig. [...] Aber sie erschwerten uns das Leben wenigstens nicht auch noch durch besondere Drangsalierungen und Quälereien, sondern hatten im Allgemeinen berechtigten Wünschen gegenüber kein taubes Ohr. Das war umso mehr anzuerkennen, als die Betriebsleitungen von der Arisierungsstelle fortwährend unter Druck gesetzt wurden mit der Weisung, uns absolut rigoros zu behandeln. Es ging unglaublicherweise so weit, dass sie sogar aufgefordert wurden, mit der Peitsche zu arbeiten, falls unser Arbeitseifer zu wünschen übrig lassen sollte!*[202]

*Auch an diesem städtischen Betrieb [Straßenbahnenreinigung] begegneten die Terrormaßnahmen der Partei ziemlich unverhüllter Ablehnung. Das ging nicht nur daraus hervor, dass uns alle nur möglichen Erleichterungen gewährt wurden, wie z. B. ausgedehnte »Brotzeit«, Pausen in geheizten Wagen, und man uns auch reichlich Zeit für die auszuführenden Arbeiten ließ, sondern auch aus direkten Äußerungen, in denen z. B. betont wurde, dass man »leider« nicht immer könne, was man wolle, da es ja vorgesetzte Behörden gäbe. [...]*[203]

*In diesem Betrieb kamen wir auch in Berührung mit kriegsgefangenen Engländern. [...] Als sie mich gelegentlich fragten, ob wir sehr schlecht (hard) behandelt würden, bejahrte ich es, fügte aber ausdrücklich hinzu »nur von der Partei, ihren Dienststellen und Anhängern!«.*[204]

*In den zwei letzten Kriegsjahren gab es in München fast keine »Sternträger« mehr [...] Die wenigen aber, die zudem alle im Arbeitseinsatz standen, trugen stillschweigend die ominöse Dekoration auch nicht mehr, obgleich das bei eventuellem »Geschnapptwerden« ein erhebliches Risiko bedeutete. Sie hatten sie daher für alle Fälle stets bei sich. Nun wurde eines Tages ganz kurz vorher eine plötzliche Inspektion durch Nazi-Funktionäre bekannt. Worauf sich prompt das groteske Bild ergab, dass wir Frauen nichts Eiligeres zu tun hatten, als unseren Herren den bewussten*

*Orden vorschriftsmäßig anzunähen, woran sich auch die »Aufsichten« eifrigst betätigten!*[205]

*Und doch erlebte ich in diesen Tagen akutester Lebensgefahr wieder eine Bekundung edelsten Menschentums: Eine höhere Angestellte unseres Betriebes, mit der ich kaum ein privates Wort gewechselt hatte, bot mir gänzlich überraschend an, mich bei sich zu verstecken und zu verpflegen, »da man mich bei ihr gewiss nicht suchen würde.«*[206]

Wer als Jude das »Sterngebot« missachtete, musste mit der sofortigen Einweisung in ein KZ rechnen. Wer die Missachtung duldete, dürfte daher in der Regel ein Sympathisant der Juden gewesen sein, dem ebenfalls KZ-Haft drohte.

Hugh Peter **Sinclair** (Hans Peter Siegel) wurde am 27. Februar 1921 in München geboren, wo er auch bis zur Emigration am 21 März 1939 lebte. Am 27. April 2010 starb er in London. Seine autobiographischen Aufzeichnungen stammen aus dem Jahr 1997.

*Ich war gezwungen, das Gymnasium zu verlassen und war dann während der nächsten fünf Jahre Schüler in der Höheren Handelsschule der Hansaheime, die ich bis zur Obersekunda besuchte. Ich kann mich hauptsächlich nur noch an die unangenehmen Episoden in dieser Zeit und in dieser Schule erinnern. Als jüdische Jungen mussten wir in den hintersten Pulten sitzen. Unsere Noten, besonders in Deutsch, waren immer schlecht weil: »Juden kein Deutsch lernen können«, wie mein Professor zu sagen pflegte. An die jüdischen Jungen in meiner Klasse wurden selten Fragen gestellt, aber man hörte an deren Stelle des öfteren antisemitische Bemerkungen von einigen der Professoren, besonders von den jüngeren. […] Ich wurde manchmal auch körperlich angegriffen. Was aber am meisten verletzend war, war die Tatsache, dass man von manchen der nichtjüdischen Mitschüler oft verhöhnt, beleidigt und ausgelacht wurde und dass man jeden Tag mit ausesteckem Arm und »Heil Hitler« die Professoren begrüßen musste.*[207]

Mit »Heil Hitler!« zu grüßen, war Juden üblicherweise untersagt.

So beklagenswert diese Erinnerungen auch sind, sie zeigen: Es waren »nur« einige der Professoren und einige der Mitschüler […]

*Nach Beendigung meiner Schulzeit brachte mich mein Vatger als Brauereilehrling für ein ganzes Jahr in der Schlossbrauerei Kaltenberg* [nahe München] *unter [...] Ich ging durch jede Sparte in der Brauerei. [...] Ich fühlte mich dort wohl und hatte niemals irgendwelche Schwierigkeiten mit meinen Mitarbeitern. Ich wurde wie jeder andere Lehrling behandelt.*[208]

Julius **Spanier** kam 1880 in München zur Welt. Dort wirkte er auch als Kinderarzt und Chefarzt. Die Jahre ab 1942 bis Kriegsende musste er im Konzentrationslager Theresienstadt zubringen. Nach der Rückkehr wirkte er wieder als Arzt in München. Zugleich war er sozialpolitisch und karitativ tätig. Gestorben ist er 1959 in München.

Glaubhaft wird berichtet: *Als man die Urnen der im Konzentrationslager Dachau Umgekommenen und Ermordeten in München beisetzte, wurden auch Töne der Vergeltung laut. Da trat Julius Spanier hervor und rief:* »Nicht mitzuhassen, mitzulieben sind wir hier!«[209]

Der nachfolgende Text Spaniers stammt aus dem Jahre 1958: *Mit dem Aufkommen des Nationalsozialismus und der damit verbundenen antisemitischen Massenpsychose änderte sich zwangsläufig die Lage der jüdischen Bürger Münchens im Allgemeinen und die des Schwestern- und Krankenheims im Besonderen. Angst und Furcht bestimmten die Denk- und Handlungsweise der Menschen, und das natürlich ganz besonders, als nach dem berüchtigten 9. November 1938 die Gestapo und die SS das Regiment im Haus führten, nichtjüdische Angestellte des Hauses verwiesen, nur mehr jüdische Ärzte oder solche jüdischer Abstammung das Haus betreten durften. [...] In diesem Zusammenhang würde es der Wahrheit und den Tatsachen widersprechen, wollte man nicht rühmlich hervorheben, dass es immer noch auch in dieser Zeit nichtjüdische Menschen, insbesondere auch Ärzte und Professoren der medizinischen Fakultät gegeben hat, die ihre Hilfe den gequälten und hilfsbedürftigen Menschen gegenüber trotz der für sie bestandenen Gefahren nicht versagten, sondern im Gegenteil dem damaligen Chefarzt (dem Verfasser dieser Zeilen) gegenüber ausdrücklich betonten, in gegebenen Fällen stets zur Verfügung zu stehen.*[210]

*Da kam im Juni 1942 der Befehl, dass das Schwestern- und Krankenhaus aufgelöst und geräumt werden müsse oder wie es in der damaligen Amtssprache hieß:* »Evakuierung« *des Krankenhauses der Israelitischen Kultusgemeinde München nach Theresienstadt. Am 4. Juni 1942 ging der erste Transport unter dem Befehl und der Aufsicht der Gestapo und der SS ab. Etwa fünfzig Kranke, Schwerstkranke, ja Sterbende mit drei Schwestern unter der Leitung des Chefarztes wurden auf Krankenbahren in einen Möbelwagen verladen, die ganze »Fracht« dann am Südbahnhof abgesetzt und in bereitstehende Waggons überführt. Während des Abtransportes war die Hermann-Schmid-Straße für den Verkehr gesperrt, nur ein Major der Wehrmacht durfte die Straße passieren. Als dieser des unheimlichen Transportes ansichtig wurde, frug er die Oberin nach dem Grunde dieses merkwürdigen Vorgangs. Als er von ihr dann wahrheitsgemäß unterrichtet war, rief er voll Entsetzen und ungeachtet der umstehenden Gestapo und SS mit lauter und wohlvernehmbarer Stimme aus: »Was? Kranke und sterbende Menschen? Ich schäme mich, ein Deutscher zu sein!«*[211]

Die Abriegelung der Hermann-Schmid-Straße entsprach dem Üblichen, d. h. die Deportationen sollten nicht wahrgenommen werden. Es galt, einen Volksauflauf zu verhindern. Welche Reaktionen befürchtet wurden, zeigt das Verhalten des Majors. Doch ohne jeden Nachweis wird nicht selten das Gegenteil behauptet, nämlich die Deportationen seien für jedermann sichtbar gewesen.

Gerty **Spies** wurde am 13. Januar 1897 in Trier geboren. 1929 zog sie nach München um. 1942 wurde sie in das Lager Theresienstadt eingewiesen. Nach der Befreiung kehrte sie sofort nach München zurück, wo sie, hochgeehrt, 1997 ihre letzte Ruhestätte gefunden hat. Aus ihren Worten spricht starke Zuneigung zu München und zur Mehrheit der Bewohner.

*Dann bekamen wir gesagt, dass wir den gelben Judenstern abnehmen sollten. Warum, dachte ich (ich hatte gelernt, ihn als Orden zu sehen). [...] Wir besteigen den Wagen. Heut noch nach München!*[212]

*Alte Städte, zerstörte Bahnhöfe, endlose Landstraßen – glühender Sonnenuntergang – München! Was war das? Trümmer, Trümmer, Trümmer! Gewiss, man hatte allerhand gehört. Aber dass es so aussehen würde.*[213]

*Und hier – mein Herz hämmerte Sturm: Ruinen, Ruinen – die Ungererstraße! Oder war sie's nicht? [...] Wir rasten ratternd die leere, linealgerade Kaulbachstraße hinunter. Tief drunten in ihrem Schacht bewegten sich Menschen. Ich merkte mit einemal, dass ich aufgesprungen war. »Sie winken!« schrie ich, »sie winken!« Das war das Signal. Nun sprangen alle von ihren Sitzen. Der lähmende Schreck ließ uns los, wir winkten zurück – näher, näher – der Wagen hielt an. Es war alles so wirr und so unbegreiflich. Menschen umringten uns. Wieder wurden Leitern angelegt. Lachend und weinend umhalsten sie sich, die drunten und die von droben.*[214]

*Doch wie eine trübe Wolke hingen noch die Erinnerungen am Himmel der Freiheit. Ängstlich, vorsichtig gespannt wagten wir nur langsam, uns dem allgemeinen menschlichen Umgang wieder anzupassen. Das würde erst kommen, dass man jeden Unbekannten mit scheuen Blicken abtastete: Warst du auch dabei? Hast du auch geholfen, meine Freunde zu verhöhnen, zu verraten – und vieles mehr? Lebte der Denunziant noch? Ja, er lebte noch und versuchte nun auf einmal, uns zu grüßen. Manche erschreckenden Erfahrungen verstellten uns noch immer den Weg. Aber noch weit häufiger reichten uns Menschen aller Klassen helfend die Hand. Es sind manche bleibende Freundschaften daraus geworden.*[215]

Charlotte **Stein-Pick**, am 22. Oktober 1899 in München geboren, konnte 1939 zusammen mit ihrem Mann, einem Zahnarzt (Praxis am Sendlinger-Tor-Platz), in die USA emigrieren. Dort ist sie am 2. Februar 1991 gestorben. Ihre Autobiographie verfasste sie 1964.

Unter der Überschrift »Bezauberndes München« lesen wir:

*Wie viel ist über diese Stadt schon geschrieben, gedichtet und gesungen worden! Sie war meine Heimatstadt, die mir ganz gehörte, wie ich auch ihr. Ich war rasend stolz auf sie.*[216]

*Der Fasching natürlich nahm mich als echtes Münchner Mädel besonders gefangen. Wunderbare Bälle im Deutschen Theater oder Künstlerfeste in Schwabing ziehen strahlend in meinem Geiste vorbei. Niemals erlebte ich dort gegen uns oder Freunde irgendwelche judenfeindliche Bemerkungen. […]*[217]

*Erst jetzt beim Hineinversenken in die Vergangenheit wird mir klar, wie viele deutsche Christen uns wirkliche Freunde waren, und es überkommt mich ein warmes Glücksgefühl.*[218] Dann folgen anschauliche Beispiele. Hier eines, das für tausende spricht, da sich nur eine kleine Minderheit der in Mischehe Lebenden »Arier« scheiden ließ:

*Was haben diese beiden lieben Menschen durchgemacht und erlebt. Meine Verwandte musste jahrelang Zwangsarbeit tun, dabei war sie eine zarte, kränkliche Frau. Doch der Mann trennte sich nicht von ihr, obwohl er furchtbaren Demütigungen ausgesetzt war, sowohl beruflich als auch menschlich, denn man steckte ihn in ein Arbeitslager.*[219]

Unter der Überschrift »Dachau«:

*»Ich denke, die Frau Stein darf ihren Mann mit heimnehmen«, erklärte er seinem Kollegen, gerade als die Tür aufgerissen wurde und ein junger Kerl hereinstürmte. »Der Jude Stein geht zurück nach Dachau«, schrie er, »verstehen Sie mich!« Mein Atem stockte. Ich sah den Mann, der zuerst die gute Nachricht gebracht hatte, flehentlich und beschwörend an, und da geschah das Unglaubliche. Er wollte wohl nur beweisen, dass er der Mächtigere sei und von niemand Befehle annehme. So wurde ich Zeugin eines Kompetenzstreites, von dessen Ausgang wohl unsere ganze Zukunft abhing.*[220] Der Jude kam frei.

Unter »Die Tage nach Dachau« berichtet Stein-Pick:

*Wie aufregend war daher ein Anruf des Braunen Hauses. Doch die Stimme des einen Beamten, der uns heimbrachte, klang freundlich. Zu meinem Erstaunen bat er mich, doch bald in sein Büro zu kommen. Sie fänden sich in den Bankbüchern, die wir übergeben hatten, nicht zurecht und sie wären mir daher dankbar, wenn ich die Bücher vorläufig weiterführen würde. [...] So pilgerte ich jeden Monat bis zu meiner Abreise in das Braune Haus.*[221]

*Wenige Tage nachdem wir das Land verlassen hatten, rief einer der beiden bei meiner Mutter an und fragte nach mir. Als sie von ihr erfuhren, wir seien ausgewandert, kam ein befreites »Gottlob, dass ihre Kinder in Sicherheit sind!« Grotesk erschien mir solch ein Ausspruch von einem Beamten der Gestapo. Kam doch ein menschliches Gefühl durch?*

1951 stattete Stein-Pick ihrer alten Heimat einen Besuch ab. Dabei traf sie auch die Resl, das Dienstmädchen der Eltern und ihre Erzieherin: *Mittag fuhr der Zug in Münchens Bahnhof ein und von hier an, beim Anblick der vollkommen zerstörten Bahnhofshalle, wusste ich, wie Deutschlands Städte gelitten hatten. Beim Aussteigen wurde ich von drei Menschen umarmt: der Cousine meines Mannes, die durch ihre Ehe mit einem christlichen Arzt der Ermordung entkam, ebenso wie meiner eigenen Cousine, die mich weinend nicht mehr von sich ließ, und de-*

*ren gütigem Mann. Als ich in ihre Augen sah, wusste ich: ich war nicht mehr allein. Am Nachmittag schon suchte ich Resl auf. [...] Wir konnten uns zuerst nicht viel sagen, wir waren zu bewegt. Aber bald drängte sie mich, mit ihr die verschiedenen Nachbarn zu besuchen. Mein Kommen schien in den umliegenden kleinen Geschäften mit Freude und Neugier erwartet zu werden. Resl nahm mich an die Hand und führte mich zur Metzgerin, zum Rauchwarenladen, zur Altwarenhändlerin, und jedes Mal ging sie zuerst in die Läden und verkündete strahlend: »Da ist sie, die Lotte.« [...] Eines wusste ich gewiss, keiner dieser Leute war je ein Hitleranhänger gewesen.*[222]

*Am nächsten Morgen, bevor ich abfuhr, ging ich nochmals zu meiner Resl, ich wollte nicht, dass sie zum Bahnhof kam. So standen wir wortlos in dem kleinen Stübchen hinter dem Laden. Wie gebrechlich sie geworden war! »Du hast keine Mutter mehr«, sagte sie leise, »so werde ich dich segnen, ich weiß nur den Segensspruch meines Glaubens, aber die Mutter hätte nichts dagegen.« Ich senkte den Kopf, und sie schlug das Kreuz und ihre segnenden Worte beglückten mich.*[223]

Karl **Stern** kam am 8. April 1906 in Cham, Oberpfalz, zur Welt. 1917 folgte der Umzug nach München, wo er die restlichen Gymnasialjahre verbrachte und studierte. 1936 Emigration nach England. In Kanada wirkte er als Psychiater. Dort starb er am 7. November 1975. 1936 war er Katholik geworden.

*Während die Wittelsbacher regierten, hatte es etwas in Bayern gegeben, was wir später den »guten alten Vorkriegsantisemitismus« nannten. Die Juden hatten mit ähnlichen Erschwerungen zu kämpfen wie die zahlreichen Rassen- und Glaubensminoritäten in anderen Teilen der Welt. Sie waren, wenn nicht konstitutionell, so doch kraft ungeschriebener Gesetze von bestimmten öffentlichen Ämtern ausgeschlossen. Es gab den »Christusmörder« und dergleichen bei manchen Kindern [...] Der alte König hatte den ehrwürdigen Oberrabbiner von München, Doktor Werner, gern, der nicht selten bei Hofempfängen zu sehen war. Herr Fränkel, ein äußerst orthodoxer Jude aus einer der ältesten Münchner Familien, wurde zum Königlichen Bayerischen Kommerzienrat ernannt.*[224]

*Trotz der Schatten des Krieges [...] hatte München nichts von seinem einzigartigen Zauber eingebüßt [...] Das München jener Zeit existiert* nicht mehr. *Aber selbst wenn wir von unseren wehmütigen Erinnerungen absehen, haben Städte gleichsam unsterbliche Seelen. München war eine Art harmonischer Synthese von Nord und Süd, Ost und West, Kunst und Natur, ländlicher und städtischer Zivilisation: es war eine Vorhut heiter-klarer Latinität im schwerblütigen Norden, ein gotischer Vorposten an der Eingangspforte Italiens.*[225]

Stern arbeitete an einem psychiatrischen Institut in München. *Im Zusammenhang mit Doktor Wehde*[226] *gingen mir zum ersten Male die Augen auf darüber, dass die große Trennungslinie in Europa [...] nicht die Linie zwischen Rechts und Links ist [...] Nicht selten geschah es, dass man einen guten Freund traf, den man jahrelang als »standhaften Liberalen« gekannt hatte, der jetzt aber zu jedem Kompromiss bereit war, nur um mit heiler Haut davonzukommen. Andererseits sahen wir Leute, die wir als »Reaktionäre« verachtet hatten, in Konzentrationslager verschickt und hingerichtet werden. Zuerst schien alles verwirrend, doch allmählich wurde der entscheidende Punkt klarer: offensichtlich war das Einzige, worauf es in dieser Welt ankommt, die Stärke der moralischen Überzeugung.*[227]

Eines Abends im Dezember 1933 ging Stern durch die Straßen Münchens: *Da fiel mein Blick auf eine Anzeige [...] Sie kündigte Adventspredigten des Kardinals über »Judentum und Christentum«*[228] an [...] *Und am folgenden Sonntagabend gingen mein Bruder und ich in die St. Michaels-Hofkirche. Es waren ungeheuer viele Leute da. Wir wurden gedrängt und geschoben [...] Ich glaube, die meisten Leute waren nur gekommen, weil sie aus dem Thema der Predigt entnahmen, dass es etwas gegen die Nazis geben würde [...] Kardinal Faulhabers Predigt war sehr schlicht und ungeklügelt. Ihm ging es einzig darum, den Geburtsschein Jesus von Nazareth, einem Juden im Fleisch, klarzustellen [...] Mir schien diese Predigt im richtigen Augenblick und ganz besonders für mich gehalten zu sein.*[229]

Rahel **Straus** wurde am 21. März 1880 in Karlsruhe geboren. Sie studierte als eine der ersten Frauen Medizin und eröffnete 1908 in München eine gynäkologische Praxis. 1933 verließ die Pazifistin ihre Heimat Richtung Jerusalem, wo sie am 15. Mai 1963 starb.

Zur Revolution 1919: *Am schlimmsten war es wohl in München; hier waren nicht nur unter den Führenden viele Juden, sondern noch mehr* unter all den Angestellten, die man im Regierungsgebäude traf [...] Es war ein Unglück und der Anfang der jüdischen Katastrophe [...] Und es ist nicht so, dass wir das erst heute wissen, wir haben es damals schon gewusst und ausgesprochen.[230]

1933: *Was wir damals nicht wussten, sondern erst viel später erfuhren: viele Menschen waren verhaftet worden [...] Verhaftet wurden die früheren Regierungsmitglieder, die Redakteure der Münchner Neuesten Nachrichten und der katholischen Presse [...] Und noch viele andere. Juden zunächst nicht [...].*[231]

Vor der Ausreise 1933: *Mir war jeder Tag dort* [in München] *eine Last, sie lag auf mir und benahm mir den Atem. Dabei muss ich zugeben, dass ich persönlich nichts zu spüren bekam. Alle meine christlichen Freunde kamen noch zu mir wie zuvor. Else Wentz-Vietor, der ich hatte sagen lassen, ich hätte sie aus meinem Leben gestrichen, protestierte energisch dagegen, dass ihre Begeisterung für Hitler an unserer Freundschaft etwas ändern könne. Eine andere Freundin kam, mir zu sagen, auf welche Weise sie mir helfen wolle, mein Geld über die Grenze zu bringen. Und meine Trudel H [...]*[232]

*Es löste sich ein Band nach dem anderen. [...] Die jüdischen Freunde? Ich wusste, sie würden alle nicht mehr lange hier sein. Die christlichen Freunde? Heute noch standen sie neben mir in wirklicher Freundschaft und Treue. Wie lange würden sie es noch können?*[233]

Alfred **Wachsmann**, Jahrgang 1903, stammte aus Schlesien und wurde 1918 Münchner, wo er als Anwalt wirkte. Schon 1933 emigrierte er nach Frankreich. Seine Ausführungen verraten die vielen Gemeinsamkeiten zwischen der Mehrheit der Juden und der sonstigen Bevölkerung in den zwanziger Jahren und Anfang der dreißiger. »Es gehörte nicht zum guten Ton, sich aktiv mit Politik zu befassen.« Der Antisemitismus war zunächst ein Randphänomen.

*Im November 1918 verstarb in München mein älterer Bruder. Das war Anlass für meine Eltern, vom heimatlichen Oberschlesien nach München zu ziehen. Wir wohnten in* [München-] *Solln. Mein zweiter Bruder und ich besuchten das Theresien-Gymnasium. Solln war damals mit der benachbarten Prinz-Ludwigs-Höhe ein Ort mit zahlreichen, aus dem Krieg übriggebliebenen Offizieren (auch Ludendorff wohnte und* wirkte in Prinz-Ludwigs-Höhe) und einer sehr deutlich spürbaren reaktionären-monarchisch-nationalistischen Atmosphäre.[234]

Mein Bruder und ich fuhren täglich mit dem Vorortzug in die Schule nach München und das ging nicht immer ohne Zusammenstöße mit anderen Jungen ab, die als Söhne ihrer Väter uns gegenüber den Krieg nachträglich noch gewinnen wollten, zumal sie uns zahlenmäßig überlegen waren. In der Schule waren die Herren Professoren zum großen Teil monarchistisch-reaktionäre Antisemiten, und es gehörte zum guten Ton, das unverhohlen zu zeigen. Das alles war deutlich, aber, abgesehen von den Auseinandersetzungen mit der Sollner Jugend, »nur« ablehnend und niemals gewalttätig. Man machte uns deutlich, dass wir nicht dazugehörten. Die Nachkriegszeit in München war sehr unruhig.[235]

Das Klima in München war damals in ganz großem Umfang und bis in die Spitzen der Verwaltung und der Justiz antirepublikanisch und monarchistisch, aber nicht nationalsozialistisch. Der große Gegensatz war nicht die Auseinandersetzung zwischen Kommunisten und Nationalsozialisten wie etwa in Berlin, sondern im Wesentlichen zwischen Republikanern und Monarchisten, wobei die Republikaner sicherlich in der Minderheit waren. Hitler und seine Partei hatten nur teilweise die Sympathien der Reaktion und spielten die längste Zeit nur eine Nebenrolle.[236]

Die Studentenschaft an der Universität und an der Technischen Hochschule stramm monarchistisch und antisemitisch, und manche »Keilerei« gab es in den Hochschulen. Solange ich an der Technischen Hochschule und dann an der Universität studierte und Mütze und Band der jüdischen Verbindung »Licaria« trug, waren Anpöbelungen an der Tagesordnung und, da die anderen Korporationen den jüdischen Studenten die studentische Satisfaktion verweigerten, endeten diese Auseinandersetzungen meistens mit handfesten Schlägereien. Ich sollte hier bemerken, dass der Lehrkörper an der Universität (mit Ausnahmen) diese Ausschreitungen der Studentenschaft ablehnte. Ich denke dabei in erster Linie an Prof. Vossler, der seinerzeit Rektor der Universität war, und an viele andere bedeutende Lehrer, die später, auch wenn sie keine Juden waren, aus dem Amt gejagt wurden.[237]

Ich erinnere mich aus dieser Zeit im Jahre 1932 an ein Erlebnis, das vielleicht die Situation deutlicher beleuchtet, als es eine politische Ab-

*handlung tun könnte. Ich arbeitete damals nach meinem Staatsexamen bei einem Anwalt in Ebersberg, der mir eines Tages erklärte, er müsse sich von mir trennen, weil der Friseur in Ebersberg, der ein bekannter SA-Mann war, ihn nicht mehr grüße, seitdem ich bei ihm tätig sei. Ich hielt es für veranlasst, dem vorsitzenden Amtsrichter in Ebersberg den Vorfall zu berichten und ihn um Rat zu bitten, wie ich mich angesichts dieser Diskriminierung verhalten sollte. Der Amtsrichter, ein Mann der alten Schule, fragte mich, warum ich mich mit meiner guten Examensnote nicht um eine Einstellung in den Staatsdienst bemühte, und ich antwortete ihm, dass ich wohl das »falsche Gebetbuch« besäße. Der Richter nickte nur resignierend mit dem Kopf und zeigte für mein Argument volles Verständnis.*

*Wenn ich mir heute überlege, wie das alles damals gewesen ist, so meine ich, dass die Münchner Bevölkerung im allgemeinen der Republik mindestens gleichgültig und zum großen Teil ablehnend gegenüberstand. Die Treue gegenüber dem Hause Wittelsbach [...].*[238]

*Die Zeit vor 1933 war gekennzeichnet davon, dass die Bayern, abgesehen von ihrer monarchistischen Einstellung, im Grunde sehr unpolitisch waren. Das ging teilweise so weit, dass auch die Juden in Bayern wenig oder nichts gegen die heraufkommende nationalsozialistische Gefahr unternahmen. Hitler wurde nicht allzu ernst genommen. Als man schließlich erwachte, war es zu spät. Es kam dazu, dass die »besseren« jüdischen Kreise sehr national waren und der Republik mindestens gleichgültig gegenüberstanden. Es gehörte nicht zum guten Ton, sich aktiv mit Politik zu befassen. Man hatte seinen Beruf, aber machte keine Politik, war ein aufrechter, nationalgesinnter Bayer und hielt sehr viel auf seine soziale Stellung in einer konservativen Gesellschaft.*

*In der Revolution von 1918 und vor und während der Räterepublik gab es Eisner, [...] Leviné, Landauer, Mühsam und andere, die maßgebliche politische Rollen spielten, aber diese »zugereisten« Juden standen außerhalb der jüdischen Gemeinschaft.*[239]

John Richard **White** (Hans Richard Weiß) wurde am 19. Juni 1924 in München geboren. Sein Vater war Jude. Er überlebte in München. Die Emigration zum Vater erfolgte erst 1950. Seine Aufzeichnungen stammen aus dem Jahr 2002.

*Insbesondere ein Professor, der ein Parteimitglied war, machte mir mit seinen ironischen und beleidigenden Bemerkungen hinsichtlich meiner Abstammung dort* [Maria-Theresia-Mittelschule] *Schwierigkeiten, was mich zum Spott der Klasse machte. Sein Benehmen war derart, dass mein Vater sich darüber bei dem Rektor beschwerte, jedoch ohne Erfolg, da dieser ein Blutordensträger der NSDAP war.*[240]

Auch ein anderer Schulleiter hätte wohl angesichts der verbindlichen Weltanschaung kaum Abhilfe schaffen können. Die Beschwerde zeigt, dass damals, in den ersten NS-Jahren, das Selbstbewusstsein der Ausgegrenzten noch nicht total zerstört war.

Richard **Willstätter** wurde am 13. August 1872 in Karlsruhe geboren. 1915 erhielt der den Chemie-Nobelpreis. Von 1916 bis 1925 wirkte er als Universitätsprofessor in München. Die Räterepublik nannte er eine »Schreckenszeit«, München »die Hauptstadt der kommunistischen Bewegung«!

Auf eigenen Wunsch wurde er 1925 aus dem Staatsdienst entlassen. Die Ehrungen, die ihm in diesem Zusammenhang zuteil wurden, sprechen eine deutliche Sprache. 1939 emigrierte er in die Schweiz, wo er am 3. August 1942 starb.

Die Aufzeichnungen stammen aus den Jahren 1937 bis 1940.

*Die begeisternden Eindrücke der Kinderzeit mögen nachgewirkt haben, da ich als Erwachsener bei allen Wechselfällen immer mit Herz und Kopf Monarchist geblieben bin.* [...] *Es ist gut für den Staat, von einer Person, einer bleibenden und mit dem Staat verwachsenen repräsentiert zu werden.*[241]

*Am 7. April* [1919] *riefen die Arbeiterräte die bayerische Räterepublik aus.* [...] *München wurde die Hauptstadt der kommunistischen Bewegung. Die Schreckenszeit dauerte bis zur Eroberung der Stadt durch die Freikorps.*[242]

*An den Herrn Präsidenten Geheimen Rat von Gruber. München, den 27. Juni 1924* [...] *Eine Anzahl von Kollegen aus der Fakultät hat mir erklärt, dass die letzten Berufungsvorschläge von antisemitischen Erwägungen entscheidend beeinflusst waren, und zwar in dem Sinne, den Zeitströmungen Rechnung zu tragen und Unruhen an der Universität zu vermeiden. Andere Kollegen von der Fakultätsmehrheit haben mir* erklärt, nicht so sehr antisemitische Rücksichten als überhaupt Opportunitätserwägungen seien für ihr Vorgehen […] bestimmend gewesen.[243]

An einem der folgenden Abende drangen Friedr. v. Müller und Sauerbruch bei mir ein, tranken mit mir eine Flasche Rotwein und standen um 9 Uhr auf, was bei Sauerbruch nie vorgekommen war. Aber sie gingen nicht heim, sondern sie führten mich zu meiner Überraschung in meinen Hörsaal, den meine Kollegen vom Institut, meine Assistenten und Studenten füllten Ein Praktikant […] verlas und überreichte mir eine von 337 Namen unterzeichnete Adresse:

»Hochverehrter Herr Geheimrat!

In großer Sorge hat die Studentenschaft des Instituts gehört, dass Sie die Absicht haben, Ihr Amt niederzulegen. Wir alle haben daher das Bedürfnis, Ihnen unser Vertrauen, unsere Verehrung und unsere Treue zu bekunden.« So geht es weiter über 22 enge Zeilen, die man nicht ohne Ergriffenheit lesen kann und die Einblick gewähren in die Seelenlage der Jugend von damals, so wenn es heißt: »Wir Jungen fühlen uns in dieser Zeit tiefer Erniedrigung des Vaterlandes so arm an Führern, so arm an Vorbildern, so arm an reinen, guten und großen Menschen, dass wir die wenigen nicht entbehren können, die wir haben. Sie, hochverehrter Herr Geheimrat sind einer der wenigen, und wir bitten Sie von Herzen, das vielleicht größte Opfer Ihres Lebens zu bringen, und unser Führer zu bleiben.«[244]

Rektor und Senat der Universität beschlossen einstimmig folgenden Text, den Willstätter zitiert: »*Die überraschende Kunde, dass Sie sich mit dem Gedanken tragen, Ihre Wirksamkeit an unserer Hochschule aufzugeben, hat bei Rektor und Senat die Gefühle der Trauer ausgelöst. Seit Sie als würdigster Nachfolger Ihres großen Lehrers auf Grund einstimmigen Vorschlags hierher berufen wurden, haben wir uns Ihres Besitzes erfreut als des eines Forschers von Weltruf. […] Hochverehrter Herr Kollege! […] Und so bitten wir Sie in dieser Stunde dringend, sich zu einem Verzicht auf Ihre Rücktrittsabsichten bewegen zu lassen […] Bitte: Bleiben Sie der unsere!*«[245]

Willstätter ergänzt: *Von meinen Münchner Kollegen ohne Ausnahme empfing ich auch in jener Zeit nur Freundlichkeit, Wohlwollen und Vertrauen. Allerdings begann die Zahl meiner Freunde bald zusammenzuschmelzen.*

Anfang 1935: *Die Gedächtnisfeier für Fritz Haber nahm einen würdigen und schönen Verlauf. Nach dem »Andante con moto« [...] eröffnete Präsident Blanck [der Kaiser Wilhelm Gesellschaft] die Feier mit dem Hitlergruß und einleitenden Worten.*[246]

## 2. Stimmen oppositioneller nichtjüdischer Zeitzeugen

Wilhelm **Hoegner**, geboren am 23. September 1887 in München, Jurist, SPD-Mitglied und Reichstagsabgeordneter. 1933 Flucht in die Schweiz. Nach dem Krieg zweimal bayerischer Ministerpräsident. Er starb am 5. März 1980 in München. Hoegner war ein erbitterter Gegner der Nationalsozialisten von Anfang an und wird als solcher im Doku-Zentrum gewürdigt. Doch zu Worte kommt er nicht. Dabei hat er sich in seinem Buch »Flucht vor Hitler« eingehend mit München und dem Nationalsozialismus befasst, so wenn er schreibt: Ich wunderte mich nicht darüber, *dass Hamburg, das stolze, rote Hamburg, der Wahlkreis Ignaz Auers, zuerst dem wilden Ansturm der SA widerstandslos erlegen war. [...] Ich war froh, dass ich am Spätnachmittag über die bayerische Grenze kam. Bayern würde sich halten, das war meine feste Zuversicht. Schon seit Mitte Februar waren bekannte norddeutsche Genossen, die persönlich gefährdet schienen, vorläufig nach München übergesiedelt.*[247] *Von Berlin nach München kamen ferner Dr. Breitscheid, Dr. Hilferding, Otto Wels, Hans Vogel, vorübergehend auch Löbe und noch einige andere.*[248] *In den Vormittagsstunden des 21. März 1933 ging ich mit [...] einigen anderen bayerischen Freunden durch die Arbeiterviertel im Norden Berlins. Hier waren einst die kommunistischen Hochburgen gewesen. Jetzt sahen wir alle Häuser mit Hakenkreuzfahnen beflaggt. [...] Da sahen wir uns verwundert an. So unaufhaltsam hatten wir uns den Abmarsch der Massen zu Hitler doch nicht vorgestellt.*[249] Ähnliches berichtet Hoegner aus München nicht, was deutlich gegen eine besondere Nähe der Münchner zum Nationalsozialismus spricht. München war Zufluchtsort gegen Hitler.

## 2. Stimmen oppositioneller nichtjüdischer Zeitzeugen 99

**Waldemar von Knoeringen**, geboren am 6. Oktober 1906 in der Nähe von Weilheim, musste 1933 als SPD-Mitglied aus Deutschland fliehen. Gestorben ist er am 2. Juli 1971. Seine letzte Ruhestätte hat er im Münchner Waldfriedhof gefunden. Im Doku–Zentrum erfährt der Besucher, dass der Abgebildete für die in Prag arbeitende Exil-SPD Grenzsekretär für Südbayern war. Als solcher nahm er die Meldungen aus dem dortigen Raum entgegen und wertete sie aus. Die in Prag amtierende Partei verbreitete die aufschlussreichen Beobachtungen. Soweit sie ausdrücklich von München handeln, hat an ihnen von Knoeringen sicher mitgewirkt. Davon soll unten ausführlicher die Rede sein.[250]

**Thomas Mann** urteilte im Juni 1923: *München ist die Stadt Hitlers, des deutschen Faschistenführers, die Stadt des Hakenkreuzes*. Acht Jahre später sah er in der Stadt einen Hort der Zuflucht, in dem der Nationalsozialismus *zum Stillstand gekommen [sei] und zwar dank einer gesunden und menschlichen Skepsis der Bevölkerung, der ihrer Natur nach das Verstiegene und Extreme nicht liegt [...]*[251]

Die **Sozialdemokratische Partei Deutschlands** mit ihren Berichten aus dem Exil ist ebenfalls eine unverzichtbare Quelle, um die Zustände im Hitler-Reich möglichst allseits zutreffend zu erfassen. 1984 klagte der Historiker Peter Maser: »Erstaunlicherweise hat sich die Nationalsozialismusforschung bisher eine Quelle von erheblicher Bedeutung fast durchweg entgehen lassen, die seit 1980 komplett vorliegt und zumindest ausreichend ediert ist.«[252] Daran hat sich bis heute nichts geändert, auch nicht durch das Doku-Zentrum.

Die Rede ist von einem stattlichen Werk, 8634 Seiten stark (und 320 Seiten Register). Herausgeber der Exilvorstandes der SPD, Titel von April/Mai 1934 bis Dezember 1936: »Deutschland-Berichte der SOPADE«, von Januar 1937 bis April 1940: »Deutschlandberichte der Sozialdemokratischen Partei Deutschlands (SOPADE)«. Auflage: bis 1800 Exemplare. Abonnenten u. a. »die Außenämter vieler Regierungen«.[253] Ort des Erscheinens: bis März 1938 Prag, ab April 1938 Paris. Finanziert wurde die Edition aus dem Vermögen der Partei, soweit es Anfang 1933 noch ins Ausland geschafft werden konnte. Das Werk ist eine Quelle ersten Ranges.

## II. Das Doku-Zentrum ignoriert – Die wichtigsten Zeugen

Es gibt offenbar kaum Hinweise darauf, dass der Inhalt von den Lesern beanstandet worden wäre, insbesondere nicht von den führenden Köpfen der Exil-SPD wie Otto Wels, Erich Ollenhauer, Paul Löbe, Friedrich Stampfer.[254]

Die Berichte beruhen in der Hauptsache auf den Beobachtungen und Erfahrungen von einigen hundert Genossen.[255] Sie lebten über ganz Hitlerdeutschland verstreut und schilderten dem geflohenen Vorstand, was sie gehört und gesehen hatten. Die Informanten waren also durch die Bank Gegner der neuen Machthaber, für die Leser damals wie heute anonyme Gegner. Verzeichnisse ihrer Namen und Anschriften existieren offenbar nicht. Es gab sehr gute Gründe, derlei nicht anzulegen. Es bestand die Gefahr, dass die Unterlagen gestohlen, geraubt oder gar beschlagnahmt würden.

Die Berichterstattung war vorzüglich organisiert. Ein Netz von elf »Grenzsekretariaten« umgab das Reich, die in den Anrainerstaaten arbeiteten und die Mitarbeiter vor Ort betreuten, so von Neuern im Sudetenland aus Waldemar von Knoeringen.

Aus Sicherheitsgründen verzichten die Berichte auch weitgehend auf die Nennung von Ortsnamen. Doch insofern gibt es Ausnahmen. Im folgenden einige Berichte, in denen München namentlich genannt wurde und die im Wesentlichen auf von Knoeringen[256] zurückzuführen sein dürften.

*Schon der Charakter der Bevölkerung stemmt sich dem Nationalsozialismus entgegen. In München haben einst die Nazis in einem Bierhausputsch gesiegt. Das war ein Rausch, den man bald überwand. München hatte danach seinen Faschismus überwunden. Siegen konnte er erst, als er sich auf den Norden des Reiches ausdehnte […]*[257]

Wiederum speziell zu München wird festgestellt: *Das Volk in seiner Mehrheit steht gegen das Regime, das ist die Feststellung, die heute jeder ernste Beobachter in Deutschland machen muss. Es ist vorbei mit dem Glauben an die Wunderkraft Hitlers, es ist vorbei mit der Hoffnung auf Erlösung aus aller Not.*[258]

Einige Jahre später: *Trotz aller Bemühungen, trotz der vielen repräsentativen Veranstaltungen, trotz der Sonderstellung, die München als Kunststadt genießt, kann man ruhig sagen: München ist keine nationalsozialistische Stadt und sie ist es auch nie gewesen. Der Nationalsozia-*

## 2. Stimmen oppositioneller nichtjüdischer Zeitzeugen

*lismus hat seine Anziehungskraft eingebüßt. Der Münchner erträgt ihn, wie eine unabänderliche Schickung des Himmels und sucht auf seine Art sich herauszuwinden, wo er nur kann, ohne dabei mit den Gesetzen in Konflikt zu geraten. [...] Reisende aus Berlin z. B. haben schon oft festgestellt, dass man in München viel freier leben könne, weil schon die ganze Atmosphäre anders sei.*[259]

Darf man derlei Texte dem vorenthalten, der sich über die Münchner von damals informieren möchte?

**Aloys Wenzl**, am 25. Januar 1887 in München geboren, Mathematiker, Physiker, Philosoph, SPD-Mitglied seit 1919, lehrte an der Ludwig-Maximilians-Universität München (LMU). 1938 wurde er entlassen. Auf Anfrage des Rektors hatte der stellvertretende Dekan der Philosophischen Fakultät mitgeteilt, dass Wenzl »in unerbitterlicher Gegnerschaft zum heutigen Staat steht, den er still und unauffällig, aber zähe bekämpft«. Nach dem Zweiten Weltkrieg lehrte Wenzl wieder an der LMU. Er erinnerte sich an den jüdischen Kollegen Richard Hönigswald, der von 1930 bis 1933 in München als Philosoph gewirkt hatte: *Hönigswald fand in München bald eine große Hörerschaft, er las im größten Hörsaal der Universität und von einer antisemitischen Haltung der Studentenschaft war ihm gegenüber nichts zu spüren. [...] Die »Säuberung« der Universität und speziell der Philosophie ging ja in München sehr systematisch vor sich: zuerst kamen die »Nichtarier« dran, dann die »Halbarischen« und die »Jüdisch-Versippten«, [...] dann die aus weltanschaulichen und politischen Gründen »Untragbaren«.*[260]

Damit bestätigt Wenzl, dass der Antisemitismus an der Münchner Universität (noch?) nicht spektakulär war.

**Karl Wieninger**, ein Münchner Kunst-Handwerker, geboren am 28. April 1905 in München, aktiver NS-Gegner und Judenfreund von Jugend an, der kurz vor Kriegsende nur knapp seiner Hinrichtung entging (Angehöriger der Freiheitsaktion Bayern, FAB[261]). Er vertrat von 1953 bis 1969 München-Süd als CSU-Abgeordneter im Deutschen Bundestag. Am 20. August 1999 ist er in München gestorben. Im Doku-Zentrum findet er keine Erwähnung.

Anfang April 1919 zu Beginn der Räteherrschaft in München: *In der folgenden Nacht verhafteten die Räte unseren Pfarrer von St. Margaret und drei seiner Kapläne. Sie wurden in ein Hilfsgefängnis in der Implerstraße gebracht und sollten wegen Hochverrats angeklagt werden.*[262]

Zum Boykott vom 1. April 1933: *In der Nähe meiner Wohnung in München-Sendling sind vier Geschäfte angesiedelt gewesen. Mit Interesse beobachtete ich die Ächtungsaktion. Das Kaufhaus Gutmann in der Lindwurmstraße, eine Textilhandlung, war ebenfalls durch SA-Männer belagert. Ehe ich eintreten konnte, fragte mich einer der Wachposten: »Wissen Sie nicht, dass heute die Juden blockiert werden?« Ich gab keine Antwort und betrat das Geschäft. Der Inhaber, den ich gut kannte, gab mir die Auskunft, dass verhältnismäßig wenige Käufer sich einfanden. Er erzählte mir, dass er sein Geschäft an diesem Tag nicht habe öffnen wollen, doch die SA habe ihn zur Öffnung gezwungen.*[263]

Was nun folgt, verdient eine kräftige Hervorhebung: *Kurze Zeit später habe ich den jüdischen Geschäftsmann wieder getroffen. Fröhlich erzählte er mir, dass zwar am Samstag, dem 1. April, fast kein Umsatz zustande kam, doch seither sei sein Warenumschlag sprunghaft angestiegen. Diese Merkwürdigkeit sei auch bei anderen jüdischen Läden zutage getreten. Offenbar sei dieser Mehrumsatz auf einen gewissen Mitleidseffekt der Bevölkerung zurückzuführen. Die Nazis mussten einsehen, dass ihr Judenboykott ein Schlag ins Wasser gewesen ist.*[264] Wer Wieningers Gedächtnis anzweifelt, wird seinen Zweifel ablegen, wenn er erfährt, dass Alfred Neumeyer, der Vorsitzende der Israelitischen Kultusgemeinde München, das schier Unglaubliche bestätigt: *Die wiedereröffneten jüdischen Geschäfte wurden im Einkauf bevorzugt.* Das gleiche teilt uns der Sohn des namhaften Kaufhauses Uhlfelder mit: *Nach Hitlers Machtantritt änderte sich viel [...] Langsam aber sicher. Und seltsam genug, das Geschäft gedieh weiter und die Leute nahmen keinen Anstoß daran, dass die Uhlfeder Juden waren.*[265] Mit ähnlichen Worten gibt Alexander Karl Neumeyer, ebenfalls ein Jude, seine Erinnerung wieder.

Wieninger: *Der Weg ins Unrecht ging weiter! So, wie alle deutschen Presseverlautbarungen, die Zeitungen und Zeitschriften nurmehr über einen einzigen Tenor verfügten, den der unterwürfigen Lobhudelei, gab es fast keine Veranstaltung, bei der nicht des Führers gedacht wurde. Gleichgültig um welche Thematik es sich bei Vortragsabenden gehandelt haben mochte, die Graphik Albrecht Dürers oder [...].*[266] *Die Ausrichtung und Gleichschaltung ist nicht das Ergebnis freier Überzeugung gewesen. Die Angst um die Existenz, die Sorge vor Verdruss, Unbill [...].*[267]

*Am 1. September 1939 gab es keine begeisterten Aufläufe von Menschen, nur Beklemmung, und unter unseren Bekannten Äußerungen der Angst vor einem schrecklichen Ende.*[268]

*Im Sommer 1941 bewarb sich ein bis dahin unbekanntes jüdisches Ehepaar um Arbeit als Porzellanmaler in meiner Firma [...] in Sendling. Ich war gerne bereit, ihnen eine Arbeitsgelegenheit einzuräumen. Das Arbeitsamt aber machte einige Schwierigkeiten. [...] Nun wurde verlangt, dass der NS-Obmann meines Betriebs bestätigte, dass die Mitarbeiter der Firma die Beschäftigung von Juden nicht als eine untragbare Zumutung empfänden. Die Beschaffung auch einer solchen Erklärung war nicht schwierig. Der Betriebsobmann war zwar ein gläubiger NS-Narr, doch menschlich anständig und in keiner Weise brutal.*[269]

*Die Arbeit in meinem Betrieb ging reibungslos vonstatten. Nie fiel von Seiten meiner Mitarbeiter gegenüber den Juden ein böses Wort.*[270]

Nach dem 19. September 1941, Beginn der Judensternpflicht: *Nicht selten sind die Judensternträger von Sympathisanten demonstrativ begrüßt worden. Auch ich habe dies öfter getan. Einmal trug sich auf der Wittelsbacher Brücke eine kleine Episode zu: Ich ging an zwei sterntragenden Damen vorbei und zog meinen Hut. Die Damen blieben stehen, und lächelnd meinte eine von ihnen: »Wir sind also doch nicht ganz allein. Das merken wir immer wieder, bei jedem Spaziergang.« Ich begnügte mich mit der Bemerkung: »Sie sind gewiss nicht allein, nur können wir leider nicht helfen.«*[271]

*Alle meine Verwandten und Freunde waren schon Monate vor dem Ende des Krieges voller Hoffnung, bald von den amerikanischen Siegern befreit zu werden. [...] Allmählich entwickelten wir eine geradezu verschworene Gemeinschaft. Nur einer von uns ist ein unbelehrbarer Hitlernarr bis zum Ende des Krieges geblieben. Unentwegt verteidigte er seinen »Führer«. [...] Aber eines muss ich zu seiner Ehre sagen: Er war kein Verräter. Er hätte uns alle an den Galgen bringen können. [...]*[272]

*Mein Schwager Albert und ich überlegten, was zu tun sei. Schließlich entschlossen wir uns zur Herausgabe eines Flugblattes an die Bürgermeister von kleinen Städten, Marktflecken und größeren Dörfern in den Landstrichen Bayerns, die noch nicht durch die Amerikaner eingenommen worden waren. Im Namen eines fiktiven »Ausschusses für Bayerische Angelegenheiten« stellten wir den Bürgermeistern vor, wie gefährlich für sie und ihre Gemeinde der Widerstand gegen die vorrückenden Kriegsgegner sein könne. Sie wurden ermahnt, alles zu tun, um die Vernichtung lebensnotwendiger Gemeindeeinrichtungen, wie Lichtleitungen, Wasserwerke und Brücken, unter allen Umständen zu verhindern. [...] Das Flugblatt ist an 180 Bürgermeister unter den fingierten Absenderangaben »Landesvermessungsamt Bayern« versandt worden. Über den Erfolg dieser Aktion kann ich keine schlüssigen Angaben machen. Ich habe aber nach Kriegsende bei drei Gemeindeverwaltungen [...] feststellen können, dass das Flugblatt in die Hände der damals amtierenden Bürgermeister gekommen ist. [...] Mitte April haben wir ein weiteres Flugblatt verteilt, das die Münchner Bevölkerung vor Werwolfangehörigen warnen sollte, d. h. vor jenen verbohrten Nazis, die sich darauf vorbereiteten, [...] den Kampf gegen die Amerikaner als Partisanen aus dem Untergrund heraus fortzusetzen. [...] Acht meiner Freunde haben sich neben mir an der Verteilung der Flugblätter beteiligt. Ich kann nicht verschweigen, dass ich dabei große Angst hatte. Wenn einer von uns gefasst worden wäre. [...]*[273]

*Der Reihe nach suchten wir die Wohnungen der NS-Bonzen auf: des stellvertretenden Ortsgruppenleiters, des Volkssturmführers, des Luftschutzleiters, des Arbeitsfrontführers, des Organisationsleiters, des Propagandaleiters, des SA-Sturmführers usw. Allen nahmen wir die Waffen ab, meist waren es Pistolen, und mahnten sie, sich ab sofort jeglicher Parteiaktivität zu enthalten.*[274]

*Die Freiheitsaktion Bayern war klug geplant. Aber nicht einmal ihr gelang es, in München die Macht an sich zu reißen, als der Sturm auf die schwerbewaffnete Festung Gieslers in der Ludwigstraße misslang. Obwohl unser Aufstand München nicht sofort vom Naziterror befreien konnte, kann die Aktion insgesamt, auch das Opfer so vieler Menschenleben, nicht als sinnlos bezeichnet werden. Der Wille der Kommandeure und der SS-Einheit, München bis zum letzten Haus zu verteidigen, wurde gelähmt.*[275]

*Im Herbst 1946 bestätigte mir der damalige amerikanische Stadtkommandant, Oberst Eugene Keller, in Anwesenheit des Oberbürgermeisters Karl Scharnagl, dass wegen des Aufstandes der FAB der geplante Einsatz von 2400 Bombenflugzeugen bei einem Angriff auf München unterblieben war. [...] In betrüblicher Weise hatte die Aktion leider Menschenleben gefordert.*[276]

*Im Juli 1945 holte mich ein amerikanischer Jeep überraschend zu einer amerikanischen Behörde. Eine höfliche schriftliche Mitteilung lud mich ein, zu einer kurzen Besprechung zu einer Dienststelle des CIC zu kommen. Dort wurde ich befragt, ob ich mit einem Namen in einem Todesurteil vom 28. April 1945, erlassen von einem Standgericht des Gauleiters Giesler, gerichtet gegen eine K. Wieninger, München, identisch sei. [...] Ein leichtes Gruseln verspürte ich, als ich mein Todesurteil sah.*[277]

## 3. Stimmen von NS-Tätern und ihren Gehilfen

Eine Volksgemeinschaft sollten die Deutschen bilden. Das war ein zentraler Bestandteil der NS-Weltanschauung. Nach dem Volks-Brockhaus des Jahres 1939 meint *Volksgemeinschaft die auf blutmäßiger Verbundenheit, auf gemeinsamem Schicksal und auf gemeinsamem politischen Glauben beruhende Lebensgemeinschaft eines Volkes, der Klassen- und Standesgegensätze wesensfremd sind. Die Volksgemeinschaft ist Ausgang und Ziel der Weltanschauung und Staatsordnung des Nationalsozialismus.* Wie weit war man auf diesem Weg schon gekommen? Die zitierten Beobachtungen derer, die aus dem Volkskörper ausgesondert werden sollten, wie auch die Stimmen der verborgenen Opposition wecken Zweifel, dass die auserkorenen Gefolgsleute den radikalen Rassismus des »Führers« in der Hauptstadt der Bewegung geteilt hätten.

Haben sich insofern die Repräsentanten der neuen Zeit belogen, etwas vorgemacht? Die Abbildungen, die das Doku-Zentrum zeigt, erwecken in der Tat den Anschein, als ob das Volk geradezu geschlossen hinter seinem Führer stünde, sein Wille Gebot und Tat zugleich sei.

## II. Das Doku-Zentrum ignoriert – Die wichtigsten Zeugen

Doch selbst die offiziösen Verlautbarungen der Parteipresse verraten eine beachtliche Kluft zwischen den weltanschaulichen Vorgaben und dem Verhalten der Bevölkerung, zwischen »Ausgang und Ziel«. Dies gilt erst recht, wenn auch die nicht für die Öffentlichkeit bestimmten Berichte berücksichtigt werden. Hier einige Beispiele jeweils beschränkt auf die Stichworte »München« und »Münchner«.

Aus dem **Monatsbericht der Polizeidirektion München** vom 4. Juni 1935: *Der Monat Mai hatte im Vergleiche zum Vormonat in politischer Hinsicht Bewegung unter die Bevölkerung gebracht. Die Vorfälle am 18.5.1935, die zum Verbot der Caritassammlung in München führten, sowie die Auswüchse, die sich im Verlaufe des Monats, besonders aber am 18.5.1935 und am 25.5.1935 im Rahmen der in der letzten Zeit mit übergroßem Auftrieb von nicht berufenen Elementen vorwärts getriebenen Boykottbewegung der jüdischen Geschäfte ereigneten, fanden wohl in einem Teil der Bevölkerung Zustimmung. Der ruhige und besonnene Teil jedoch hielt sich von dieser überlaut betriebenen, stellenweise auch von staatsfeindlichen Hetzern geschürten Art von Antisemitismus fern [...]*[278]

**Völkische Beobachter** (VB) hieß das Hauptorgan der NSDAP. Bereits im Sommer 1921 erhielt es den Untertitel »Kampfblatt der nationalsozialistischen Bewegung Großdeutschlands«. In der ersten Ausgabe wurde dem Leser klarer Wein eingeschenkt:

*Die Nationalsozialistische Deutsche Arbeiterpartei hat den »Völkischen Beobachter« unter schwersten Opfern übernommen, um ihn zur rücksichtslosesten Waffe für das Deutschtum auszubauen gegen jede feindliche undeutsche Bestrebung.*[279]

Dieser Absicht blieb das Blatt treu, wenngleich sich ein nicht unerheblicher Wandel vollzog. Der Ton mäßigte sich; der Antisemitismus war nicht mehr so penetrant allgegenwärtig wie Anfang der 20er Jahre. Man nahm insbesondere Rücksicht auf das Ausland, aber auch auf jene Deutschen, die Hitler schätzten, doch nicht wegen seines Rassismus. Vor dem 30. Januar 1933 kam die Furcht hinzu, es könnte wieder ein Verbot verhängt werden.

Ende 1932 wurden in Berlin eine eigene Druckerei und eine selbstständige Redaktion eingerichtet. Ab dem 1. Januar 1933 erschien der VB in zwei Hauptausgaben, nämlich einer Münchener und einer

### 3. Stimmen von NS-Tätern und ihren Gehilfen 107

Norddeutschen. Es ist zu vermuten, dass die in Berlin ansässigen Diplomaten die Berliner oder Norddeutsche Ausgabe bezogen, sodass Vorgänge, die dem Ausland tunlichst unbekannt bleiben sollten, dort unerwähnt blieben. Dafür ein sprechendes Beispiel: Nur in der Münchner Ausgabe erschien der sogenannte »Aufruf an Alle!« Warum nur in ihr? Weil primär die Münchner angesprochen waren und eingeschüchtert werden sollten.

*Aufruf an Alle!*

*Berlin, 10. November*
*Reichsminister Dr. Goebbels gibt bekannt:*

*»Die berechtigte und verständliche Empörung des deutschen Volkes über den feigen jüdischen Meuchelmord an einem deutschen Diplomaten in Paris hat sich in der vergangenen Nacht in umfangreichem Maße Luft verschafft. In zahlreichen Städten und Orten des Reiches wurden Vergeltungsaktionen gegen jüdische Gebäude und Geschäfte vorgenommen [...]«*

*Volksgenossen!* *Volksgenossinnen!*

*Auch bei uns in München hat das Weltjudentum die ihm*
*gebührende Antwort erhalten!*
*Die Synagoge ist abgebrannt! Die jüdischen Geschäfte sind geschlossen!*
*Die frechgewordenen Juden sind verhaftet!*
*Das nationalsozialistische München demonstriert heute Abend 20 Uhr*
*in 20 Massenkundgebungen*
*Zirkus Krone [...]*
*Gegen das Weltjudentum und seine schwarzen und roten*
*Bundesgenossen [...]*
*Es sprechen [...]*[280]

Obwohl sich Goebbels in Berlin aufhält, Berlin als Ort der Verlautbarung angegeben wird und der Racheakt in Paris stattgefunden hat, ruft der Artikel zum Protest in München auf. Hier gab es besonders viele »schwarze und rote Bundesgenossen« der Juden. Spätestens seit

Herbst 1933 galt der Münchener Kardinal wegen seiner Adventspredigten als judenfreundlich. An ihm und seiner Gemeinde sollte ein Exempel statuiert werden. Diese Gemeinde war so groß, dass die Predigten aus der größten Kirche Münchens, der St. Michaelskirche in der Neuhauserstraße, in andere Kirchen übertragen werden musste.

Mit den zwanzig Massenkundgebungen war es im November 1938 nicht getan. Pöbelexzesse wurden seitens der Partei organisiert und gegen den Sitz des Bischofs dirigiert. Der notierte in sein Tagebuch: *Auf der ganzen Straße erhob sich ein ohrenbetäubendes Schreien und Johlen [11. 11. 38, 20.45 Uhr] und Pfeifen, und kaum zwei Minuten später prallten die ersten Steine an die Fensterscheiben und die nach innen liegenden Fensterläden [...] unter lautem Geheul ein wahres Trommelfeuer von Steinwürfen gegen die acht Fenster im Erdgeschoß und gegen die neun Fenster im ersten Stock an der Straßenseite. Die Scheiben gingen zu Bruch. Das Tor des Bischofshauses hielt jedoch dem Versuch stand, es mit einem Balken aufzubrechen*[281]. Und das Doku-Zentrum? Es verschweigt den Aufruf wie die gewalttätige Demonstration. Der oben zitierte »Aufruf an Alle!« war nicht nur im VB zu lesen, er appellierte von allen Litfasssäulen der Stadt und hat in dieser Gestalt den Grenzverlauf zwischen den Machthabern und seinen Gegnern, den Riss quer durch die Volksgemeinschaft veranschaulicht.

Beachtlich ist auch, wem man schon am 3. April 1933 im VB begegnen konnte: Judenhelfern mit Parteiabzeichen, als »jüdisch-marxistische Hetzer« abqualifiziert: *München im Zeichen des Abwehrkampfes gegen die jüdische Gräuel- und Boykotthetze [...] Vor den Warenhäusern »Eppa« und »Uhlfelder« glaubten jüdisch-marxistische Hetzer, im Trüben fischen zu können. Aber sie hatten nicht mit dem Wandel im Volk gerechnet. Meist übergab das Publikum selbst die Provokateure der Polizei und Hilfspolizei. Ein Teil dieser jüdischen Helfershelfer trug sogar das Parteiabzeichen.*

**Der Stürmer**, eine vulgär antisemitische Zeitschrift der NS-Kampfpresse, war im ganzen Reich verbreitet, auch mittels eigener Schaukästen für jedermann wahrnehmbar, obwohl nicht nur die politischen Gegner an Inhalt und Stil Anstoß nahmen. Der Herausgeber, Julius Streicher, genoss Hitlers Protektion.[282]

## 3. Stimmen von NS-Tätern und ihren Gehilfen 109

Aus einem Leserbrief: *Ein stetes Gemecker und Geflüster herrscht auf den Gängen* [der Universität München]. *Hier nur einige Beispiele: Im Lesesaal wollte ich kürzlich den Stürmer lesen. Die Außenseite fand ich verschmutzt mit den Worten: Wann wird dieses Schandblatt endlich verboten* [...] *Auf den Bänken der Hörsäle sieht man eingekritzelt: Nieder mit der NSDAP. Aber damit nicht genug. Bei der ersten Studentenschaftsversammlung ebenso wie bei der juristischen Fachschaftsversammlung gab es traurige Szenen* [...].[283]

Ein weiterer Leserbrief München betreffend:
*Das Judenhaus Uhlfelder in München.*
*Lieber Stürmer! Jeder Münchner und jeder, der schon ein paar Mal in die Hauptstadt der Bewegung gekommen ist, kennt das berüchtigte Judenhaus Uhlfelder. Diese Juden machen auch heute noch ein gutes Geschäft. Einem jeden Nationalsozialisten steigt die Schamröte ins Gesicht, wenn er sehen muss, wie viele deutsche Frauen und Männer sich auch heute noch um den Judenramsch raufen, wenn er insbesondere sehen muss, dass sogar Leute, die gewisse Abzeichen tragen, immer noch zu Uhlfelder rennen.*[284]

*Der Vatikan an der Klagemauer*
*Das Blatt des Vatikan »Osservatore Romano« meldet am 22. 6. 38 aus Basel*
»*Die Israelitische Gemeinde in München ist ihrer Synagoge beraubt worden. Dem Vorstand der Israelitischen Gemeinde wurde im Auftrag der staatlichen Behörden mitgeteilt, dass der jüdische Tempel in der Herzog-Max-Straße binnen 24 Stunden geräumt werden sollte. Am Mittwochabend wurde noch eine Versammlung der Juden erlaubt, in welcher die Verfügung der Aufhebung der Synagoge verlesen wurde. Am Donnerstag, am Tag des Fronleichnamsfestes, haben sich Scharen von Arbeitern daran gemacht, gleichzeitig die Synagoge und die protestantische Kirche St. Matthäus zu demolieren. Es finden sich in der Verfolgung vereint die Katholiken, die Protestanten und die Juden.*«
*In München mussten aus verkehrstechnischen Gründen sowohl eine Synagoge als auch eine protestantische Kirche abgerissen werden. Dass sich nun das Blatt des heiligen Vaters veranlasst sieht, sich <u>für</u> (!!)* [die

Hervorhebung von »für« und die beiden !! im Original] *die Juden einzusetzen und so zu tun, als sei ein Verbrechen wider Gott begangen worden, lässt wieder einmal erkennen, wie sehr die Juden in allem auf den Beistand des Papstes rechnen können.*[285]

Der Text zeigt eines ganz klar: Die angebliche Volksgemeinschaft war ein brauner Traum.

**»Die Juden in den geheimen NS-Stimmungsberichten 1933-1945«** lautet eine 894 Seiten starke Sammlung von 752 NS-Dokumenten. In 80 davon wird München ausdrücklich angesprochen. Wenn die Stadt oder ihre Bewohner aus der Sicht der Beobachter irgendwie hervorgetreten sind, hat das in der Sammlung seinen Niederschlag gefunden. Diese Annahme ist geradezu zwingend. Hier die Ausbeute des Bemerkenswerten:

*SD-Hauptamt Lagebericht. Berlin Mai/Juni 1934 [...] Eintreten für das Judentum*

*Der nationalsozialistische Staat hat durch seine Gesetzgebung den Kampf gegen den übermäßigen Einfluss des Judentums im gesamten Kultur- und Wirtschaftsleben Deutschlands aufgenommen. Gegen diese Maßnahme wird von katholischer Seite zwar nicht offen Stellung genommen, aber aus zahlreichen Äußerungen geht deutlich die Sympathie für das Judentum hervor. Besonders bemerkenswert war in dieser Beziehung die Wirkung der* [in München gehaltenen] *Adventspredigten des Kardinals Faulhaber über das Judentum.*[286]

*Zu der Äußerung des Kardinals, dass der Sturm gegen die Judenbücher, »ein heiliges Feuer neuer Begeisterung für die heiligen Bücher entzünden« werde, wird* [jüdischerseits] *bemerkt, wir können diese Worte nur mit Dankbarkeit und Befriedigung erwähnen«.*[287]

*München 10.12.1936. Juden. Bemerkenswert ist die Tatsache, dass seit langer Zeit wieder der Zuzug von Juden nach München die Abwanderung überschritt. Es kamen im November dieses Jahres 39 Juden nach München, während sich die Abwanderung auf 31 Personen belief.*[288]

*Stapoleitstelle München Bericht für Januar 1937 [...] Mit besonderem Nachdruck und hauptsächlich in Kirchen wird seit einiger Zeit die Druckschrift »Katechismuswahrheiten« verbreitet. Die Schrift wendet sich gegen die nationalsozialistische Weltanschauung und behan-*

### 3. Stimmen von NS-Tätern und ihren Gehilfen 111

*delt Fragen über das Judentum in einer judenhörigen und artfremden Weise.*[289]

*München, 9.1.1939 [...] Die tägliche Erörterung der Judenfrage durch den Rundfunk vor Beginn der Nachrichten erweist sich hierbei [Entjudung der deutschen Wirtschaft] als ein ausgezeichnetes Belehrungsmittel. Nur die von der Kirche beeinflussten Kreise gehen in der Judenfrage noch nicht mit.*[290]

*Nach nunmehr aus allen Teilen des Reiches (Berlin, [...] München) vorliegenden Meldungen hat sich der Erlass der Verordnung über die Kennzeichnung der Juden in der Bevölkerung im Allgemeinen günstig ausgewirkt. Es wird überall betont, dass diese Verordnung einem lange gehegten Wunsch weiter Bevölkerungskreise, besonders an Plätzen mit noch verhältnismäßig zahlreichen Juden, entsprochen habe.*[291]

Zwischen »Berlin« und »München« oben stehen 27 andere deutsche Städte. Darf daraus eine abnehmende Begeisterung für die Sternverordnung gefolgert werden? Denkbar ist es. Noch wichtiger aber ist der Hinweis auf die Tatsache, dass die Betroffenen kaum mit Hass konfrontiert wurden.[292] Die entscheidende Frage, wie aussagekräftig diese Meldungen waren, lautet: Wie wurde die Meinung der Gegner erfasst? Vermutlich gar nicht. Wie auch? Wer hätte es wagen dürfen, sich durch Kritik an der Führung angreifbar und vernichtbar zu machen?

**»Die Verfolgung und Ermordung der europäischen Juden durch das nationalsozialistische Deutschland Bd. 1 Deutsches Reich 1933–1937«** (VEJ 1), so der Titel eines anderen Standardwerkes, von dem Erkenntnisse über München und den Nationalsozialismus erwartet werden dürfen. Das Ortsregister nennt 37 Seiten, auf denen München angesprochen wird. Hier die bemerkenswertesten Texte.

Aus einem Tagebucheintrag vom 10.3.1933: *Eben teilt uns ein Führer der Bayerischen Volkspartei mit, dass der bisherige Polizeiminister Dr. Stützel nachts von S.A.-Leuten aus seiner Wohnung geholt, barfuß und im Nachthemd ins braune Haus gebracht und dort unmenschlich geschlagen wurde.*[293]

Das Dokument Nr. 18 trägt die Überschrift. »Privatlehrer Ackermann regt am 30. März 1933 den Boykott jüdischer Privatlehrer in München an«. Es folgt sein Schreiben, dessen Inhalt bereits die Überschrift hinlänglich verrät. Sicherlich war Ackermann nicht der einzige, der seine Stunde gekommen sah; doch entsprechende Angaben fehlen.[294]

Dokument 20 ist ein Brief von Kardinal Faulhaber an einen Dr. Wurm vom 8. 4. 1933: [...] *Ich nehme an, dass in der nächsten Nummer der »Seele« ein flammender Protest gegen die Judenverfolgung unter Ihrem Namen erscheint und noch mehr würde der Presse der Mut wachsen, wenn es einen einzigen gäbe, der den Mut besäße, einen solchen Protest als Flugblatt mit seinem Namen drucken zu lassen und auf der Straße zu verteilen.*

*Dieses Vorgehen gegen die Juden [Boykott 1. April 1933] ist derart unchristlich, dass jeder Christ, nicht bloß jeder Priester, dagegen auftreten müsste. Für die kirchlichen Oberbehörden bestehen weit wichtigere Gegenwartsfragen [...] Ich bekomme von verschiedenen Seiten die Anfrage, warum die Kirche nichts gegen die Judenverfolgung tue. Ich bin darüber befremdet; denn bei einer Hetze gegen Katholiken oder gegen den Bischof hat kein Mensch gefragt, was man gegen diese Hetze tun könne.*[295]

Dokument 147 besteht aus einem Schreiben der Direktion des Kaufhauses Hermann Tietz, München, vom 22. Dezember 1934 an das Reichswirtschaftsministerium. Ihm ist ein Hetzblatt mit der Anrede »Deutsche Volksgenossen und Volksgenossinnen« beigefügt, das auf den Dauerboykott der jüdischen Geschäfte Münchens abzielt. Damals machte es offenbar noch Sinn, sich klageführend an staatliche Stellen zu wenden.[296] Hierher zählt auch das Schreiben des Rechtsanwalts Leopold Weinmann aus München, Neuhauserstraße 31, vom 26. 5. 1935:

*Im öffentlichen Interesse gestatte ich mir, die Aufmerksamkeit des Reichsministeriums des Innern auf die derzeitigen in München bestehenden unhaltbaren Zustände zu lenken. Es dürfte bekannt sein, dass seit einiger Zeit in München zur Nachtzeit die Auslagenscheiben jüdischer Geschäfte von unverantwortlichen Elementen besudelt und zertrümmert werden. [...] Gänzlich unbeteiligte Passanten, die ihrer Entrüstung über dieses Treiben Ausdruck gaben, wurden gleichfalls in roheste Weis misshandelt. Es ist mir bekannt, dass ein alter Herr, der sich über die Gewalttaten mit Recht empörte, niedergeschlagen und sehr erheb-*

lich verletzt wurde, so dass er nicht mehr aufstehen konnte. [...] Gerade in der Zeit, in der der Fremdenverkehr in München einsetzt, sind diese wirtschaftlichen Schädigungen umso erheblicher, wenn Verbrecher durch Landfriedensbruch, Hausfriedensbruch, Körperverletzungen und Nötigungen am hellen Tage in den Straßen Münchens ihr Unwesen treiben.[297] »Fremdenverkehr« und »Wirtschaft« waren Stichwörter, die damals noch Aussicht auf Erfolg hatten.

Dokument 169 trägt die Überschrift: »Beschwerde einer Mutter über die Beteiligung ihres fünfzehnjährigen Sohns an den nächtlichen HJ-Aktionen gegen Münchner Juden«. Diese Formulierung skizziert den Vorgang hinlänglich.

»**Die Verfolgung und Ermordung der europäischen Juden durch das nationalsozialistische Deutschland Bd. 2 Deutsches Reich 1938–August 1939**« lautet der Titel des 2. Bandes jenes Standardwerkes, aus dem eben zitiert worden ist. Die Ausbeute München und die Münchner betreffend ist geringer. Dokument 124 bietet einen Auszug aus Goebbels Tagebuch, den 9. November 1938 betreffend:

*In Kassel und Dessau große Demonstrationen gegen die Juden, Synagogen in Brand gesteckt und Geschäfte demoliert. Nachmittags wird der Tod des deutschen Diplomaten vom Rath gemeldet. [...] Ich gehe zum Parteiempfang im alten Rathaus [München]. Riesenbetrieb. Ich trage dem Führer die Angelegenheit vor. Er bestimmt: Demonstrationen weiterlaufen lassen. Polizei zurückziehen. [...] Der Stoßtrupp Hitler geht gleich los, um in München aufzuräumen.*[298] Hätte es in München, wie in Kassel und in Dessau, Demonstrationen gegeben, so hätte sie Goebbels vorrangig erwähnt.

Aus Dokument 185 vom 30. November 1938 die Folgen des Pogroms betreffend:

*München: Jüdische Geschäfte wurden geplündert. Den Juden wurde verboten, Lebensmittel in arischen Geschäften zu kaufen. Hunderte Juden erhielten den Befehl, den Bezirk bis Samstag den 12. November, zu verlassen. (Die Polizei widersprach dem, doch die Partei bestand darauf.)*[299] Polizei gegen Partei!

Abschließend soll aus einem Dokument zitiert werden, in dem zwar wieder nicht von München die Rede ist, das aber Rückschlüsse zulässt, warum der Pogrom 1938 in München glimpflicher verlaufen ist als beispielsweise in der zweitgrößten Stadt Bayerns, in Nürnberg:

*Wie bereits gemeldet wurde, nahm die Bevölkerung derart Stellung gegen die Juden, dass sich die Stadtverwaltungen in Minden und in Bielefeld bereits veranlasst sahen, die Wochenmärkte für Juden zu sperren. [...] Selbst in Paderborn, wo infolge der überaus starken katholischen Beeinflussung bisher kaum von einem Judenhass gesprochen werden konnte, wird [...] die Forderung erhoben, Juden erst dann abzufertigen, wenn die deutsche Kundschaft bedient ist.*[300]

Aus einer Verlautbarung des Reichspropagandaleiters der NSDAP, Dr. Goebbels. *Nur für Redner (Veröffentlichung, insbesondere in der Presse, verboten. München 1938).*

*Juden und Judenknechte*

*Der Reichspropagandaleiter gibt bekannt: Bei der Durchführung verschiedener einschneidender Maßnahmen in den vergangenen Tagen gegen das Judentum hat sich gezeigt, dass ein großer Teil des Bürgertums für die durchgeführten Maßnahmen geteiltes Verständnis aufbringt. Zum größten Teil laufen diese Spießer und Kritikaster herum und versuchen Mitleid mit den »armen Juden« zu erwecken, mit der Begründung, dass Juden auch Menschen seien. Bis zur Machtergreifung hat in bürgerlichen Zeitungen nie ein Wort über den Juden, auf keinen Fall aber ein abschätziges Wort gestanden. Die Masse der Bevölkerung, die nicht in der Kampfzeit und auch späterhin nationalsozialistische Zeitungen regelmäßig gelesen hat, hat damit nicht die Aufklärung erfahren, die für die Nationalsozialisten im Kampf ohne weiteres gegeben war. Dieses Versäumnis ist daher nachzuholen. [...]*

*Heil Hitler gez. Dr. Goebbels*[301]

Nochmals Goebbels: *Die Einführung des Judensterns hat genau das Gegentil von dem bewirkt, was erreicht werden sollte, mein Führer! Wir wollten die Juden aus der Volksgemeinschaft ausschließen. Aber die einfachen Menschen meiden sie nicht, im Gegenteil, sie zeigen überall Sympathie für sie. Dieses Volk ist einfach noch nicht reif und steckt voller Gefühlsduseleien!*[302]

Diese Vorbehalte erfahren noch eine Zuspitzung mit Blick auf die Münchner. Sie rangieren an letzter Stelle. Auf das Gerücht, dass viele Münchner einen Auftritt Hitlers am 9. November 1943 – zwanzig Jahre danach – aus Furcht vor einem Bombenangriff ablehnten, notierte Goebbels in sein Tagebuch: *Bei einer anderen Stadt in Deutschland wäre das gar nicht vorstellbar. […] Die Stadt muss noch sehr viel lernen und noch sehr viel an Leistung vollbringen, wenn sie sich ihren Ehrentitel einer Stadt der Bewegung wirklich verdienen will.*[303] (Bezeichnend ist, dass Goebbels München nicht mehr »*Hauptstadt* der Bewegung« nennt, sondern nur noch von »*einer Stadt* der Bewegung« spricht.)

Fazit: Die Durchsicht der NS-Dokumente hat ergeben, dass es offenbar nicht *ein* Dokument gibt, das den Bewohnern der »Hauptstadt der Bewegung« ein aus der Sicht der Machthaber positives Zeugnis ausstellt. München war eher die »Hauptstadt der Gegenbewegung«. Für diesen Befund spricht nicht nur der Schießbefehl an der Münchner Feldherrnhalle vom 9. November 1923, der dem braunen Spuk damals fast schon das Ende bereitet hätte, sondern auch das Attentat des Georg Elser im Münchner Bürgerbräukeller, die Flugblattaktionen der »Weißen Rose«[304] und die verzweifelten Appelle der Freiheitsaktion Bayern, ebenfalls im Großraum München via Rundfunk ausgestrahlt. Welche deutsche Stadt kann Ähnliches vorweisen? Alle zusammen – können sie sich, Widerstand betreffend, mit München messen? In diesem Zusammenhang verdient auch die beharrliche Weigerung, Hitler einzubürgern, Erwähnung. Hitler hatte München zu seiner Heimat gemacht, als Kriegsfreiwilliger vier Jahre gedient, war kriegsversehrt und mit dem EK 1 hoch dekoriert. Doch München und Bayern widersetzten sich über Jahre hinweg seinem Begehren, deutscher Staatsangehöriger zu werden. Erst 1932 erreichte er über Braunschweig sein Ziel. Von all dem weiß das Doku-Zentrum so gut wie nichts

## 4. Zusammenschau der Zeugnisse

Aus jüdischer Sicht: Die meisten Juden und »Halbjuden« waren integriert und gerne Deutsche, gerne, soweit sie in München lebten, Münchner. München galt in der Prinzregentenzeit, also vor dem Ersten Weltkrieg, als angenehmer Wohnsitz für Juden und andere Zugezogene. Die Revolution 1918 wurde bedauert. Kurt Eisner fand bei Juden wenig Anklang. Die Räterepublik wurde erst recht missbilligt. Gegenüber Ostjuden gab es Vorbehalte. Ende der Weimarer Zeit wurde der Antisemitismus virulenter. Vor 1933 waren die meisten Zeugen unpolitisch, nachher zumindest inaktiv.[305] Der Boykott am 1. April 1933 hatte nicht den gewünschten Erfolg. Die Nürnberger Gesetze 1935 wurden wenig thematisiert. Die große Mehrheit ertrug bis Ende 1938 die amtliche Diskriminierung. Von einer privaten ist kaum die Rede, außer an Schulen, und dort so gut wie nicht von Lehrern. Der Pogrom 1938 stieß bei der Bevölkerung weit überwiegend auf Ablehnung. Verbreitete Hilfsbereitschaft den Juden gegenüber wird dankbar registriert. München wird von etlichen Zeugen geradezu emporgehoben. Kollektivschuldvorwürfe werden missbilligt. Nochmals einige der typische Zitate:

*Überhaupt zeigte sich wieder das goldene, unverdorbene Herz vieler Münchner.*

*Es gehörte nicht zum guten Ton, sich aktiv mit Politik zu befassen.*

*Die Nazis mussten einsehen, dass ihr Judenboykott ein Schlag ins Wasser gewesen ist.*

*Das bleibt ein Trost in den Gräueln dieses Novembers. Die Mehrheit des deutschen Volkes empfand diese Gräuel so, wie die übrige Welt sie empfand.*

*In Anbetracht der rigorosen Isolierungspolitik ist es erstaunlich, dass einfache Menschen es trotzdem möglich machten, Juden eine hilfreiche Hand zu bieten.*

*Nie haben wir die Gabe der Freundschaft so köstlich empfunden wie damals.*

*Sie sind nämlich keineswegs alle Schweine.*

*Unsere Arbeitgeber und Vorgesetzten [...] waren glücklicherweise alle nicht gehässig.*

*An der Liebe zu München können auch die Schandtaten der Bestien, die die Stadt mehr als zwölf Jahre lang vergewaltigen konnten, nichts ändern.*

*Mir scheint, dass jedenfalls in München die jetzigen Machthaber mit dieser Verfügung nicht erreichen werden, was sie bezwecken [...]*

*Man soll nicht über Menschen richten, die aus Verzweiflung handeln.*

Nach der Rückkehr: *Lachend und weinend umhalsten sie sich, die drunten und die von droben.*

*Eines wusste ich gewiss, keiner dieser Leute war je ein Hitleranhänger gewesen.*

Aus der Sicht der nichtjüdischen Opposition: *München ist keine nationalsozialistische Stadt und sie ist es auch nie gewesen.*

Aus der Sicht der braunen Machthaber: *Wir wollten die Juden aus der Volksgemeinschaft ausschließen. Aber die einfachen Menschen meiden sie nicht, im Gegenteil, sie zeigen überall Sympathie für sie.*

Ergebnis: Die Zeugen aus den verschiedenen Lagern, davon allein 46 Juden, stimmen im Kern überein: Was Antisemitismus anlangt, gab es keine »Volksgemeinschaft.« Klemperers Diktum gilt auch für die Münchner: »Fraglos empfindet das Volk die Judenverfolgung als Sünde.«[306] Klemperers »Volk« waren die Bewohner Dresdens, mit denen er es Tag für Tag an den Arbeitsplätzen, in den Straßen, in den öffentlichen Verkehrsmitteln zu tun hatte. Die zitierten Zeugnisse sprechen dafür, dass dieses Lob mit Blick auf die Münchner ebenfalls zutreffend ist.

Am Ende seines großen, 2015 erschienen Werkes »Hitler. Eine Biographie« fasst Peter Longerich seine Erkenntnisse zusammen: »[…] es wäre ein Irrtum anzunehmen, dass seine Position auf einer Identität von Führung und Volk beruhte. Denn man darf nicht übersehen, dass Hitler sein zentrales innenpolitisches Ziel verfehlt hat: die Verschmelzung der Deutschen zu einer einigen, sich ihrer besonderen ›Rassezugehörigkeit‹ bewussten ›Volksgemeinschaft‹, die willig alle Opfer auf sich genommen hätte, um dann als geschlossene ›Wehrgemeinschaft‹ für die vom Regime propagierte nationale Existenzsicherung den Kampf um ›Lebensraum‹ aufzunehmen. Bereits angesichts der großen Belastungen durch die forcierte Aufrüstung erwies sich die deutsche Gesellschaft als ausgesprochen uneinig […] Das Zugehörigkeitsgefühl zu bestimmten sozialen Klassen, Schichten und Milieus erwies sich als beständig. […] Als ähnlich stabil erwiesen sich die konfessionellen Bindungen.«[307] Zum selben Ergebnis kommt der andere große Hitler-Biograph Ian Kershaw, wenn er schreibt: Die »nationalsozialistische Volksgemeinschaft ist eine über das Stadium des Versprechens nie hinausgekommene Idee.«[308]

## III. »DIE GANZE WAHRHEIT« MUSS ES SEIN – WEITERE ERGÄNZUNGEN
*Löw/Dirsch*

Das Doku-Zentrum will, wie nachdrücklich betont wird, Lern- und Erinnerungsort sein. Gleich im Anschluss an diese Absichtserklärung in der Einführung werden schwere Vorwürfe gegen jene erhoben, die sich nun aus Altersgründen nicht mehr verteidigen können: »Verdrängung« und »Vergangenheitspolitik« wird ihnen zur Last gelegt. »Die wenigen Gegner« mussten sich ja »mit den vielen Mitläufern und Mittätern des NS-Regimes« arrangieren.[1] Beweist das Doku-Zentrum die Richtigkeit dieses so harten Urteils? Von beweisen kann schon deshalb nicht die Rede sein, weil das Doku-Zentrum, wie gezeigt, fast gänzlich auf die Zeugeneinvernahme verzichtet und daher jede Auswertung der Zeugnisse unterbleiben muss. Woher weiß das Doku-Zentrum, dass es nur wenige Gegner waren? Die militärischen Feinde, die Alliierten, beurteilten schon damals die Deutschen weit positiver. So heißt es in den »Instructions for British Servicemen in Germany 1944«, beim Einmarsch an alle GIs verteilt: »[…] es gibt viele [Deutsche], die sich treu geblieben sind und Hitler während der ganzen Zeit passiv widerstanden haben. In der Regel handelt es sich um treue Mitglieder der politischen Parteien, die Hitler unterdrückt hat, zumeist Arbeiter, aber häufig auch ehrenwerte Leute aus dem Mittelstand. Oder es sind Katholiken oder Protestanten, die Widerstand gegen Hitler leisteten, weil er das Christentum verfolgte.«[2] Welchen Grund hätten die Engländer haben können, das Bild der Deutschen gegenüber ihren Soldaten zu schönen? Sie wussten insofern offenbar recht gut über die Deutschen Bescheid, besser als deren selbsternannte Richter heute. Zitierwürdig auch der folgende Satz: »Nicht dass sie [die Gegner] öffentliche Reden gegen ihn [Hitler] gehalten oder Sabotage begangen hätten: Wer dergleichen getan hat, dürfte wahrscheinlich nicht mehr am Leben sein, um Sie [die angesprochenen Soldaten] zu begrüßen.«[3]

Eine Bestimmung des Begriffes »Gegner« suchen wir am »Lernort« vergebens. Wodurch wurde man zum Gegner? Nur durch öffentliche Reden gegen das Regime und Sabotage? Dann gab es in der Tat nur ganz wenige, von denen kaum einer überlebte. Doch was legitimiert einen so engen Begriff? Andererseits: Waren alle »Minderwertigen« der NS-Weltanschauung allein wegen dieser Abwertung Gegner? Aus einem unbestrittenen politischen Gegner konnte unschwer ein Mitläufer werden. Aber gilt das auch für jene Gegner, die nach ihrer Entlassung aus dem Gefängnis oder dem Lager ihre aktive Gegnerschaft eingestellt haben? Waren die Opfer Mitläufer, wenn sie politisch stets inaktiv gewesen sind? Und wer sind die Mitläufer? Diese Fragen sind von zentraler Bedeutung und sollen im Folgenden anhand einzelner Beispiele und Fallgruppen untersucht werden.

## 1. Der »Judenklub« FC Bayern München

Der deutsche Rekordmeister verdankt seine Gründung den beiden jüdischen Fußballfans Gustav Manning und Josef Pollack. Das war um die Wende vom 19. zum 20. Jahrhundert. 1913 wählte der Klub Kurt Landauer (28. 7. 1884–21. 12. 1961), ebenfalls jüdischer Herkunft, zu seinem Vorsitzenden, der dieses Amt, von zwei Unterbrechungen abgesehen, bis 1933 innehatte. Seine »Rasse« spielte offenbar keine Rolle und wenn, dann keine entscheidende.

»Kaum ein anderer deutscher Verein dürfte in den Weimarer Jahren so viele internationale Gäste empfangen haben wie der FC Bayern«, schreibt Dietrich Schulze-Marmeling in »Davidstern und Lederball«.[4] Unter den Gästen waren nicht wenige, die wegen ihrer personellen Zusammensetzung als »Judenclubs« firmierten – wie »die Bayern« auch. Doch war dies keine Schande – in den Ohren der großen Mehrheit. 1932 wurden »die Bayern« erstmals Deutscher Meister durch einen Sieg über Eintracht Frankfurt. Der Erfolg war sicher in hohem Maße auch die Leistung des Trainers Richard Dombi, ebenfalls jüdischer Herkunft.

## 1. Der »Judenklub« FC Bayern München

Unter der Überschrift »Showdown zweier ›Juden-Klubs‹« wird berichtet: »Das Finale geriet zu einem Stelldichein jüdischer Funktionäre, Trainer und Journalisten.«[5] Das Spiel fand im neutralen Nürnberg statt. David Rothschild beschreibt die Anfahrt der Mannschaften nach Nürnberg: »In jedem Ort, durch den sie fahren, erwartet sie eine enthusiastische Menschenmenge, die mit wechselnden Sympathien für eine der beiden Finalteams Partei ergreift, und je näher sie nach Nürnberg kommen, um so gewaltiger wird die Mobilisierung. Was sehen wir? Da flitzt Hitlers Mercedes mit Eskorte uns entgegen; die Insassen erkennen, dass König Fußball die Massenbegeisterung in steigendem Maße erwirbt trotz Reichstagsfieber und Notverordnung.«[6]

»Der Empfang in München übertraf alle Erwartungen. Hunderttausende waren auf den Beinen, als Landauer, Dombi und die Spieler in Kutschen mit weißen Pferden vom Hauptbahnhof über den Stachus […] zum Marienplatz zogen.«[7] Dort empfing sie Oberbürgermeister Karl Scharnagl, ein Repräsentant der Stadt, zugleich auch der Bayerischen Volkspartei. Obwohl in diesem Jahr die NSDAP in freien Wahlen ihre höchsten Triumphe feiern konnte, kam es offenbar in München nicht zu antisemitischen Pöbeleien gegen den »Judenklub« und seine jüdischen Funktionäre. Doch 1933 nahm Landauer seinen Hut und beugte sich den neuen Machthabern. Sie hatten gesiegt. Dazu nochmals aus dem Buch »Die Bayern. Die Geschichte des Rekordmeisters«: Bei den Reichstagswahlen vom 5. März 1933 hatte die NSDAP in München 176 490 Stimmen geholt. Die BVP verbuchte 102 497 Stimmen, die SPD 96 284 und die KPD 55 483. Das bayerische Ergebnis war allerdings für die Nazis das schlechteste im Deutschen Reich.«[8]

Nach KZ-Aufenthalt konnte sich Landauer 1938 in die Schweiz absetzen. Als der FC Bayern 1943 in Zürich zu einem Freundschaftsspiel antreten wollte, wurde ihm untersagt, zu Landauer Kontakt aufzunehmen. Jede Zuwiderhandlung würde hart bestraft. Doch die Mannschaft ließ es sich nicht nehmen, ihrem langjährigen Präsidenten zuzuwinken, wofür sie anschließend gescholten wurde. 1947, aus dem Schweizer Exil zurückgekehrt, wurde Landauer gleich wieder zum Präsidenten gewählt. Von einer antisemitischen Volksgemeinschaft gegen den »Judenklub« weder vor »Hitler« noch nach »Hitler« eine Spur, weder im Verein noch außerhalb. Dazwischen hatte »Hitler« allein das Sagen. Wahrscheinlich gab es im Verein auch Antisemiten, aber sie konnten sich nicht Gehör verschaffen.

## 2. Die »Stern«-Träger und ihr Umfeld

Blenden wir zurück zur ersten jüdischen Zeugin, zu Behrend-Rosenfeld.[9] Alles oben Zitierte möge bedacht werden. Hier nur eine Stelle, um daran anknüpfen zu können: »Die meisten Leute tun, als sähen sie den Stern nicht, ganz vereinzelt gibt jemand in der Straßenbahn seiner Genugtuung darüber Ausdruck, dass man nun das ›Judenpack‹ erkennt. Aber wir erlebten und erleben auch viele Äußerungen der Abscheu über diese Maßnahme und viele Sympathiekundgebungen für uns davon Betroffene [...]«

Wer so tat, als sähe er den Stern nicht, war sicher kein fanatischer Antisemit. Ob Mitläufer oder Gegner, wer weiß es? Sind die vielen, die ihrer Abscheu vor der Diskriminierung Ausdruck verliehen, deshalb schon Gegner? Mitläufer sind sie doch nicht? Ein Schaubild verdient in diesem Zusammanhang Beachtung. Es zeigt, dass 75 von Hundert der erwachsenen Münchner vom Entnazifizierungsgesetz gar nicht betroffen waren.[10] Wenn es aber, wie behauptet wird, nur wenige Gegner gegeben hat, können die 75 Prozent auch nicht in die kleine Schar der Gegner eingereiht werden. Die Aufteilung in Gegner, Mitläufer und Mittäter ist also höchst unzulänglich, weil sie das Gros der Münchner gar nicht erfasst.

Vieles spricht dafür, dass Hitlers außenpolitische Erfolge, insbesondere »Saar«, »Österreich«, »Sudetenland«, zunächst überwiegend Beifall fanden, bis die wachsende Kriegsgefahr immer deutlicher wahrgenommen wurde. Wer wegen dieser Erfolge die neuen Machthaber, insbesondere den »Führer«, bewunderte, konnte gleichzeitig den Antisemitismus missbilligen, wie viele Beispiele gezeigt haben. Ist der, der die beiden kompatiblen Ansichten vertreten hat, Gegner oder Mitläufer? Auch viele Juden, selbst Ausländer, haben diese außenpolitischen Korrekturen im Vollzuge des Selbstbestimmungsrechts der Völker bestaunt. Sebastian Haffners »Anmerkungen zu Hitler« bietet reichlich Belege.[11]

Zurück zum »Stern« und zu den Ausführungen von Behrend-Rosenfeld: »Mir scheint, dass jedenfalls in München die jetzigen Machthaber mit dieser Verfügung nicht erreichen werden, was sie bezwecken […]«[12] »Jedenfalls in München«, das hört der Münchner gerne. Aber noch erfreulicher ist, dass festgestellt werden kann: Die Ablehnung des »Sterns« war reichsweit. Unter der Überschrift »Die Reaktion auf den gelben Stern« informiert David Bankier, dass nach SD-Rundfunkberichten die Einführung des gelben Sterns positiv aufgenommen worden sei. Dann fährt er fort: »Welches Bild ergibt sich, wenn wir diese recht problematische nationalsozialistische Quelle mit anderen Dokumenten vergleichen?«[13] Es folgen mehrere Seiten, die ganz konkret die Missbilligung des gelben Sterns durch die große Mehrheit veranschaulichen. Im Anschluss daran folgt die Abwägung: »Wenn wir die verfügbaren Zeugnisse und die SD-Berichte miteinander abwägen, dann scheint die Waage zugunsten der Augenzeugenberichte auszuschlagen.«[14] Um die Richtigkeit dieses Urteils zu unterstreichen, kommt auch noch Goebbels mit seiner bereits zitierten Einsicht zu Wort: »Die Einführung des Judensterns hat genau das Gegenteil von dem bewirkt, was erreicht werden sollte, mein Führer! Wir wollten die Juden aus der Volksgemeinschaft ausschließen. Aber die einfachen Menschen meiden sie nicht […].«[15] Insofern machten die Münchner ganz offenbar keine Ausnahme.

## 3. Der »Deutsche Gruß«

Die »Sternpflicht« begann für die Juden des Reiches am 19. September 1941. Doch bereits ab 1933 war das »Heil Hitler!« der verbindliche Gruß für Behörden und für jene, die mit Behörden zu tun hatten. Dieser Gruß sollte auch im Alltag selbstverständlich sein.[16] Das Doku-Zentrum behauptet: »Das tägliche Leben und der öffentliche Raum waren seit 1933 durchdrungen vom Herrschaftsanspruch des NS-Regimes. Dafür sind die Grußformel ›Heil Hitler‹ und der ›Hitlergruß‹ bezeichnend. [...]«[17] Doch wo sind die Belege für die Richtigkeit der Behauptung: »waren [...] durchdrungen«? Wie wenig der Nationalsozialismus in den Herzen der Münchner einen Nährboden fand, beweist die praktizierte Grußformel. In München konnte sich »Heil Hitler!« nie durchsetzen, wie jeder bestätigen wird, der damals in München gelebt hat. Das sind noch Zehntausende, darunter auch der Autor K.L. Ihm war im Treppenhaus seiner Wohnung, Gotzingerstraße 46, 3. Stock, ein ordenbehangener SA-Mann begegnet. Das Grüßen im Haus war eine anerzogene Selbstverständlichkeit. Aber wie in dieser Situation? Er grüßte mit »Heil Hitler!« Doch davon hat er bis in die Gegenwart hinein niemandem erzählte – aus Scham[18] wegen dieser Schwäche oder Überrumpelung. Doch jeder andere Gruß hätte dazu führen können, dass es ihm, dem ca. Zehnjährigen, ergangen wäre wie Thomas Wimmer. In einer Biographie »Thomas Wimmer« wird berichtet, der spätere Münchner Oberbürgermeister sei seinem »Grüaß Gott« aus der Kinderzeit auch in der NS-Ära treu geblieben, so treu, dass er damit selbst jene begrüßte, die ihn verhafteten. Die gaben ihm eine Ohrfeige und er musste sich mit »Heil Hitler!« bedanken.[19] (Wurde er dadurch zum »Mitläufer«?)

Der Dresdner Victor Klemperer wurde schon zitiert, wonach man in der Metropole Sachsens wusste, dass in Süddeutschland »Grüß Gott!« üblich war, also auch in Süddeutschlands Metropole München. Im September 1943 kursierte ein Flugblatt, das wenig Sinn gemacht hätte, wären die Verfasser von völlig falschen Annahmen ausgegangen. Der Wortlaut: »Bayern! Von Anfang an habt ihr die Vergötzung des Mannes abgelehnt, der sich durch Lügen und betrügerische Versprechungen in euer Vertrauen eingeschlichen hat. Ihr habt in der Mehrzahl den ›Deutschen Gruß‹ abgelehnt.«[20]

Auch wer in Erinnerungen[21] an diese Jahre liest, wird entsprechend belehrt, so von Theodor Michael: »In München war in diesem Herbst die Stimmung heiterer und gelassener als in Berlin. Hinter mir grüßte jemand mit dem Deutschen Gruß ›Heil Hitler‹, einige der Anstehenden brummelten irgendetwas, was so ähnlich klang. Danach kam eine Frau, die ›Guten Tag‹ sagte. Sie wurde völlig ignoriert. Danach stellte sich ein älterer Herr mit einem frischen ›Grüß Gott‹ an und fast alle drehten sich um und gaben den Gruß zurück. Ich wunderte mich und fing an zu begreifen, dass die Dinge in München keineswegs immer so waren, wie sie schienen. Immerhin war es ja die ›Hauptstadt der Bewegung‹«.[22] Karl Wieninger erinnert sich: »Wie in Schillers Drama die Schweizer das Betreten des Marktplatzes vermeiden, vermieden es auch die Münchner Bürger, die Residenzstraße vor dem Mahnmal [an die Toten des 9. November 1923] zu passieren. Wer vom Max-Joseph-Platz aus Richtung Odeonsplatz ging, bog unmittelbar vor dem Mahnmal mit der SS-Wache links in die Viscardi-Gasse ein, um über die Theatinerstraße zu gelangen. [...] Die Viscardi-Gasse wird seitdem, auch heute noch, ›Drückeberger-Gasserl‹ genannt.«[23] Man wollte tunlichst selbst das Handaufheben vermeiden. Der Fallschirmjäger-Offizier August von der Heydte erlaubte sich ein kleines Experiment: »Ich habe mal in München eine Abstimmung gemacht. Ich bin in die Straßenbahn eingestiegen, als ich noch verwundet war, am Stock, den Arm in der Binde und das Ritterkreuz, und habe gesagt; ›Grüß Gott, die Herren.‹ Daraufhin sind vier Leute aufgestanden: ›Bitte, Herr Major, wollen sie sich nicht setzen, Herr Major?‹ Auf dem Rückweg habe ich dasselbe gemacht, bin in die Straßenbahn eingestiegen und habe gesagt ›Heil Hitler!‹ [...] Nicht einer ist aufgestanden, ich bin gestanden vom Siegestor bis zum Odeonsplatz!«[24]

Wie viel Überwindung es manche gekostet hat, den Hitler-Gruß zu gebrauchen, offenbart eine Stelle aus Jochen Kleppers Tagebuch: »Den Brief an Goebbels musste ich mit ›Heil Hitler!‹ unterzeichnen. Ich habe nun das Letzte auf mich genommen.«[25] – Ganz ohne ging es auch in München nicht. Doch von einer begeisterten Unterwerfung kann wahrlich nicht die Rede sein. Wer das Gegenteil behauptet, möge die Zitate widerlegen. Gibt es einen zuverlässigeren Beweis für die Richtigkeit der Behauptung, dass der Nationalsozialismus die Herzen der Mehrheit in München nicht erobert hat, als die Verweigerung des Hitlergrußes? Ein fanatischer Hitleranhänger konnte doch schwerlich umhin, bei jeder Gelegenheit seinem Idol zu huldigen.

## 4. Mischehen und Scheidungsrate

Eben kam der Berliner Literat Jochen Klepper zu Wort. Später ging er, der »Arier«, doch noch einen Schritt weiter, nämlich mit seiner jüdischen Frau und der Adoptiv-Tochter Renerle freiwillig in den Tod, unmittelbar bevor die Tochter deportiert worden wäre. Selbst Goebbels hätte Klepper Blumen gestreut, hätte der gefeierte Romancier in einer Scheidung den Ausweg gesucht. So aber wurde er wegen seiner ehelichen Treue als wehrunwürdig aus der deutschen Wehrmacht ausgestoßen. Wäre er »Halbjude« gewesen, so hätte er weiter dienen dürfen/ müssen. Aber das freiwillige Festhalten an einer »blutschänderischen« Verbindung war zu viel, ein Affront gegen die fundamentale Weltanschauung der politischen Führung und musste hart geahndet werden. Auf die allseits erwartete und befürchtete Zwangsscheidung der Mischehen hat Hitler (noch) verzichtet, aber der »arische« Teil musste mitkommen, wenn der jüdische in ein Judenhaus eingewiesen wurde, wovon Victor Klemperer in seinen Tagebüchern ausführlich berichtet. Und doch: diese Mischehen waren sehr stabil. Der Wille des »Führers« galt den allermeisten »arischen« Ehepartnern weniger als das eigene Ja-Wort: Treu bis in den Tod, Jochen Klepper in Berlin, Frau Klemperer in Dresden, Herr von Seuffert und Frau Levinger in München.

Laut Auskunft des Stadtarchivs München vom 4. Dezember 2015 wurden »nach 1933 von den erfassten 1159 ›Mischehen‹ 123 geschieden« – warum auch immer. Knapp 90 von Hundert nahmen also das harte Judenlos freiwillig auf sich.

## 5. Waren die »Mitläufer« Antisemiten?

Oben wurde nach der Definition des »Mitläufers« im Katalog des Doku-Zentrums Ausschau gehalten. Ohne Erfolg! Doch insofern dürfte es weitgehend einen Konsens geben, dass die Mitglieder und Angehörigen jener Organisationen, die gleich bei Kriegsende als verbrecherisch eingestuft und deshalb aufgelöst wurden, in die Kategorie der Mitläu-

## 5. Waren die »Mitläufer« Antisemiten?

fer – wenn nicht der Mittäter – fallen. Umso größer die Überraschung, wenn wir in den oben zitierten Berichten der Opfer immer wieder auf Personen stoßen, die nicht selten unter großer Gefahr Verfolgten Hilfe geleistet haben, obwohl sie gleichsam automatisch in die Kategorie »Mitläufer« fallen. Diesen braunen Helfern begegnen wir fast überall, beginnend wieder mit Behrend-Rosenfeld und dem Bürgermeister, von dem sie geradezu schwärmt, nicht nur sie sondern die Mehrheit der Bevölkerung des Ortes, und zwar in der Weimarer Zeit, in der NS-Ära und in den Nachkriegsjahren. Die Pro-Forma-Belasteten waren nicht selten die wertvollsten Helfer. Man denke nur an die Bekundungen Levingers. Die ohnmächtigen Oberstudiendirektoren verwiesen seinen Vater an jenen Kollegen, der scheinbar am tiefsten im braunen Morast steckte. Der konnte helfen und der half. Oskar Schindler, der Lebensretter en gros, war seit Jahren Mitglied der NSDAP. Dieser Umstand begünstigte seine Hilfe. Kurt Rosenberg schreibt: »Ihre Lehrerschaft gehörte z. T. der NSDAP an, weigerte sich aber, den Antisemitismus mitzumachen. Ein SA Mann gibt ihr Ratschläge und erklärt sich heimlich auch gegen den Antisemitismus.«[26] Ähnliches bekundet Ulrich von Hassell, der nach dem 20. Juli 1944 hingerichtet wurde.[27]

Berthold Beitz rettete Dutzenden Juden das Leben, aber längst nicht allen, die seiner Hilfe bedurft hätten. »Wir waren ein hochwichtiger wehrwirtschaftlicher Betrieb. Wir hatten Vorteile. Und deshalb war es ja überhaupt möglich zu helfen.«[28] Wäre Beitz in einer anderen Position gewesen, dürfte er dann in die Schar der Mitläufer eingereiht werden, bloß weil er nicht geholfen hat, bloß weil er nicht helfen konnte? Die Attentäter des 20. Juli 1944 hatten, von demokratischer Warte aus betrachtet, nur selten eine ganz weiße Weste. Waren sie deshalb Mitläufer? Generalmajor Henning von Treskow, der nach Oberst Claus Schenk Graf von Stauffenberg wohl wichtigste Mann bei der Vorbereitung des Attentats, schrieb im Wahljahr 1932: »Wir wählen alle A. H.«[29] Wie bedauerlich! Doch er und die Seinen gaben zwölf Jahre später ihr Leben für ein besseres Deutschland. »Mitläufer? Die Zahl vergleichbarer Fälle ist gewaltig. Man muss sie nur zur Kenntnis nehmen.[30]

Zurück nach München. Wer daran zweifelt, dass damals fast alle Mieter eines fünfstöckigen Hauses so wenig regimetreu gewesen sein können, lese, was der Jude Walter Bloch über seine Tante Gretel zu berichten weiß: »Im Herbst 1941 hatte spätabends ein Nachbar bei ihr geklingelt, der bei der Gestapo arbeitete. Er sagte, dass sie ab sofort nicht mehr ihre Wohnung verlassen dürfe. Ihr Name stand auf einer Deportationsliste, aber dieser Mann hatte ihn wieder ausgestrichen. ›Von jetzt ab existieren Sie nicht mehr!‹ – so hatte er sich ausgedrückt. Meine Tante Gretel hat seit dem Abend ihre Wohnung nicht mehr verlassen – fast vier Jahre lang! Versorgt wurde sie in dieser Zeit von den nichtjüdischen Nachbarn. Es war bemerkenswert: in dem Haus wusste jeder Bescheid, und alle haben geschwiegen.«[31]

## 6. Faulhaber – Hitlers Stabilisator?

Der Münchner Kardinal Michael von Faulhaber bekleidete dieses Amt von 1917 bis 1952, also auch während der gesamten NS-Ära. Daher nimmt es nicht wunder, dass wir ihm in den Zeugenaussagen mehrmals begegnet sind, und zwar stets in einem günstigen Licht: »ein ausgesprochener Nazigegner«, »den Juden stets freundlich erwiesen«. »Wir können diese Worte [des Kardinals] nur mit Dankbarkeit und Befriedigung erwähnen.« Adressat ist auch der Kardinal, wenn sich Carl Oestreich, Vorstand der Israelitischen Gemeinde in München, erinnert: »Am nächsten Morgen [im Juni 1938] rief ich das immer hilfsbereite, katholische Ordinariat München an und verkaufte die erst einige Monate vorher eingebaute Orgel [der neuen Synagoge] um nahezu den Gestehungspreis.«[32]

Der in die USA entflohene jüdische Literat Ludwig Marcuse[33] erinnerte sich: »Der fünfundsechzigjährige Kardinal Faulhaber hielt an den vier Advents-Sonntagen und am Silvesterabend des Jahres 1933 in der Münchner St. Michaelskirche Predigten, die in dem Satz gipfelten: ›Dem Vaterland ist mit aufrechten Jüngern des Evangeliums besser gedient als mit kriegslustigen Altgermanen.‹ [...] Denke ich zurück an das Glück, das ich empfand, als ich diese Predigten las, so wird mir klar, was das Wort noch kann – nachdem wir so lange gelernt hatten, was es nicht kann. Es kann einen Sieg gegen eine überlegene Macht anzeigen, der umso größer ist, wenn er nicht im Märtyrertum endet, sondern im Überleben. Ironie ist keine tödliche Waffe, aber ein Trost der Ohnmächtigen; wir alle waren ohnmächtige Sieger in den Predigten des Kardinal Faulhaber.«[34]

Im Doku-Zentrum ist Faulhaber ähnlich häufig anzutreffen wie in den Zeugenaussagen. Doch nun hat sich sein Bild verfinstert. Da heißt es: »Der Münchner Kardinal Faulhaber stärkte mit vielen Verlautbarungen die Autorität Hitlers. […] Doch die katholische Amtskirche in München wie im übrigen Deutschland schwieg zur Verfolgung der Juden, der Sinti und Roma und anderer Gruppen.«[35] »Am 5. April 1943 wandte sich der Sinto Oskar Rose mit der Bitte um Hilfe für die Deportierten […] an Kardinal Faulhaber. Dieser notierte in sein Tagebuch: ›Nein, kann keine Hilfe in Aussicht stellen.‹«[36] »Der Münchner Kardinal Faulhaber hielt jedoch an der Vorstellung fest, dass Hitler als Träger der höchsten Staatsgewalt ›gottgesetzte Obrigkeit‹ sei.«

Das Entscheidende, das nun im Katalog folgt, ist leicht zu übersehen, nämlich: »Allerdings verlas Faulhaber im September 1943 einen Hirtenbrief, der die Tötung von ›erblich Belasteten‹, Kriegsgefangenen und ›Menschen fremder Rassen und Abstammung‹ verurteilte.«[37] Widerlegt das letzte Zitat nicht das vorausgegangene, wonach die Kirche geschwiegen habe? Ging es deutlicher? Solche Hirtenbriefe waren reichsweit von allen Kanzeln zu verlesen, so wie es mit der Enzyklika vom März 1937 geschehen ist, die den Titel trägt »Mit brennender Sorge« und von Faulhaber konzipiert worden war. Das rassistische Deutschland ist der Urheber dieser Sorge, die vor aller Welt laut beklagt wird.

Der kirchliche Respekt vor jeder Obrigkeit geht zurück auf den Ex-Rabbiner Paulus, der in Übereinstimmung mit der rabbinischen Lehre befohlen hatte: »Jedermann sei untertan der Obrigkeit, die Gewalt über ihn hat. Denn es ist keine Obrigkeit ohne von Gott.«[38] Als der Apostel das schrieb, gab es keine domestizierten Obrigkeiten, aber vielfältige Verbrechen der Machthaber. Mit der erwähnten Enzyklika, dem erwähnten Hirtenbrief und mit der fast täglichen Verkündigung der zehn Gebote wurden jedermann die moralischen Grenzen seines Denkens und seines Gehorsams aufgezeigt. Weiter reichte der Arm des Kardinals, also der Kirche, nicht. Er konnte seinen Sekretär, Johannes Neuhäusler, nicht aus dem KZ Dachau befreien. Er konnte nicht verhindern, dass in diesem Lager tausende Priester jahrelang vegetieren mussten und ein hoher Prozentsatz den Tod fand. Er konnte die kirchlichen Einrichtungen für Geisteskranke und Geistesschwache nicht vor »Euthanasie« schützen. Wäre Faulhaber ein Stabilisator des Regimes gewesen, so hätte ihn nicht das Braune Haus als Judenhelfer bekämpft und den Pöbel gegen ihn in Marsch gesetzt, wie oben geschildert.[39]

Die Münchner Ausgabe des Völkischen Beobachters schrieb am 1. August 1938: »Der Vatikan hat die Rassenlehre von Anfang an abgelehnt. Teils deshalb, weil sie vom deutschen Nationalsozialismus zum erstenmal öffentlich verkündet wurde, und weil dieser die ersten praktischen Schlussfolgerungen aus der Erkenntnis gezogen hat; denn zum Nationalsozialismus stand der Vatikan in politischer Kampfstellung. Der Vatikan musste die Rassenlehre aber auch ablehnen, weil sie seinem Dogma von der Gleichheit aller Menschen widerspricht,[40] das wiederum eine Folge des katholischen Universalitätsanspruchs ist und das er, nebenbei bemerkt, mit Liberalen, Juden und Kommunisten teilt.«[41]

Faulhaber war der Repräsentant des Vatikans in München, was Hitler schon 1923 in einem Interview deutlich angesprochen hat: »Der größte Verteidiger der Juden in Bayern ist der Erzbischof von München, Kardinal Faulhaber. Ein großer Mann, klug, aufrecht, national und monarchistisch gesinnt. Aber Kardinal, verstehen Sie? Kardinal und Erzbischof, und darum verpflichtet, die Anweisungen des Vatikans zu befolgen, sprich, der Juden. Der Vatikan ist das Zentrum der internationalen jüdischen Verschwörung gegen die Befreiung der germanischen Rasse.«[42] Nicht nur Hitler wusste, wo Faulhaber stand, auch Hitlers willige Vollstrecker in all den folgenden Jahren.

Der Geheimen Staatspolizei verdanken wir die nachfolgende Aufzeichnung. Sie betrifft Gertrud Luckner und stammt vom 30. September 1942: Luckner verkehre bei den einzelnen Bischöfen in Deutschland so frei, wie es noch in keinem anderen Fall gewesen sei.[43] Geradezu selbstverständlich, dass Luckner auf Schritt und Tritt überwacht, ihre Post geöffnet wurde. Sie leite ein »Hilfskomitee für getaufte Juden« und empfange aktuellste politisch Nachrichten aus dem Ausland. Auch erfahren wir: »nach kurzem Aufsuchen des Hotels ging sie um 10.30 Uhr erneut in das Palais des Erzbischofs Faulhaber, wo sie den ganzen Tag verbracht hat.«⁴⁴ Von ihm erhielt sie einen größeren Geldbetrag, den sie einem Priester für das KZ-Theresienstadt zukommen lassen sollte. Am 25. März 1943 kam, womit täglich zu rechnen war: die Verhaftung der »Dr. Luckner«. Die Begründung stellt der Kirche und ihren Mitstreitern, auch Faulhaber, ein bemerkenswertes Zeugnis aus:

»Die bisherigen Ermittlungen haben somit einwandfrei ergeben, dass die katholische Kirche in Deutschland in betonter Ablehnung der deutschen Judenpolitik systematisch die Juden unterstützt, ihnen bei der Flucht behilflich ist und keine Mittel scheut, ihnen nicht nur die Lebensweise zu erleichtern, sondern auch ihren illegalen Aufenthalt im Reichsgebiet möglich zu machen. Die mit der Durchführung dieser Aufgaben betrauten Personen genießen weitestgehende Unterstützung des Episkopates. […] Es kann m. E. ohne Bedenken als Tatsache unterstellt werden, dass die bislang von hier festgestellten Fälle, in denen Juden kirchlicherseits der staatlichen Judenpolitik entzogen wurden, nur einen Bruchteil dessen darstellen, was die Kirche auf diesem Gebiet zustande gebracht hat.«⁴⁵

Am 26. Mai 1943 wurde Luckner auf Befehl des Reichssicherheitshauptamtes wegen ihrer »projüdischen Betätigung und Verbindungen mit staatsfeindlichen Kreisen« (Faulhaber) in Schutzhaft genommen, am 5. November 1943 in das Frauenkonzentrationslager Ravensbrück gebracht, wo sie bis zum Tage ihrer Befreiung, 3. Mai 1945, ausharren musste.

Angesichts dieses Sachverhalts nimmt es nicht wunder, dass namhafte Persönlichkeiten des Münchner Widerstandes zu Konvertiten in die katholische Kirche wurden, so aus dem Kreis der Weißen Rose Christoph Probst, der Rechtsanwalt Adolf von Harnier, Leiter des Harnier-Krises, der seine »hochverräterischen« Aktivitäten mit Freiheitsentzug ab 1939 bis Kriegsende bezahlen musste, und, nach dem Krieg, der Präsident der Evangelischen Landessynode Freiherr von Pechmann. Von den jüdischen Zeugen aus München wäre in diesem Zusammenhang Karl Stern zu erwähnen, der diesen Schritt 1938 in seiner neuen Heimat vollzog.

Am 30. April besetzten die Amerikaner München. Bereits vier Tage später begann der Kardinal, die Belange der Besiegten gegenüber der Besatzungsmacht mit zahlreichen Petitionen zu vertreten.⁴⁶ Er konnte das, da er wegen seines Wirkens in der NS-Ära den Respekt der ganzen Freien Welt genoss, doch heute nicht den des Doku-Zentrums!

## 7. Warum »Auschwitz«?

Wenn vom Unrechtsstaat Drittes Reich die Rede ist, denken wir vor allem an seinen programmatischen Antisemitismus und dessen mörderischen Vollzug. Auch insofern gab es – in absoluten Zahlen – viele Mitläufer und Mittäter und nur wenige, die in Wort und Tat rechtzeitig dagegen ankämpften. Unsere Zeitzeugen oben nennen etliche dieser Standhaften. Einer wird besonders anschaulich gewürdigt, nämlich Alois Hundhammer, und zwar von Werner Cahnmann. Cahnmann war bis 1933 Syndikus des Central-Vereins deutscher Staatsbürger jüdischen Glaubens. Er erinnert sich:

»Durch die Vermittlung Dr. Schlittenbauers kam die Bekanntschaft mit Dr. Alois Hundhammer, damals Generalsekretär des Bayerischen Christlichen Bauernvereins und Abgeordneter der Bayerischen Volkspartei, zustande […] Dies war der Beginn einer langjährigen politischen Zusammenarbeit, die weit über die Nazizeit hinausreichte. Alois Hundhammer […] war gewinnend im persönlichen Verkehr, klar in der Ausdrucksweise, unerschrocken und zuverlässig im Handeln und ein Christ, der das Christentum ernst nahm, zugleich ein Christ frei von antisemitischer Emotion, soweit meine Beobachtung reicht. Verständlicherweise stimmten wir politisch nicht immer überein, aber im Kampf gegen den Nationalsozialismus waren wir einig. Alois Hundhammer war ein Freund.«[47]

»Aufgrund der Materialien dieses Archivs wurden die Redner der antinazistischen Parteien sowie Zeitungsredakteure unterrichtet und geeignete Artikel, Flugblätter und andere politische Materialien verfasst und verteilt, darunter der ›Anti-Nazi‹ […]. In diesem Zusammenhang verfasste ich gemeinsam mit Dr. Baumgartner und unter Mithilfe von Dr. Hundhammer eine Broschüre ›Nationalsozialismus und Landwirtschaft‹, die in ca. 200 000 Exemplaren in ganz Südbayern verteilt wurde.«[48]

## 7. Warum »Auschwitz«?

»Um diese Zeit übermittelte mir Dr. Hundhammer das Ersuchen des Geheimrats Dr. Georg Heim um ein persönliches Gespräch. [...] Dr. Heim wollte im Hinblick auf die politische Entwicklung in Berlin versuchen, Bayern mit Hilfe einer paramilitärischen Organisation, der Bayernwacht, »abzukapseln«. Er teilte mir mit, dass er hoffe, zur Ausrüstung der Bayernwacht vom bayerischen Klerus RM 100 000 zu erhalten. Vom Centralverein erhoffte er einen Zuschuss in Höhe von RM 50 000.«[49]

»Ich ging daran, [...] politisch bedeutsame Akten zu vernichten, insbesondere diejenigen, [...] die unsere Freunde wie Schlittenbauer, Hundhammer, Baumgartner Muhler, Simbeck, Dichtl und andere im Licht der neuen Machthaber hätten inkriminieren können.«[50]

»Die offiziellen und halboffiziellen Maßnahmen, die mir von unseren Freunden im Land [...] berichtet wurden, zielten auf den totalen Ruin der jüdischen Ladengeschäfte und Viehhändler ab: [...] Ich wandte mich in den meisten Fällen an das Staatsministerium für Wirtschaft, aber auch an die Staatskanzlei für den Freistaat Bayern. [...] Ich blieb in Verbindung mit dem katholischen Untergrund, teils durch Alois Hundhammer, der nach seiner Entlassung aus Dachau eine Schuhreparaturwerkstätte in der Schwanthalerstraße betrieb. [...]«[51]

Die Würdigung ist wohlverdient. Als viele andere, die zu Gegnern Hitlers wurden, noch geblendet waren, hat Hundhammer mit Wort und Schrift auf die heraufziehende Gefahr hingewiesen. Er charakterisierte den Nationalsozialismus als eine Ideologie, welche in »Überschätzung des Rassegedankens das germanische Prinzip [...] über die allgemein geltenden religiösen Grundsätze« stelle.[52] Oliver Braun schreibt in der Einleitung zu dem Buch »Die staatsbürgerlichen Vorträge von Alois Hundhammer«: »Deutlich und glaubhaft spricht aus Hundhammers Worten der persönliche Abscheu gegen eine in seinen Augen pseudoreligiös verbrämte, letztendlich anarchistische Weltanschauung.«[53] Hundhammer: »Die Kirche geht davon aus, dass alle Menschen letzten Endes Brüder sind und dass niemand für seine Abstammung etwas kann. Ihn deswegen zu verfolgen, weil er von jüdischen Eltern geboren wurde, ist ein Unrecht. Der Antisemitismus im nationalsozialistischen Sinne ist nichts anderes als Hass, Kampf gegen den Juden, in erster Linie wegen seiner Abstammung«.[54]

Seine Reden, Ansprachen und Publikationen, alle gegen den anbrechenden Nationalsozialismus gerichtet, machten ihn zu einem herausragenden NS-Gegner, der gleich nach Erlangung der Macht durch seine Gegner kaltzustellen war. Am 21. Juni 1933 kam es zu seiner Verhaftung. Nach seiner Entlassung aus dem KZ-Dachau am 22. Juli 1933 zog er sich weitestgehend von jeder politischen Aktivität zurück. Die Gestapo observierte ihn gleichwohl und kam zu der Einschätzung: »stiller Gegner des heutigen Regimes«.[55]

Angesichts der geschilderten Verdienste und der fatalen Konsequenzen möchte man annehmen, dass er im Münchner Doku-Zentrum zumindest eine bescheidene Würdigung erfährt, sei es unter den Opfern, sei es unter den Gegnern. Doch dem ist nicht so. Im Gegenteil: Hundhammer wird in die Nähe der Täter gerückt. Unter der Überschrift: »Neue Impulse in Kultur und Bildung« heißt es die Nachkriegszeit betreffend: »Das bayerische Kultusministerium unter Alois Hundhammer (CSU) setzte eine weitgehend restaurative Schulpolitik durch.«[56] Dieser milde Tadel steigert sich in einem Aufsatz, abgedruckt im Katalog, ins schier Bodenlose: »Der Rückzug auf christliche Traditionen fand eine starke Stütze in dem erzreaktionären bayerischen Minister für Unterricht und Kultus, Alois Hundhammer [...]. Damit wurde der erklärte Wille der US-Behörden untergraben, durch ein neues demokratisches Schulsystem die autoritäre Erziehung abzuschaffen, die ihrer Meinung nach das NS-Unrechtssystem hervorgebracht [...] hatte. Genau das, was Theodor W. Adorno später als Grundlage für eine ›Erziehung nach Auschwitz‹ [...] forderte, nämlich die Veränderung der gesellschaftlichen und kulturellen Bedingungen, die Auschwitz erst möglich gemacht hatten, wurde somit konterkariert.«[57]

Über die optimale Erziehung lässt sich trefflich streiten. Aber aus der lauteren Persönlichkeit des Alois Hundhammer, dem unerschrockenen Kämpfer gegen den Nationalsozialismus, einen Wegbereiter für die Rückkehr nach Auschwitz zu machen, ist infam. Auch namhafte Sozialdemokraten haben damals eine Rückbesinnung gefordert, so der Justizminister der Weimarer Zeit Gustav Radbruch, »auf die jahrtausendealte gemeinsame Weisheit der Antike, des christlichen Mittelalters und des Zeitalters der Aufklärung [...], dass es ein Gottesrecht, ein Vernunftrecht, kurz, ein übergesetzliches Recht gibt [...]«[58]

## 7. Warum »Auschwitz«?

Wer eine strenge Erziehung, ausgerichtet auf die Werte des Sittengesetzes, für Auschwitz mitverantwortlich macht, missachtet die Biographien aller führenden Nationalsozialisten und ihrer Gegner, deren geistige Fundamente sich gerade in diesem Punkt schroff voneinander abgrenzen. Für Hitler und die Seinen gab es keine moralischen Schranken. Ein solcher Ankläger autoritärer Erziehung gelangt unschwer zu der absurden Annahme, dass viele der Opfer mental eigentlich den Tätern nahestanden! Was damit gesagt sein soll, wird jedem klar, der die folgenden Aufzeichnungen Charlotte Knoblochs liest:

»Samuel Knobloch [ihr späterer Mann] kam 1922 als Sohn einer traditionellen Familie [...] bei Krakau zur Welt. Vater Baruch Knobloch und Mutter Sure (Sara) Siesl [...] waren fromme Juden [...] Der Glaube bestimmte den Alltag. Sieben Kinder bevölkerten das Heim von Baruch und Sure. Die Söhne beginnen im Alter von vier Jahren im Cheder, der Religionsschule, Hebräisch zu lernen. [...] Wer glaubt, dass in einer Religionsschule damals eine ausschließlich von Nächstenliebe geprägte Atmosphäre herrschte, den konnte Samuel eines anderen belehren. Die Kinder wurden hart angepackt. Wer nicht konzentriert lernte, unaufmerksam oder schwatzhaft war, bekam die Strenge des Lehrers handfest zu spüren. [...] Manches Mal, erzählte er, tanzte der Rohrstock und häufig erfolgte auch ein Handstreich. Samuel meinte, dies habe ihm nicht geschadet. Im Gegenteil [...]«[59] Lässt ein solcher Bericht wirklich an Auschwitz denken? Darf man eine so ungezügelte, maßlose Phantasie auf Kosten der Bundesrepublik Deutschland, des Freistaates Bayern und der bayerischen Landeshauptstadt publik machen? Es ist schlechterdings unverantwortlich, eine unbescholtene Person mit »Auschwitz«, einem der schlimmsten Verbrechen der Menschheitsgeschichte, gedanklich zu verknüpfen.

## IV. WAS IST ZU TUN?
*(Löw)*

Der Oberbürgermeister der Landeshauptstadt München hat in seinem Geleitwort ausdrücklich ein Bekenntnis zum Grundgesetz und zu den Menschenrechten abgelegt und uns aufgefordert, Zivilcourage bei der Wahrnehmung öffentlicher Belange unter Beweis zu stellen.

Der große deutsche Staatsmann Helmut Schmidt hat wenige Jahre vor seinem Tode in einem Interview mit dem jüdischen Historiker Fritz Stern beklagt, dass seine Landsleute, also wir, zu wenig Zivilcourage besäßen.[1] In dem Bestreben, dieser Schwäche zu trotzen und mit dem Grundgesetz als Maßstab sollte die Frage beantwortet werden, ob das Doku-Zentrum, eine von Bund, Land und Stadt finanzierte öffentliche Einrichtung auf historischer Stätte, den berechtigten Erwartungen entspricht.

### 1. Das »Weiße Haus« und die Menschenwürde

In der Einleitung zur Dokumentation ist von den wenigen Gegnern des Nationalsozialismus und den vielen Mitläufern und Mittätern die Rede. Die Feststellung, jemand sei Mitläufer eines Massenmörders gewesen, ist ein höchst ehrenrühriger Vorwurf, wenn sie nicht bewiesen wird. Sie verletzt Ehre und Würde des Angesprochenen und seiner Nachkommen und steht daher in scharfem Widerspruch zur wichtigsten Norm unseres Grundgesetzes, zu Artikel 1 Absatz 1, die da lautet: »Die Würde des Menschen ist unantastbar. Sie zu achten und zu schützen ist Verpflichtung aller staatlichen Gewalt«, also auch derer, die das Doku-Zentrum geschaffen haben und es unterhalten.

Dies gilt selbst dann, wenn ein Kollektiv der Adressat des Vorwurfs ist, nämlich die große Mehrheit der Münchner. Den Nachweis der Richtigkeit suchen wir im Doku-Zentrum und seinem Katalog vergebens.[2] Es wird nicht einmal der Versuch unternommen, diesen Nachweis zu führen. Die zahlreichen Zeugen, die sich angeboten haben und in Gestalt ihrer Aufzeichnungen noch anbieten, bleiben so gut wie gänzlich unberücksichtigt. Was ist das für ein Dokumentationszentrum, das die wichtigsten Dokumente ausblendet und sich auf diese Weise selbst desavouiert? Man tut so, als stünde man auf der Seite der Opfer, lässt sie aber nicht zu Worte kommen. Das kann so nicht bleiben. Andernfalls trüge das »Weiße Haus«[3] einen schweren Makel, wäre als Nachfolgebau des Braunen Hauses ein steter Stein des Anstoßes für alle, die das Grundgesetz nicht nur im Munde führen, sondern entschlossen sind, die Würde ihrer Vorfahren zu respektieren und zu verteidigen.

Das Kaltstellen der Zeugen kann weder ein Zufall sein noch ein Versehen. Die Zeugen sind offenbar unerwünscht, weil sie etwas bekunden, was man nicht zur Kenntnis nehmen will. Diese Vermutung wird durch den Text bestätigt, so wenn es heißt: »Eine intensivere Auseinandersetzung mit der ›Volksgemeinschaft‹, die das NS-Regime mitgetragen hatte, sowie mit den in die Nachkriegsgesellschaft integrierten Tätern war erst im Zuge eines Generations- und Bewusstseinswandels möglich.«[4] Mit anderen Worten: Man musste warten, bis die Zeugen, die Glieder der »Volksgemeinschaft«, die angeblichen »Mitläufer« und »Mittäter« nicht mehr bezeugen, ihre Erfahrungen nicht mehr wiederholen, den Anschuldigungen nicht mehr widersprechen konnten: Auseinandersetzung mit den Toten. Die Auseinandersetzung mit denen, die nicht mehr existieren, wird von denen betrieben, die nicht mehr der ominösen »Volksgemeinschaft« angehören konnten, die also die Gnade der späten Geburt genießen. Sie kann man nicht fragen: Wie habt Ihr Euch damals verhalten? Wie habt Ihr Euch bewährt?

Jeder frage sich, ob in den Jahrzehnten nach 1945 wirklich die »Volksgemeinschaft«, die »Täter« den geistigen Luftraum über München beherrscht haben, sodass eine seriöse Auseinandersetzung unmöglich gewesen wäre. Von ganz kurzen Unterbrechungen abgesehen, hat eine und dieselbe Partei die Landesregierung gestellt und ihre Konkurrenz den Oberbürgermeister der Landeshauptstadt. Auch im

## 1. Das »Weiße Haus« und die Menschenwürde

Bayerischen Rundfunk gab es keinen Übergang von Mitläufern und Mittätern zu zeitkritischen Newcomers. Nichts anderes gilt für die Münchner Presse. Auch insofern gab es doch keinen fundamentalen Gesinnungswandel.

Wie oben gezeigt, hätte die Berücksichtigung dieser Zeugnisse ein weit positiveres Bild der Münchner ergeben. Dann hätte sich gezeigt, dass die Dreiteilung in Gegner, Mitläufer und Mittäter den wahren Sachverhalt nicht zu erfassen vermag. Die große Masse war weder das Eine noch das Andere noch das Dritte. Sie bestand aus Untertanen, wie sie ein Zeitzeuge so treffend beschreibt: »Der Münchner erträgt ihn [den Nationalsozialismus] wie eine unabänderliche Schickung des Himmels und sucht auf seine Art sich herauszuwinden, wo er nur kann, ohne dabei mit den Gesetzen in Konflikt zu geraten. [...] Reisende aus Berlin z. B. haben schon oft festgestellt, dass man in München viel freier leben könne, weil schon die ganze Atmosphäre anders sei«.[5] Die Berücksichtigung von derlei unverdächtigen Zeugnissen hätte im Geiste der Demokratie jeden Besucher in die Lage versetzt, sich ein eigenes fundiertes Bild vom Münchner zu machen, das Zerrbild, das man ihm heute aufnötigen möchte, der Wirklichkeit anzupassen.

Viele jener, die mit Eifer bestrebt sind, die schrecklichen zwölf Jahre aufzuarbeiten, schenken den Stimmen derer, die damals zum ewigen Schweigen verurteilt waren, kaum Gehör. Sie loben die jüdischen Zeugen, lassen sie aber kaum zu Worte kommen. Wie sagte die Vorsitzende des Wissenschaftlichen Beirats des Doku-Zentrums mit entwaffnender Ehrlichkeit: »München sollte als Täterstadt im Vordergrund stehen.«[6] Die Antwort mit Goethe: Man merkt die Absicht und ist verstimmt. Da »München« primär die Bürger meint, darf das Resultat dieser Absicht, eine historischen Selbstpreisgabe, nicht hingenommen werden. Die Vorsitzende des Wissenschaftlichen Beirats war es auch, die in ihrer Eigenschaft als Präsidentin der Bundeswehr Universität München anlässlich des Neujahrsempfangs am 20. Januar 2016 den Selbstmord von drei Bundeswehrangehörigen ihres Hauses im Jahre 2015 beklagte. Man wisse nicht warum. Kann es sein, dass sensible junge Menschen nicht länger als Soldaten, einem Land der Täter, einem Volk der Täter dienen wollen, wenn ihnen eine solche Betrachtungsweise von ganz oben vermittelt wird? Die Psychoanalytikerin

Marianne Katterfeld schreibt: »In der Psychoanalyse ist hinreichend nachgewiesen, dass ein Mensch, dem in der Kindheit Schuldgefühle implantiert werden, große Chancen hat, später eine Depression bis hin zum Suizid, aber auch eine autoaggressive Erkrankung zu entwickeln [...] Meines Wissens ist es einmalig in der Geschichte, dass ein ganzes Volk als ›Tätervolk‹ verunglimpft wird unter Einbezug von Kindern und Enkeln einer Generation, die zwölf Jahre lang in einer grausamen absoluten Diktatur lebte [...] Wenn es ein ›Tätervolk‹ gibt, ist jedes deutsche Kind ein ›Täter‹. Wundert es da noch [...]«[7] Der frühere Leiter der Frankfurter Anne-Frank-Schule Bernhard Kothe offenbarte die Schwachstelle der sogenannten Vergangenheitsbewältigung: »Den pädagogischen Akteuren ging es nur noch um die hohe Schule der Betroffenheit. Betroffenheit muss vorzeigbar sein, ist Maßstab für den Lernprozess, ist Unterrichtsziel in den Schulen.«[8] Doch was erwartet die junge Generation wirklich? Mit Eugen Kogon, der jahrelang KZ-Aufenthalt erdulden musste, gibt Kothe die Antwort: »Sie tritt an die Vergangenheit heran, allein mit dem Wunsch zu wissen, erstens, was war, zweitens wie es war, warum es war und wie es denn geschehen konnte und was man tun kann, um es zu vermeiden.«[9] Abschließend sei nochmals das Gedankenkonstrukt in Erinnerung gerufen, das einen auch von Opfern hochgeehrten Hitlergegner der ersten Stunde zum Vordenker von Auschwitz macht und mit ihm ungezählte Juden.[10]

## 2. KPD und wehrhafte Demokratie

Das Grundgesetz bekennt sich ausdrücklich zur Demokratie, zur wehrhaften Demokratie. Sich darauf berufend, belehrt das Doku-Zentrum: »Aus der NS-Geschichte kann und soll gelernt werden, dass Demokratie nur gelingen kann, wenn sie institutionell verankert, zivilgesellschaftlich gestützt und in der Alltagspraxis gelebt wird.«[11] Das sind treffende Worte, denen kein Demokrat widersprechen wird. Doch wie verträgt sich damit die Würdigung der Kommunistischen Partei und ihrer Münchner Mitglieder durch das Doku-Zentrum? Es heißt da: »Der Kampf gegen die NSDAP zwischen 1925 und 1933 zog sich

## 2. KPD und wehrhafte Demokratie

durch viele Bevölkerungsschichten und politische Gruppierungen. Eine besondere Rolle spielten dabei einzelne Persönlichkeiten, welche die tödliche Bedrohung der Freiheit und Rechtsstaatlichkeit durch die Nationalsozialisten klar erkannten. Am konsequentesten trat die Arbeiterbewegung der Gefahr entgegen. [...] Führende Vertreter der bayerischen KPD [...] erhoben immer wieder vehement ihre Stimme gegen die Nationalsozialisten.«[12] »Freiheit und Rechtsstaatlichkeit« einerseits, »KPD« andererseits – welch ein Widerspruch!

Schon oben wurde die Parteizeitung der SPD, die *Münchner Post*, zitiert, wonach die KPD der Steigbügelhalter der NSDAP gewesen sei. Tatsache ist, dass sich die KPD fest an Stalin gebunden hatte, einen Tyrannen, der Hitler an Brutalität in nichts nachstand. Schon vor 1933 hatte Genosse Stalin Hunderttausende in den Tod geschickt. Die Sowjetunion war kein Rechtsstaat und »Freiheit« ebenso eine Lüge wie in dem Willkommensgruß für KZ-Insassen: »Arbeit macht frei!«. Niemand wird es im freien Westen wagen, das Gegenteil zu vertreten. Soll ausgerechnet der Nachfolgebau des Braunen Hauses die große Ausnahme sein? Es ist unverantwortlich, den Kampf der Anhänger Stalins gegen Hitlerdeutschland positiv zu bewerten. Für viele Deutsche, auch Juden, war 1933 Hitler verglichen mit dem »Asiaten« Stalin sogar das geringere Übel. Und es steht zu vermuten, dass kein geringer Prozentsatz aus dieser Erwägung heraus Hitler seine Stimme gegeben hat. Für alle, die als Beamte ihren Eid auf das Grundgesetz leisten, darf nicht der Abstand zu Hitler das entscheidende Kriterium für Verfassungstreue sein, sondern das Ausmaß der Übereinstimmung mit den Prinzipien der freiheitlichen demokratischen Grundordnung. Und so betrachtet verbietet es die Verfassungstreue, die KPD, die Rechtsstaat und Demokratie mit aller Kraft bekämpft hat, als Vorbild hinzustellen, auch wenn man den Idealismus vieler Mitglieder anerkennt und die Opfer, die sie gebracht haben. Dass Hitler Ernst Röhm ermorden ließ, macht aus ihm noch keinen Märtyrer unserer Republik!

### 3. SOPADE: »Klarheit und Wahrheit«

Ein wunderbares Bekenntnis verdanken wir der Exil-SPD. Es lautet und sollte ohne Einschränkung auch für die aktuelle Auseinandersetzung mit der NS-Vergangenheit gelten: »Über alle Nützlichkeitserwägungen hinaus aber ist unsere Arbeit der politischen Berichterstattung mit einer bestimmten Auffassung vom Wesen des Moralischen in der Politik verbunden. Klarheit und Wahrheit sind Werte [...].«[13] Diese Worte in jedes Ohr!

2013 erschien ein neues Gebetbuch für die Katholiken aller deutschsprachigen Diözesen, ausgenommen die der Schweiz, also auch der Diözesen Österreichs und der Diözese Bozen-Brixen. Die Gesamtauflage des »Gotteslob«, so heiß das Gebetsbuch, beträgt viele Millionen und wird jahrzehntelang bei liturgischen Feiern gute Dienst tun. In diesem »Gotteslob« sind auch die vier Kardinaltugenden aufgezählt, nämlich: »Klugheit, Gerechtigkeit, Tapferkeit und Maß.« Der kritische Leser fragt: Blieb die Wahrhaftigkeit auf der Strecke oder wo ist sie verborgen? Wir finden sie in der Definition für Tapferkeit, die da lautet: »Tapferkeit ist die Fähigkeit, in Krisen und gegen Widerstände am Guten und an der Wahrheit festzuhalten.« Hätte die Wahrhaftigkeit nicht eine eigene Erwähnung verdient, und zwar an erster Stelle? So besteht die Gefahr, dass sie durch die Klugheit relativiert wird und Nützlichkeitserwägungen zum Opfer fällt. Wie auch immer: Die Wahrhaftigkeit ist eine Tugend, die auch für jeden Wissenschaftler eine Selbstverständlichkeit sein sollte. Wer als Historiker die richtige Erkenntnis bewusst hintanstellt, sollte seine Produkte als Romane vertreiben.

Diese Tugend hat Eigenschaften. Der wahrhaftige Historiker soll auf Vollständigkeit und Klarheit bedacht sein. Halbe Wahrheit kann ganze Lüge sein. Freilich, die Vollständigkeit hat meist natürliche Grenzen, die dazu zwingen, eine Auswahl zu treffen nach dem Grundsatz: nichts Wesentliches unterdrücken! Was das heißt, ist eine Ermessensfrage. Doch es gibt den eklatanten Missbrauch des Ermessens. Wer über »München und der Nationalsozialismus« schreibt, darf die zahlreichen Zeitzeugen nicht ohne triftigen Grund ausblenden. Ein solcher ist hier nicht ersichtlich.

### 3. SOPADE: »Klarheit und Wahrheit« 143

Wenn der Herausgeber des Katalogs in einem Interview angesichts der Büsche, die gegenüber dem Doku-Zentrum wuchern, äußerte: »Das steht für 70 Jahre Verdrängung. Heute erklären wir und klären auf«[14], dann ist das angesichts der Verdrängung der wichtigsten Dokumente schlicht unverständlich. Auch wird nicht nachdrücklich angesprochen, was die heutige Generation bestenfalls ahnt, was aber in der Einleitung zu »We survived« beispielhaft herausgestellt wird, nämlich: »Da sich das Leben in einer totalitären Diktatur von dem in der Demokratie so sehr unterscheidet, sind einige erklärende Worte geboten. In den Wochenschauen des Nazi-Kults [d. h. in der NS-Propaganda] sahen wir marschierende Massen, die ihren Führer grüßten. Wir lasen von Volksabstimmungen mit einer Zustimmung von 99 Prozent. Was wir in den Wochenschauen natürlich nicht sahen, war anti-nazi Opposition [...]«[15]

Zur Wahrheit gehört auch das Bemühen um Klarheit, um Unmissverständlichkeit. Immer wieder ist von »viele« die Rede. Doch wie viele sind »viele«? Der eine denkt an Dutzende, ein anderer an Hunderte, ein Dritter an Tausende. Der Phantasie nach oben sind keine Grenzen gesetzt. Oder: »Die Mitwirkung an Mordaktionen war angeordnet. Eine Verweigerung erforderte großen Mut, war aber möglich.«[16] Wie viele haben verweigert und welches waren die Konsequenzen? Mit dem Opfer des Lebens war zu rechnen. An Knoblochs Dictum sei erinnert: »Warum gibt man sich für eine solche Arbeit [Erstellung von Deportationslisten] her, fragte ich mich. Doch auch diese Menschen litten Todesangst.«

Weiter im Text des Katalogs: »Jeder Münchner konnte Zwangsarbeit, Erniedrigung und Ausbeutung sehen.«[17] In der Tat: jeder, der sich in München aufhielt, konnte Schlimmes sehen. Doch was konnte er dagegen tun? Wer hat was dagegen getan? Zwei Seiten weiter als Bildunterschrift: »Eine deutsche und eine ausländische Frau bei der Fertigung von Rüstungsgütern [...]« Zwangsarbeit wurde eben nicht nur Ausländern zugemutet. Jedermann, von den Kindern, den Siechen und den Greisen abgesehen, war in den totalen Krieg eingespannt, was der eigenen Befindlichkeit den Schein des Außergewöhnlichen nahm. Das Außergewöhnliche wurde zum Alltäglichen.[18]

Nochmals zurück zur Tapferkeit: Die Verknüpfung der Wahrhaftigkeit mit der Tapferkeit hat einen tiefen Sinn, basiert auf der Erfahrung, dass das Mühen um Wahrhaftigkeit nicht selten teuer erkauft werden muss. In der Zeit des Dritten Reiches kursierte das Gebet: »Lieber Gott, mach mich stumm, dass ich nicht nach Dachau kumm!« Und heute wird man an den Pranger gestellt, nicht in der Absicht, einen Dialog zu beginnen, sondern den, der da glaubt, ehrenrührige Tabus hinterfragen zu dürfen, unmöglich zu machen. Am 1. März 2007 brachte die *Frankfurter Allgemeine Zeitung* unter der Überschrift »Juden unerwünscht« eine ganze Seite mit Zitaten, die der heutigen Beurteilung unserer Vorfahren widersprachen. Die Reaktion war geteilt. Typisch die Behauptung einer Frau Ursula H.: »Mit Leichtigkeit lassen sich ebenso viele, wenn nicht noch mehr Gegenstimmen anführen von jüdischen und anderen Opfern [...]«[19] Schlimm wäre es, wenn es so wäre – »halbe Wahrheit!«. Aber es wäre ein Faktum, das der Wahrhaftige nicht beiseiteschieben dürfte. Die Anschrift der U. H. war unschwer zu ermitteln. Doch die höfliche Anfrage, wo die Gegenstimmen nachzulesen seien, blieb ohne Antwort. Ein Ehepaar steigerte sich gar zu dem Vorwurf, die Frankfurter Allgemeine Zeitung habe sich »zur Speerspitze des deutschen Revisionismus gemacht«[20] – weil sie es zuließ, dass Juden zitiert werden. Wenn das Ringen um Wahrheit eine Revision bewirkt, wird kein Wahrhaftiger zögern, die Revision zu begrüßen. Doch vor dem Geschoss »Revisionismus« geht der brave Bürger gerne in Deckung, d. h. er schweigt. Denn wen es trifft, der erleidet den sozialen Tod.

a.i.d.a., die »Antifaschistische-, Informations-, Dokumentations- und Archivstelle« München, wies über das Internet auf einen Vortrag hin zum Thema: »Die ›Sünden‹ der Väter. Wie unsere Vorfahren von Presse, Funk u. a. verleumdet werden«, verbunden mit der Aufforderung, derlei nicht schweigend hinzunehmen. (Der genaue Text der Aufforderung ist nicht mehr zu ermitteln, da er bereits am nächsten Tag wieder gelöscht war.) Droht eine Störung? fragten sich der Veranstalter und der Referent. Damit war zu rechnen. Aber nichts geschah. Auch die Diskussion verlief völlig unspektakulär. Doch angeblich waren drei a.i.d.a.-Aktivisten im Vortragssaal zugegen. Schade, dass sie sich nicht zu Worte gemeldet haben. Gab es nichts auszusetzen? Aus einem Brief an a.i.d.a.: »Gerne würde ich Sie näher kennenlernen. Ich kann mir vorstellen, dass dieser Wunsch auf Gegenseitigkeit beruht.

Daher biete ich Ihnen ein Gespräch an, das Ihnen und mir neue Erkenntnisse vermitteln könnte. Was halten Sie davon?« Offenbar nichts. Der Brief blieb ohne Antwort. Trotzdem sei als Positivum festgehalten: Die Leute haben nicht gestört. Sie haben den Ausführungen Gehör geschenkt, waren offenbar, wenn auch nur beschränkt, ansprechbar.

## 4. »Ancestors-Bashing« oder Versöhnung?

Als die meisten Juden ihre deutsche Heimat nicht so rasch verlassen konnten/wollten, wie es die NS-Führung gerne gehabt hätte, inszenierte sie 1938 den November-Pogrom, damit auch dem letzten Juden klar werde, dass man ihn hier nicht dulden würde. Nun begann der große Exodus, vornehmlich in die USA. Das brachte Beobachter dieser Entwicklung auf die Idee, einen Wettbewerb auszuschreiben, um die Erlebnisse der Vertriebenen abzuschöpfen. Am 7. August 1939 berichtete die *New York Times* unter der Überschrift »Price for Nazi Stories«, Wissenschaftler der Universität Harvard seien auf der Suche nach Augenzeugenberichten über das Leben vor und nach 1933 in Deutschland und hätten zu diesem Zweck einen Wettbewerb ausgeschrieben. Zur Teilnahme berechtigt sei jeder, der auf Grund eigener Erfahrungen berichten könne, wie sich der Alltag seit dem Machtantritt Hitlers verändert habe. Geschildert werden sollten nur »wirkliche Vorkommnisse«. Auch wer keinen Preis bekomme, dürfe sicher sein, dass seine Arbeit für den Forschungszweck »neues Deutschland« sehr wertvoll sein könne. Mehr als 250 Manuskripte wurden eingereicht, vorwiegend von emigrierten Juden aus Deutschland, Österreich eingeschlossen.

Der 21-jährige Moritz Berger aus München träumte in seinem Essay davon, als Bomberpilot seine Vaterstadt dem Erdboden gleichzumachen.[21] Doch derlei Wünsche bildeten die ganz große Ausnahme. Eine Zusammenschau ergab die weithin einhellige Sicht, »dass die Ausschreitungen [Novemberpogrom] von der großen Mehrheit des deutschen Volkes scharf verurteilt« wurden.[22] Ein solches Resultat widersprach den Erwartungen so sehr, dass eine wissenschaftliche Auswertung und Veröffentlichung nicht länger betrieben wurde, stand doch eine kriegerische Auseinandersetzung mit Hitler-Deutschland unmittelbar bevor. Da waren von den »Morgenthaus« andere Töne gefragt. Und diese anderen Töne nahmen Gestalt an in Schimpfwörtern wie »Krauts« und »Kraut-Bashing«. »Krauts« zu bombardieren fällt leichter, als bewusst Hitlers Opposition zu töten. Die durfte es eigentlich gar nicht geben. Die deutschen Juden in den USA waren gut beraten, ihre Herkunft aus Deutschland tunlichst zu verschweigen, denn trotz der Vertreibung konnte dieser Makel »aus Deutschland« ihnen zum Schaden gereichen.

Doch rasch erhoben auch Juden ihre Stimme, um gegen Agitatoren Stellung zu beziehen, die tunlichst alle Deutschen aburteilen wollten. Unter den Münchner Juden war einer der ersten Jacob Littner, von dem das bezeugt ist. Mit Datum 9. November 1945 schreibt er in seinen Erinnerungen kurz nach seiner Rückkehr: »Es sind zwei Beweggründe, die mich veranlassten, vorliegenden Bericht niederzuschreiben: Ich wollte erstens feststellen, dass Gut und Böse überall eng auf dieser Welt zusammenwohnen. [...] Zum andern hielt ich es für meine heilige Pflicht, all den Unzähligen und Namenlosen, sowie all denen, die ihre edle Gesinnung bewiesen haben, einen Gedenkstein zu setzen [...]. Nicht Hass zu säen, oder billige Sensationen zu kolportieren soll die Aufgabe dieses Berichtes sein. [...] Möchten sich die Herzen doch alle, gleich, welcher Rasse und Religion, versöhnen!«[23] In diesen Tenor stimmte die Münchner Jüdin Gerty Spies ein: »Dieses tägliche Gespräch mit meinem Gott zog meinen Blick vom Elend fort in eine andere Wirklichkeit und beschenkte mich mit der höchsten Gnade, die einem Menschen zuteil werden kann: mit der Freiheit, verzeihen zu können. Verzeihen, aber nicht vergessen. Das Herz rein halten von Hass- und Rachegefühlen.«[24]

Gegen Kollektivschuld und für Versöhnung plädierten auch andernorts namhafte Juden mit allem Nachdruck, so die Berlinerin Ilse Stanley: »Ich lehne jegliche Kollektivschuld so intensiv ab, dass ich bis zum letzten Atemzug diejenigen bekämpfen werde, die glauben, das Recht zu haben, ein ganzes Volk zu richten.«[25] Stanley wirkte vor allem in den USA, wo sie immer wieder Anlass hatte, den verhassten Deutschen beizustehen.[26] Über ähnliche Amerika-Erfahrungen berichtete ferner der Auschwitz-Überlebende Wiener Psychologe Viktor Frankl

## 4. »Ancestors-Bashing« oder Versöhnung? 147

und äußert scharf: »Es gibt keine Kollektivschuld. Und glauben Sie mir, ich sage das nicht erst heute, sondern ich habe das vom ersten Tag an gesagt, an dem ich aus meinem letzten Konzentrationslager befreit wurde.«[27] Noch drastischer formulierte in Leipzig Ludwig Marcuse, dessen Schwester Edith ihrer Rasse wegen den Tod gefunden hatte: Schon am 11. Mai 1945 verlieh er seiner resoluten Ablehnung des Kollektivschuldgedankens Ausdruck: »Ein Leipziger Portier steht auf der Straße zwischen Trümmern und schreit: ›Wir sind belogen und betrogen worden.‹ Ein Leipziger Professor entschuldigt sich: ›Wir haben nichts damit zu tun.‹ Mit ›damit‹ meint er die vergangenen zwölf Jahre. Hatten sie alle nicht ›damit‹ zu tun? Ich bin aber leidenschaftlich gegen den Begriff, der im ›Hexenhammer‹ stehen könnte: Kollektivschuld. Sie ist das Produkt eines Kollektivwahns. Die ist der Ausdruck einer Hitlermethode, die Praxis der baren Unmenschlichkeit: vom Einzelnen abzusehen und nur in Gruppen zu denken […] Kein Verzeichnis der Gräuel sollte uns dahin bringen, so unzugänglich für das Individuum zu sein, wie es die verstorbene deutsche Gewalt war.«[28]

Ludwig steigert sich noch: »Wenig erschütterte mich, was vielen Emigranten so viel Kummer machte: wem kann ich die Hand geben? Will man ganz sichergehen, so bleibt man zu Hause und gibt sie niemand. Wer von der Kollektivschuld beunruhigt ist, hat mehr Hitler in sich, als er ahnte. Ich habe über dem bequemen Wort ›Deutsches Volk‹ nie vergessen, dass es achtzig Millionen gab; ich will nicht, dass man mich zugunsten irgendeines Abstraktums übersieht – und tue es anderen nicht an.«[29] Hans Habe darf hier ebenfalls nicht unerwähnt bleiben.[30]

Da haben wir einerseits Menschen, die gleichsam durch die Hölle gegangen sind, jahrelang. Und sie, diese Zeugen und Opfer, bekämpften Pauschalurteile und warben für Versöhnung. Derlei hat nach 1945 auf breiter Ebene stattgefunden. Der Münchner Jude und Anwalt François Herzfelder, selbst ein NS-Opfer, erinnert sich: »Ich stellte fest, dass im Allgemeinen, wer mehr gelitten hatte, bescheidener und zurückhaltender war.«[31] Dies die Erkenntnis eines Mannes, der jahrzehntelang in Wiedergutmachungsangelegenheiten gearbeitet hatte.

Ein Münchner Vorbild aus dem Kreis der mutigen Nichtjuden war der Pfarrer von München-Solln, Josef Hahner. In seinem Pfarrhaus versteckte er, in Absprache mit Kardinal Faulhaber, die Jüdin Gertrud Schaeffler bis zur Ankunft der amerikanischen Streitkräfte. Die Ortschronik fährt fort: »Stadtpfarrer Josef Hahner, dem während des Dritten Reiches viele Drohbriefe von Nazis zugestellt worden waren, hat sich in einer großartigen Weise von diesem Schmutz befreit. Kurz nach dem Krieg hat er all jene, die ihm Drohungen und Anfeindungen gesandt hatten, zu sich ins Pfarrhaus gebeten. Er las den Herren ihre Briefe vor, steckte sie in den Ofen, verbrannte sie und sagte: ›Meine Herren, Sie wissen, ich kann ihnen jetzt nichts mehr anhaben. Was Sie gemacht haben, das müssen Sie mit ihrem eigenen Gewissen ausmachen.‹«[32] Nicht Rache war sein Anliegen, sondern Versöhnung.

Da ist andererseits das »Weiße Haus«, gestaltet von Nicht-Opfern, das ohne sichtbare Hemmungen die große Mehrheit der Deutschen von damals als »Mitläufer und Mittäter« abstempelt und von Versöhnung nichts weiß, sondern der jungen Demokratie vorhält, sie habe sich um die Auseinandersetzung mit der NS-Vergangenheit gedrückt. Schon die Präambel der Bayerischen Verfassung des Jahres 1946, in München erarbeitet, weist in die Gegenrichtung und bestätigt die Auseinandersetzung. Sie beginnt mit den ernsten Worten: »Angesichts des Trümmerfeldes, zu dem eine Staats- und Gesellschaftsordnung ohne Gott, ohne Gewissen und ohne Achtung vor der Würde des Menschen die Überlebenden des zweiten Weltkrieges geführt hat, in dem festen Entschluss, den kommenden deutschen Geschlechtern die Segnungen des Friedens, der Menschlichkeit und des Rechts dauernd zu sichern, gibt sich das Bayerische Volk [...] nachstehende demokratische Verfassung.« Die drei ersten Präsidenten des Bayerischen Landtages waren ehemalige KZ-Insassen,[33] die ersten Ministerpräsidenten NS-Verfolgte und nicht minder die ersten Oberbürgermeister von München. Sie alle haben nicht aus Feigheit darauf verzichtet, die Suche nach vielleicht Schuldigen in den Mittelpunkt der zu bewältigenden Aufgaben zu rücken. Für diese Haltung hat vor allem der Verständnis, der sich seiner Gnade der späten Geburt bewusst ist, der sich fragt, ob nicht auch er selbst schwere Schuld auf sich geladen hätte, wäre er einig Jahre früher als Kind fanatischer NS-Eltern zur Welt gekommen.

## 5. »Opa war in Ordnung!«

Eine Beilage der Wochenzeitung *Das Parlament* brachte im April 2015 ganzseitig den Hinweis auf eine Fachtagung: »›Opa war in Ordnung!‹ Erinnerungspolitik der extremen Rechten«.[34] Als Blickfang diente ein von jungen Leuten gehaltenes Transparent mit der schon zitierten Überschrift und darunter auf dem Transparent: »Unsere Großväter waren keine Verbrecher«.

Im Begleittext der Beilage hieß es: »Im Mittelpunkt der Fachtagung steht […] die Auseinandersetzung mit der Erinnerungspolitik der extremen Rechten und die Frage, wie eine Auseinandersetzung mit ihr in Kommunen, Gedenkstätten, Schulen und anderen Orten politischen Denkens sinnvoll gestaltet werden kann. Anmeldungen und weitere Informationen online unter […]« Unterzeichner an erster Stelle Bundeszentrale für politische Bildung.

Am Vormittag des 13. April erreichte mich, K. L., die Beilage mit der Post. Postwendend, das heißt: noch am selben Vormittag, meldete ich meinen Teilnahmewunsch, da sich das Thema mit meinem Forschungsbereich deckt. Als gegen Monatsende immer noch keine Antwort eingegangen war, erkundigte sich ein befreundeter Verleger und erhielt die Auskunft, dass die Tagung immer noch nicht ausgebucht sei. Mehr könne nicht gesagt werden. Meine Teilnahme war also offenbar unerwünscht. Aufdrängen wollte ich mich nicht mit allen Mitteln. Warum unerwünscht? Die mutmaßliche Antwort als richtig unterstellt ist aufschlussreich. Sie zeigt, wie die angeblich »erwünschte Auseinandersetzung mit der Erinnerungspolitik der extremen Rechten« das Gegenteil des Erhofften bewirkt. Die Verantwortlichen gehen dem Dialog aus dem Wege, wenn Sachkenntnisse seitens des Partners zu befürchten sind.

## 6. Argumentieren, nicht makulieren!

Auf Einladung der Gesellschaft für Deutschlandforschung durfte ich, K. L., im Roten Rathaus zu Berlin Anfang März 2004 über »Deutsche Identität in Verfassung und Geschichte« sprechen. Die Lektüre der Tagebücher des Victor Klemperer, die kurz vorher erschienen waren, hatten mich veranlasst, zu erkunden, ob andere verfolgte Juden seine Sicht teilen, die da lautet: »Fraglos empfindet das Volk die Judenverfolgung als Sünde.« Ich fand nicht nur eine Anzahl einschlägiger Bekundungen. Das Beglückende war, dass sie Klemperer in der Sache mehr oder weniger deutlich beipflichteten. Nun hatte ich Gelegenheit, diese Stimmen einem größeren Publikum bekannt zu machen. Die Zitation endete mit dem Satz: »Wir dürfen nicht zögern, die Verbrechen des NS-Regimes als wichtigen Teil der deutschen Geschichte, der deutschen Identität zu bekennen. Aber wir sollten jenen entgegentreten, die allgemein von deutscher Schuld sprechen, wenn damit gemeint ist, dass die große Mehrheit der damals lebenden Deutschen mitschuldig gewesen sei an einem der größten Verbrechen in der Menschheitsgeschichte. Ein solcher Vorwurf ist ungeheuerlich, wenn er nicht bewiesen wird. Dieser Nachweis wurde bis heute nicht erbracht.«[35]

Umgehend bot ich meinen Text, den ich nicht nur für richtig, sondern auch für wichtig hielt (und halte), dem von der Bundeszentrale für politische Bildung (bpb) herausgegebenen Deutschland Archiv zum Abdruck an, die auch gleich akzeptierte. Doch kaum war mein Text erschienen, kam es zu einer einmaligen Aktion dieser Bundeseinrichtung. Unter dem 2. April 2004 versandte sie ein bemerkenswertes Schreiben:

»Sehr geehrte Abonnentinnen und Abonnenten des ›Deutschland Archivs‹, die Bundeszentrale für politische Bildung/bpb und der W. Bertelsmann Verlag distanzieren sich aufs Schärfste von dem im soeben erschienenen Heft 2/2004 des ›Deutschland Archivs‹ veröffentlichten Text ›Deutsche Identität in Verfassung und Geschichte‹ von Konrad Löw.

Der Verfasser vertritt Ansichten zum Antisemitismus im 20. Jahrhundert, die weder mit dem Selbstverständnis der Bundeszentrale für politische Bildung noch mit dem des W. Bertelsmann Verlages vereinbar sind. Die Bundeszentrale setzt sich seit Jahrzehnten intensiv mit dem Nationalsozialismus und dem Antisemitismus, einer seiner Grundlagen, auseinander und sieht durch eine derartige Veröffentlichung ihre Arbeit desavouiert.

Wir bedauern diesen Vorgang außerordentlich. Weder die Bundeszentrale für politische Bildung, in deren Auftrag der W. Bertelsmann Verlag die Zeitschrift herausgibt, noch der Beirat der Zeitschrift hatten von der geplanten Veröffentlichung Kenntnis [...]

Der Rest der Auflage von Heft 2/2004 wird makuliert.

Dieser in der langen Geschichte beider Häuser und des ›Deutschland Archivs‹ einmalige Vorgang wird sich nicht wiederholen. Wir bitten alle Leserinnen und Leser der Zeitschrift sowie diejenigen, welche sich durch den Beitrag von Konrad Löw verunglimpft fühlen, um Entschuldigung.«

Ich fiel gleichsam aus allen Wolken. Aber nicht nur ich, sondern auch zahlreiche Leser, die sich dann an die bpb wandten und wissen wollten, was genau der Stein des Anstoßes sei. Doch sie alle blieben ohne Antwort in der Sache. Also protestierte ich dagegen, dass man offenbar glaubt, man müsse sich für mich entschuldigen, obwohl ich nichts Anstößiges gesagt hatte. Da die Leitung der bpb uneinsichtig blieb, musste ich den Rechtsweg beschreiten, an dessen Ende das Bundesverfassungsgericht den Leiter der bpb verurteilte, sich bei mir zu entschuldigen. Und so geschah es.

Doch warum war es zu diesem Eklat gekommen? Mir ging ein Licht auf, als ich auf eine Publikation stieß, die von der bpb massenweise vertrieben wurde. Titel: »Hingeschaut und weggesehen. Hitler und sein Volk«. Vom Autor heißt es: »Professor für die Geschichte des Holocaust am Center for Holocaust Studies, USA«. Sein Name: Robert Gellately.

Gellately hat offenbar zumindest die bpb überzeugt. So heißt es im Klappentext: Er »beweist stichhaltig, dass die Deutschen nicht nur von den Verbrechen der nationalsozialistischen Machthaber wussten, sondern [...] weit aktiver, als bisher bekannt war, mithalfen – durch Zustimmung, Denunziation oder Mitarbeit [...]« Unterschrift »bpb«.

Das ist in der Tat nahezu das Gegenteil von dem, was ich aus den Bekundungen meiner jüdischen Zeitzeugen glaubte und glaube folgern

zu müssen. Dabei bekennt sich Gellately zur gleichen Vorgehensweise. Im Vorwort schreibt er: »Ich habe versucht, die Opfer der Unterdrückung zu Wort kommen zu lassen, besonders durch die Auswertung von Tagebüchern und sonstigen Zeugnissen [...]«[36] Als Hauptzeugen benennt Gellately ausgerechnet Victor Klemperer, also den Mann, der auch mein Hauptzeuge ist. Doch wer sich die Mühe macht, das dicke Buch genau durchzusehen, gelangt zu erschütternden Einsichten.
1. Gellately blendet alles aus, was ihm nicht gelegen kommt.
2. Wenn die bpb von stichhaltigen Beweisen sprich, so ist das schlicht unrichtig.

Da dieser Sachverhalt nicht hingenommen werden darf, habe ich alle zuständigen Stellen darauf aufmerksam gemacht, so den zuständigen Bundesminister des Innern, den Petitionsausschuss des Deutschen Bundestages, das für die bpb zuständige Kuratorium des Deutschen Bundestages. Sie alle haben freundlich, aber nichtssagend geantwortet. Keine Stelle hat auch nur einen Satz zitiert, der als Beweis für »stichhaltig« gewertet werden könnte.

Ein glücklicher Umstand kam mir zu Hilfe. Der Präsident des Deutschen Bundestages hatte an alle Deutschen appelliert, sich für öffentliche Belange einzusetzen. Daran anknüpfend schilderte ich auf drei Seiten das oben Skizzierte endend mit den Sätzen: »Wer einen solchen Vorwurf erhebt, muss ihn beweisen. Dazu habe ich immer wieder aufgefordert. Bis heute wurde nicht einmal der Versuch eines Nachweises vorgelegt. Ich habe den Gegenbeweis angetreten, auf den man aus nachvollziehbaren Gründen mit keinem Wort eingegangen ist. Für mich stellt sich die Frage, ob das Verhalten der Verantwortlichen nicht geradezu kriminell ist. Habe ich mit diesen Fingerzeigen schon meine Pflicht getan? Soll ich schweigen? Darf ich schweigen? Ist das Grundgesetz wirklich die Grundlage unserer gelebten Verfassung? Ihr Artikel 1 ist zumindest eine ständige Herausforderung, die mich nicht ruhen lässt.« Das Unerwartete trat ein. Auf seine Veranlassung hin wurde der Vertrieb des Buches eingestellt. Damit ist auch die Frage beantwortet, warum ich keinesfalls an der erwähnten Tagung teilnehmen sollte. Man hat Angst vor unbequemen Fragen, man hat Angst vor der historischen Wirklichkeit. Kann man so die »Auseinandersetzung mit der Erinnerungspolitik der extremen Rechten« erfolgreich führen?

## 7. Ein fundiertes Gedenken

Als 1996 Daniel Goldhagens Buch »Hitlers willige Vollstrecker«[37] erschien, öffneten zur Präsentation in den großen Städten respektable Räumlichkeiten ihre Pforten, so in Frankfurt das Schauspielhaus, in Berlin das Renaissance Theater, in München das Literaturhaus, in Wien der Wappensaal, in Hamburg die Katholische Akademie. Das Buch fand eine geradezu sensationelle Aufnahme. Die *Süddeutsche Zeitung* nannte den Autor gar »König der Herzen«.[38] Die *Blätter für deutsche und internationale Politik* verliehen ihm den Demokratiepreis. Jürgen Habermas und Jan Philipp Reemtsma hielten Laudationes.

Dabei gilt unter Fachleuten, was Hans-Ulrich Wehler in der Einleitung seines Werkes »Der Nationalsozialismus« geschrieben hat: »Und dem historisch ahnungslosen Phantasiegespinst des von Daniel Goldhagen im Nationalsozialismus verorteten ›eliminatorischen Antisemitismus‹, der angeblich seit Jahrhunderten in den tief verankerten Traditionen der deutschen politischen Kultur gespeichert gewesen sei und nur darauf gewartet habe, dass ihm der Nationalsozialismus die Schleusentore öffnete, ist ohnehin kein einziger sachkundiger Historiker, gleich in welchem Land, gefolgt.«[39] Trotzdem diese irrationale Begeisterung!

Das Doku-Zentrum kann nicht mit dem erwähnten Skandal-Buch auf eine Stufe gestellt werden. Aber es gibt doch anstößige Gemeinsamkeiten, so die Bejahung der NS-Volksgemeinschaft als Realität damals, die Einteilung der Bevölkerung in wenige Gegner neben den vielen Mitläufern und Mittätern des NS-Regimes, die Verheimlichung von weit über fünfzig entlastenden Zeitzeugen.

Was ist geboten? Vorab eine klare Bestimmung der zentralen Begriffe: »Gegner« waren alle, die Hitlers Antisemitismus, insbesondere Boykott, Pogrom, Judenstern, ablehnten, »Mitläufer« alle, die Hitler insofern Beifall zollten, nicht aber jene, die widerwillig Befehle ausführten, es sei denn dass sie sich gefahrlos ihnen hätten entziehen können. Auch für die Deutschen von damals gilt die große Errungenschaft der abendländischen Rechtskultur: die Unschuldsvermutung.

Nicht angezeigt ist eine pauschale Hagiographie des Münchners, sondern eine möglichst geschichtsgetreue Abbildung der Münchner

Wirklichkeit von damals unter Berücksichtigung aller Beweismittel, von pro und contra.

»München sollte als Täterstadt im Vordergrund stehen«[40], war als Leitschnur von vornherein ein Missgriff. Die Schüler, und nicht nur sie, sollen lernen, dass ihr »Opa« kein Verbrecher war, von ganz seltenen Ausnahmen abgesehen. Wie? Durch die Lektüre von möglichst vielen Zeitzeugnissen! Die Schüler sollen wissen: Die Opfer von damals sind nicht primär Objekte, deren Namen man ins Gedächtnis ruft, die man tunlichst auf Fotos festgehalten betrachtet, deren man trauernd gedenkt, sondern, soweit sie sich zu Worte gemeldet haben, als Subjekte zu respektieren. Ihre überlieferten Erinnerungen sind ein wertvolles Vermächtnis, das es nicht nur zu wahren, sondern zu publizieren gilt, auch wenn dadurch das zeitgeistkonforme Bild »Hauptstadt der Bewegung« zugunsten der »Mitläufer« korrigiert wird. Eine langjährige Unterrichtserfahrung als Schulleiter der Anne-Frank-Schule in Frankfurt am Main lautet: »Wehe, wenn junge Menschen erfahren, erkennen und belegen können, dass sie in der Schule, in Ausstellungen, in der Presse nur die halbe Wahrheit gehört haben und dass man Dinge auch anders sehen kann.«[41] Dann braucht man sich nicht zu wundern, dass sich eine fundamentale Skepsis einschleicht, die dorthin führt, wovor die Etablierten warnen.

Anfang der dreißiger Jahre lautete ein NS-Slogan: »Der Nationalsozialismus ist ein Münchner Kindl!« Die *Münchner Post* konterte: »Auf diesen Fehltritt der Bavaria brauchen sich die Münchner nichts einzubilden; fast drei Viertel der Münchner sind denn auch tatsächlich über diesen Familienzuwachs nichts weniger als erfreut und lehnen die Vaterschaft dankend ab.«[42] Ist es nicht mehr als seltsam, dass es heute einflussreiche Leute gibt, die ohne Skrupel den NS-Slogan kommenden Generationen glaubhaft machen wollen?

# ANHANG

I. Aus dem Briefwechsel mit Münchens
   Oberbürgermeister Dieter Reiter

II. Anmerkungen

III. Literaturverzeichnis

IV. Personenregister

## I. AUS DEM BRIEFWECHSEL MIT MÜNCHENS OBERBÜRGERMEISTER DIETER REITER

Am 1. August 2015 sandte ich, K. L., dem Stadtoberhaupt einen Offenen Brief, der einige der Mängel, die oben ausführlich geschildert worden sind, vorab skizziert. Dem fügte ich hinzu:

»Im Laufe der Jahre werden Zehntausende Schulkinder das Zentrum besichtigen und sich auch dort ein Bild machen, wie sich ihre/unsere Vorfahren in den dunkelsten Jahren deutscher Geschichte benommen haben. Angesichts dieser Gegebenheiten ist jeder – je einflussreicher umso mehr – berufen, im Rahmen seiner Möglichkeiten darauf hinzuwirken, dass dieses Bild tunlichst der Wirklichkeit entspricht. Dem Rechnung zu tragen, ist meine große Bitte an Sie.«

Er antwortete mit Schreiben vom 8. September, in dem es abschließend heißt: »Im Übrigen kommt das Dokumentationszentrum Ihrem Wunsch, ›auch die Zeugen sprechen zu lassen‹, in hohem Maße nach.«

Damit konnte ich mich nicht zufrieden geben, da ich diese Behauptung nicht bestätigt fand, und bohrte weiter:

»Inzwischen habe ich mir die Zeit genommen, nach diesen Zeugen im Zentrum selbst wie im Katalog Ausschau zu halten. Zum Thema ›die Münchner und der Nationalsozialismus‹ konnte ich aber nur ein Zeugnis entdecken, nämlich Else Behrend-Rosenfelds Bekundung. Ich zitiere die Zeugin aus dem Katalog:

*Wie ein Schlag ins Gesicht traf uns – und es wird allen Juden im Reich ebenso gehen – die neue Verfügung, dass jeder Jude öffentlich auf der linken Brust als Merkmal seiner Rassenzugehörigkeit einen aus gelber Kunstseide bestehenden Davidstern tragen muss. […] Die meisten Leute tun, als sähen sie den Stern nicht, ganz vereinzelt gibt jemand in der Straßenbahn seiner Genugtuung darüber Ausdruck, da man nun das Judenpack erkennt. Aber wir erlebten und erleben auch viele Äußerun-*

gen des Abscheus über diese Maßnahme und viele Sympathiebekundungen für uns Betroffene.

Dann wird die Zeugin anschaulich konkret: *Am schlimmsten ist es für die Schulkinder, die vom sechsten Jahr ab den Stern tragen müssen. Zwei etwa siebenjährige Buben wurden von gleichaltrigen »Ariern« jämmerlich verprügelt.*

Damit endet das Zitat im Katalog, also mit der Schilderung eines hässlichen Übergriffs. Doch was in der Vorlage folgt, nämlich fünf (!) erfreuliche Exempel, gibt der Schilderung, gerade mit Blick auf die erwachsenen Münchner, eine ganz andere Note:

*[…] verprügelt. Bei einem legte sich allerdings ein des Weges kommender älterer Herr ins Mittel, der die Buben mit Schimpfworten auseinanderjagte und das weinende kleine Opfer bis an seine Haustür begleitete. Einer älteren Frau aus unserm Heim schenkte ein Soldat die Marken für eine wöchentliche Brotration, einer anderen, die zur Arbeit in der Tram fuhr und keinen Platz fand, bot ein Herr mit tiefer Verbeugung ostentativ seinen Sitzplatz an. Mir erklärten unser Metzger und unser Butterlieferant, dass sie uns nun erst recht gut beliefern würden; sie schimpften kräftig auf diese neue Demütigung, die uns angetan wird […] Mir scheint, dass jedenfalls in München die jetzigen Machthaber mit dieser Verfügung nicht erreichen werden, was sie bezwecken […]*

Vier Wochen später: *Die Bevölkerung tut, als sähe sie die Sterne nicht. Viele Freundlichkeiten in der Öffentlichkeit und noch viel mehr im Geheimen werden uns erwiesen, Äußerungen der Verachtung und des Hasses uns gegenüber sind selten. Und ich glaube, gerade diese Reaktion hat eine neue, sehr unangenehme Verfügung verursacht: Kein Jude darf mehr seinen Wohnsitz (z. B. zu einem kurzen Ausflug am Sonntag!) verlassen, die Benutzung öffentlicher Verkehrsmittel ist verboten.*

»Es liegt in der Natur von Zitaten, dass sie nur einen Ausschnitt bieten. Aber ist es korrekt, wenn das Bild stimmig sein soll, obige Ergänzung dem Leser vorzuenthalten? Doch München soll ja als ›Täterstadt‹ in die Geschichte eingehen.

Ich darf auf meine Eingangsfrage zurückkommen: Welches sind die Zeugen, die es nach Ihren Worten in großer Zahl gibt? Bitte beauftragen Sie einen Mitarbeiter, dass er mir die Namen nennt, damit ich mich mit ihnen so befasse wie mit Behrend-Rosenfeld!«

Darauf keine Antwort mehr. Dabei müsste es doch ein Leichtes sein, einige der angeblich vorhandenen zahlreichen Zeugen zu benennen. So bleibt nur die traurige Schlussfolgerung, dass es sie gar nicht gibt, weder im Zentrum noch im Katalog.

Wer sich in die Lage eines wissbegierigen Schülers versetzt, kann sich gut vorstellen, wie deprimierend derlei Erfahrungen sein müssen.

## II. ANMERKUNGEN

a.a.O. verweist auf das Literaturverzeichnis. In ihm sind jene Bücher erfasst, die öfter zitiert werden oder für das Thema von größerer Bedeutung sind.

### Zum Geleit

1  Nerdinger a.a.O. S. 8.
2  Der einzelne Bürger ist also nicht der von dieser Norm unmittelbar in Pflicht Genommene, handelt es sich doch primär um eine rechtliche Regelung, deren Adressat genannt wird, die »staatliche Gewalt«. Dennoch möge sich jeder Einzelne angesprochen fühlen, auch wenn ein konformes Verhalten nicht im Rechtsweg erzwungen werden kann.

### Einführung

1  Bajohr u.a. a.a.O. S. 49.
2  Jürgen W. Schmidt »Hitlers Biograph« Junge Freiheit 6/16 S. 3.
3  Nerdinger a.a.O. S. 9.
4  Wieninger a.a.O. S. 145.
5  Wieninger a.a.O. S. 167.
6  2015 ist in Berlin ein Buch erschienen (Eva Sternheim-Peters »Habe ich denn allein gejubelt?«), in dem es einleitend heißt: »Was brachte Anfang 1945 eine junge Frau von gerade 20 Jahren […] dazu, beim Einmarsch der ersten amerikanischen Soldaten in ihrer Vaterstadt provozierend und trotzig den Arm zum ›deutschen Gruß‹ zu erheben?« Solch total Verblendete hat es offenbar auch gegeben. Aber sie spielen weder in den Berichten der US-ame-

rikanischen noch der britischen Kriegsberichterstatter eine Rolle, auch nicht bei Hans Habe und Melvin Lasky, die noch zu Worte kommen.
7  Nerdinger a.a.O. S. 9.
8  Geb. 23. 06. 1928 in Hamburg. Erster Bürgermeister dieser Stadt, vorab Bundesminister. Sohn von Hans von D., der am 8. April 1945 ermordet wurde.
9  Löw »Deutsche Schuld« a.a.O. S. 15.
10  E. Müller-Jentsch »Guter Start ...« *Süddeutsche Zeitung* 5. 6. 15 R. 3.
11  Theo Waigel in *Focus* 19/2015 S. 100.

## I. Das Doku-Zentrum informiert – Ein kritischer Überblick

1  Nerdinger a.a.O. S. 19.
2  Nerdinger a.a.O. S. 19.
3  Fraenkel a.a.O. S. 222 f.
4  Nerdinger a.a.O. S. 21.
5  Nerdinger a.a.O. S. 24.
6  Peter Hartmann »Die bayerischen Innenminister« in: Matthias Stickler (Hg.) »Portraits zur Geschichte des deutschen Widerstandes« Rahden 2005 S. 44.
7  Nerdinger a.a.O. S. 34 ff.
8  Konrad Löw »Marx und Marxismus. Eine deutsche Schizophrenie« München 2001, Stichworte »Lassalle« und »Liebknecht«.
9  Anheier/Neidhardt a.a.O. S. 1226 f.
10  Nerdinger a.a.O. S. 36.
11  »In München wurde die NSDAP gewählt am
    4. Mai 1924 von 28,5 v. H. (Völkischer Block)
    7. Dezember 1924 von 9,1 v. H.
    20. Mai 1928 von 10,9 v. H.
    14. September 1930 von 21,8 v. H.
    31. Juli 1932 von 28,9 v. H.
    6. November 1932 von 24,9 v. H.
    5. März 1933 von 37,8 v. H.«
    (Meinrad Hagmann »Der Weg ins Verhängnis. Reichstagswahlergebnisse 1919 bis 1933« München 1946 S. 20.)

12 Otto Gritschneder in: »Angeklagter Ludwig Thoma« (München 1992 S. 132): »Bald finden sich auch Töne, die dann Hitler und seine Helfershelfer begierig aufgegriffen haben: […] ›Nun ist es freilich lächerlich zu glauben, dass unsere tief gewurzelte, in der Rasse begründete, durch ein Jahrtausend hindurch festgehaltene Eigenart ausgerottet werden könnte durch die blöden Versuche der sozialdemokratischen Spießbürger.‹«
13 Nerdinger a.a.O. S. 103 f.
14 Auch für Sophie Scholl, siehe S. 25 ff.
15 Nerdinger a.a.O. S. 96.
16 Inge Scholl nach dem Reichstagsbrand: »Die Kommunisten wollten ja diese Woche einen Bürgerkrieg machen, es ist ihnen aber nicht gelungen. Gott sei dank, das wäre furchtbar […] Hindenburg und Hitler müssen sich dagegen stemmen.« Ende April: »Jedes deutsche Mädchen, das Nazi sein will, ist Hitler schuld, dass es sich äußerlich und innerlich rein hält. Das sind wir alle Hitler schuldig.« (Nach Barbara Beuys »Sophie Scholl. Biographie« Berlin 2011 S. 69 bzw. 79.)
17 Stéfane Courtois u.a. (Hg.) »Schwarzbuch des Kommunismus. Unterdrückung, Verbrechen und Terror« München 1998.
18 Nerdinger a.a.O. S. 124.
19 Aus dem Tagebuch von Peter Löw, Eintrag vom 25. Februar 1930: »Ich war bei Pater Rup. Mayer, konnte ihn leider nicht antreffen. Ich brauche Stellungen für meine Brüder Franz, Josef, Alois. Vater und Martin sind z.Zt. auch arbeitslos. Wirklich arg […].«
20 Weidenfeld a.a.O. S. 56.
21 Nerdinger a.a.O. S. 126.
22 Nerdinger a.a.O. S. 130.
23 Nerdinger a.a.O. S. 131.
24 Nerdinger a.a.O. S. 133.
25 Nerdinger a.a.O. S. 134.
26 Nerdinger a.a.O. S. 163.
27 Die Anordnung des Zentralkomitees zur Abwehr jüdischer Gräuel- und Boykotthetze im *Völkischen Beobachter* S. 165 ist so petit, dass es kaum wahrgenommen wird.
28 Das Faktum ist unbestritten. Hier nur eine unverdächtige Stimme (Lamm a.a.O. 1982 S. 431). Am 31. März 1933 schrieb der Präsident des Verbandes Bayerischer Israelitischer Gemeinden, Alfred Neumeyer, an den Minister-

präsidenten General von Epp: »[…] Wir haben nicht das Geringste zu tun mit den Machenschaften, die gewisse Elemente im Ausland gegen Deutschland zu unternehmen suchen.«

29 Nerdinger a.a.O. S. 180.
30 Nerdinger a.a.O. S. 181.
31 Nerdinger a.a.O. S. 181.
32 Zámečník a.a.O. S. 57.
33 Nerdinger a.a.O. S. 188.
34 Max Domarus »Hitler. Reden und Proklamationen 1932–1945« Leonberg 1988 S. 227 ff.
35 Konrad Löw »Die Schuld. Christen und Juden im Urteil der Nationalsozialisten und der Gegenwart« Gräfelfing 2003 S. 42.
36 S. 105 ff.
37 Nerdinger a.a.O. S. 188.
38 Nerdinger a.a.O. S. 189.
39 Zur Veranschaulichung kann dienen, was Irmgard Hirsch aus Augsburg zu berichten weiß (Hirsch-Erlund a.a.O. S. 111): »An der Pforte stand Frau Ignatia, meine Französischlehrerin. Ich liebte die Sprache und ich verehrte die Klosterfrau. Schweren Herzens teilte sie uns ›Judenmädchen‹ mit, dass sie uns abweisen musste. Adolf Hitler war der Ansicht, dass man arischen Schülern nicht zumuten könne, den Klassenraum mit den Juden zu teilen […] Und doch,! Frau Ignatia […] raunte mir zu, dass ich mich am nächsten Nachmittag unauffällig am Hinterpförtchen melden sollte. Sie wollte mich bis zu meinem Examen weiter unterrichten.«
40 Im Grundgesetz (Artikel 20 Absatz 4) ist von einem Widerstandsrecht aller Deutschen – unter engen Voraussetzungen – die Rede. Es geht um ein Recht zum Widerstand, nicht um eine Widerstandspflicht.
41 Nerdinger a.a.O. S. 266.
42 Nerdinger a.a.O. S. 294.
43 Nerdinger a.a.O. S. 295.
44 Nerdinger a.a.O. S. 306.
45 Nerdinger a.a.O. S. 312.
46 Der Einwand liegt nahe, die Nachkriegsdemoskopie habe doch bewiesen, dass Antisemitismus häufig anzutreffen sei. Dazu Werner Bergmann und Rainer Erb in ihrer Untersuchung »Wie antisemitisch sind die Deutschen? Meinungsumfragen 1945–1994« (in: Wolfgang Benz Hg. »Antisemitismus in

Deutschland« München 1995 S. 50): »Die Ressentiments gegen Juden entzündeten sich in diesen Jahren vor allem an Konflikten mit ›Displaced Person's‹ (DP's), an Restitutionsansprüchen und Schwarzmarktgeschäften […]« (in München Stichwort »Möhlstraße«), also nicht an Fragen wie: Für oder wider Boykott, Pogrom, Judenstern usw. Es ging demnach nicht um Diskriminierung der Juden, sondern um eine tatsächliche oder vermeintliche Diskriminierung der nichtjüdischen Deutschen.
47 Nerdinger a.a.O. S. 318.
48 Nerdinger a.a.O. S. 332 f.
49 Nerdinger a.a.O. S. 360.
50 Nerdinger a.a.O. S. 362.
51 Archiv K. L.
52 Nerdinger a.a.O. S. 369.

## II. Das Doku-Zentrum ignoriert – Die wichtigsten Zeugen

1 Klemperer a.a.O. »Tagebücher« 1942 S. 99.
2 Klemperer a.a.O. »Tagebücher« 1945 S. 65. »Pirna« steht für die Wohnung einer arischen Freundin, wohin Eva Klemperer die Manuskripte ihres Mannes zu tragen pflegte, da die eigene Wohnung viel gefährdeter war (insbes. Hausdurchsuchungen).
3 Oppenheimer a.a.O. S. 6.
4 Nerdinger a.a.O. S. 11.
5 Behrend-Rosenfeld a.a.O. S. 25.
6 Behrend-Rosenfeld a.a.O. S. 58.
7 Behrend-Rosenfeld a.a.O. S. 61.
8 Behrend-Rosenfeld a.a.O. S. 62.
9 Behrend-Rosenfeld a.a.O. S. 64.
10 Behrend-Rosenfeld a.a.O. S. 67.
11 Behrend-Rosenfeld a.a.O. S. 67 f.
12 Behrend-Rosenfeld a.a.O. S. 69 f.
13 Behrend-Rosenfeld a.a.O. S. 15.
14 Behrend-Rosenfeld a.a.O. S. 97.
15 Nerdinger a.a.O. S. 229.

16 Behrend-Rosenfeld a.a.O. S. 116.
17 Siehe Schriftwechsel mit dem OB unten S. 157 ff.
18 Behrend-Rosenfeld a.a.O. S. 117.
19 Behrend-Rosenfeld a.a.O. S. 264 f.
20 Ben-Chorin a.a.O. S. XXII.
21 Ben-Chorin a.a.O. S. IX.
22 Ben-Chorin a.a.O. S. 61. Eisner war offenbar in jüdischen Kreisen wenig beliebt. Dafür spricht auch die folgende Episode, die Wilhelm E. Süskind mitteilt (»Ja, damals […]« in Lamm a.a.O. [1982] S. 239 f.): »›Wer ist denn überhaupt dieser Kurt Eisner?‹, fragte jemand [in der Klasse]. Und die Antwort, wie ein frecher Peitschenhieb aus einer Bank weit hinten: ›Ach, so ein Saujud aus Berlin!‹ – diese Antwort kam vom jüdischen Mitschüler M. Ich sehe ihn noch mit seiner großen Nase. […] Der Antisemitismus war für uns nicht erfunden. Er war so kraftlos unter uns, dass ein Jude arglos jenes Wort in den Mund nehmen konnte.«
23 Ben-Chorin a.a.O. S. 69.
24 Ben-Chorin a.a.O. S. 69.
25 Ben-Chorin a.a.O. S. 70.
26 Ben-Chorin a.a.O. S. 77.
27 Ben-Chorin a.a.O. S. 79.
28 Ben-Chorin a.a.O. S. 86.
29 Ben-Chorin a.a.O. S. 103.
30 Ben-Chorin a.a.O. S. 120.
31 Ben-Chorin a.a.O. S. 132.
32 Berg a.a.O. S. 480 f.
33 Bernheim a.a.O. S. 21
34 Bernheim a.a.O. S. 21 f.
35 Bernheim a.a.O. S. 23 f.
36 Bernheim a.a.O. S. 26.
37 Bernheim a.a.O. S. 32.
38 Bernheim a.a.O. S. 37.
39 Bernheim a.a.O. S. 48 f.
40 Bernheim a.a.O. S. 55.
41 Heusler u.a. a.a.O. S. 212.
42 Bonn a.a.O. (1982) S. 227.
43 Bonn a.a.O. (1982) S. 229.

## II. Anmerkungen

44  Bonn a.a.O. (1982) S. 373.
45  Bonn a.a.O. (1953) S. 399.
46  Bonn a.a.O. (1953) S. 401.
47  Cahnmann in Lamm a.a.O. (1982) S. 38.
48  Cahnmann in Lamm a.a.O. (1982) S. 38 f.
49  Cahnmann in Lamm a.a.O. (1982) S. 46.
50  Cahnmann in Lamm a.a.O. (1982) S. 47 f.
51  Cahnmann in Lamm a.a.O. (1982) S. 48.
52  Cahnmann in Lamm a.a.O. (1982) S. 52.
53  Cahnmann in Lamm a.a.O. (1982) S. 55.
54  Cahnmann in Lamm a.a.O. (1982) S. 55 f.
55  Cahnmann in Lamm a.a.O. (1982) S. 61.
56  Cahnmann in Lamm a.a.O. (1982) S. 68.
57  Cahnmann »Dachau« a.a.O. S. 18.
58  Eisenmann a.a.O. S. 21 f.
59  Eisenmann a.a.O. S. 25.
60  Eisenmann a.a.O. S. 23.
61  Eisenmann a.a.O. S. 41.
62  Feuchtwanger a.a.O. S. 5.
63  Feuchtwanger a.a.O. S. 6.
64  Frank a.a.O. S. 94.
65  Günther a.a.O. S. 93 f.
66  Fechner a.a.O. S. 215.
67  Biberti selbst war kein Jude.
68  Fechner a.a.O. S. 223 f.
69  Fechner a.a.O. S. 224 f.
70  Leschnikoff selbst war kein Jude.
71  Fechner a.a.O. S. 225.
72  Gabai a.a.O. S. 27.
73  Heusler u. a. a.a.O. S. 141. Schäffer war vorher in Bayern Ministerpräsident.
74  Heusler u. a. a.a.O. S. 280.
75  Heusler u. a. a.a.O. S. 278.
76  Habe a.a.O. S. 472 f.
77  Kurt Fritz Rosenberg in: Bajohr a.a.O. S. 119.
78  Heiden a.a.O. S. 36.
79  Heiden a.a.O. S. 50.

80 Heiden a.a.O. S. 50 f.
81 Heiden a.a.O. S. 85.
82 Heiden a.a.O. S. 92.
83 Heiden a.a.O. S. 98.
84 Heiden a.a.O. S. 94 f.
85 Hofeller a.a.O. S. 5.
86 Hofeller a.a.O. S. 49.
87 Ina Iske »Wir waren zwischen zwei Übeln gefangen – Hitler und Stalin« in: Hüttl/Meschnig a.a.O. S.121.
88 Kirschner, Bruno a.a.O. S. 301.
89 Kirschner, Bruno a.a.O. S. 304.
90 Kirschner, Max a.a.O. S. 15.
91 Kirschner, Max a.a.O. S. 17.
92 Kirschner, Max a.a.O. S. 7 f.
93 Kirschner, Max a.a.O. S. 11 f.
94 Kirschner, Max a.a.O. S. 46.
95 Kirschner, Max a.a.O. S. 73 f.
96 Kirschner, Max a.a.O. S. 76.
97 Kirschner, Max a.a.O. S. 89.
98 Kirschner, Max a.a.O. S. 118.
99 Kirschner, Max a.a.O. S. 140 f.
100 Kirschner, Max a.a.O. S. 146.
101 Klugmann a.a.O. S. 13.
102 Heusler u.a. a.a.O. S. 26.
103 Klugmann a.a.O. S. 20.
104 Klugmann a.a.O. S. 34.
105 Klugmann a.a.O. S. 43.
106 Klugmann a.a.O. S. 74.
107 Klemperer »Tagebücher 1918–1924«, a.a.O. S. 225.
108 Klemperer »Tagebücher 1918–1924«, a.a.O. S. 250.
109 Klemperer »Tagebücher 1933–1934« a.a.O. S. 114.
110 Klemperer »Tagebücher 1945« a.a.O. S. 139.
111 Klemperer »Tagebücher 1945« a.a.O. S. 146 f.
112 Klemperer »Tagebücher 1945« a.a.O. S. 157.
113 Klemperer »Tagebücher 1945« a.a.O. S. 159.
114 Klemperer »Tagebücher 1945« a.a.O. S. 160.

## II. Anmerkungen

115 Klemperer »Tagebücher 1945« a.a.O. S. 169.
116 Klemperer »Tagebücher 1945« a.a.O. S. 200.
117 Knobloch a.a.O. S. 13.
118 Knobloch a.a.O. S. 35.
119 Knobloch a.a.O. S. 59.
120 Knobloch a.a.O. S. 68 f.
121 Knobloch a.a.O. S. 95.
122 Sinn a.a.O. S. 26.
123 Sinn a.a.O. S. 88.
124 Sinn a.a.O. S. 148.
125 Sinn a.a.O. S. 148.
126 Eine Tafel an der Münchner Freiheit erinnert daran: »In den letzten Tagen des Zweiten Weltkrieges haben die Freiheitsaktion Bayern und andere zum Widerstand gegen die nationalsozialistische Gewaltherrschaft entschlossene Bürger sinnloses Blutvergießen verhindert.«
127 Lasky a.a.O. S. 229.
128 Lasky a.a.O. S. 320.
129 Lasky a.a.O. S. 331.
130 Lasky a.a.O. S. 232.
131 Lasky a.a.O. S. 234.
132 Lasky a.a.O. S. 376. Dazu heißt es im Nachwort (S. 470): »Das Verhalten der deutschen Bevölkerung wird mit einiger Überraschung wahrgenommen. Wie die alliierte Führung hatte auch Lasky damit gerechnet, dass es in Übereinstimmung mit den letzten Zuckungen der hysterischen NS-Propaganda noch eine Art Partisanenkrieg geben werde. Stattdessen wurden die Amerikaner manchmal sogar freundlich, im Allgemeinen eher müde-resigniert empfangen. Dass besonders Kinder ohne Scheu waren, schildert Lasky häufig mit unüberhörbarer Sympathie.« (Eines der Kinder, 13 Jahre alt, war der Autor K. L.)
133 Gemäß dem »Gedenkbuch Opfer der Verfolgung der Juden ...« wurde Therese Rappl am 25. November 1941 in Kauen ermordet.
134 Ein Leserbrief Viktor Zelgers in der *Süddeutschen Zeitung* (21./22. 9. 1996) unterstreicht die Glaubwürdigkeit der Angaben, Lankes betreffend: »Die ganze Klasse und wohl auch alle Lehrer wussten Bescheid, jeder hat seinen Mund gehalten. Zu einem Klassentreffen vor wenigen Jahren kam auch unser damaliger jüdischer Mitschüler, allseits herzlich begrüßt, und er hat mir

berichtet, dass er bis zum Kriegsende das Gymnasium besuchen konnte. Die Verantwortung trug der damalige Schulleiter Dr. Otto Lankes, der zwar nicht ohne sein goldenes Parteiabzeichen auf seinem dunklen Anzug zu sehen war, der sich aber gerade damit die Freiheit genommen hatte, kein ›williger Vollstrecker‹ zu werden.«

135 Littner a.a.O. S. 14.
136 Littner a.a.O. S. 19.
137 Littner a.a.O. S. 24.
138 Littner a.a.O. S. 25.
139 Littner a.a.O. S. 27 f.
140 Littner a.a.O. S. 50.
141 Littner a.a.O. S. 50.
142 Littner a.a.O. S. 59.
143 Littner a.a.O. S. 166 f.
144 Löwith a.a.O. S. 1.
145 Löwith a.a.O. S. 3.
146 Löwith a.a.O. S. 10.
147 Löwith a.a.O. S. 65.
148 Löwith a.a.O. S. 66.
149 Löwith a.a.O. S. 66.
150 Löwith a.a.O. S. 72.
151 Löwith a.a.O. S. 74.
152 Löwith a.a.O. S. 77.
153 Löwith a.a.O. S. 77.
154 Löwith a.a.O. S. 79 f.
155 Löwith a.a.O. S. 137.
156 Heusler u.a. a.a.O. S. 62
157 Heusler u.a. a.a.O. S. 62 f.
158 Heusler u.a. a.a.O. S. 63.
159 Heusler u.a. a.a.O. S. 66.
160 Huesler u.a. a.a.O. S. 68 f.
161 Neumeyer, Alexander a.a.O. S. 262 f.
162 Neumeyer, Alexander a.a.O. S. 298 f.
163 Neumeyer, Alexander a.a.O. S. 315 f.
164 Neumeyer, Alexander a.a.O. S. 316.
165 Neumeyer, Alexander a.a.O. S. 375.

## II. Anmerkungen

166 Neumeyer (1867) a.a.O. S. 40.
167 Neumeyer (1867) a.a.O. S. 95.
168 Neumeyer (1867) a.a.O. S. 113.
169 Neumeyer (1867) a.a.O. S. 133 f.
170 Neumeyer (1867) a.a.O. S. 135.
171 Neumeyer (1867) a.a.O. S. 145.
172 Neumeyer (1867) a.a.O. S. 167.
173 Neumeyer (1867) in einem Brief vom 31. März 1933, abgedruckt in Lamm a.a.O. (1982) S. 338.
174 Neumeyer (1867) a.a.O. S. 141.
175 Neumeyer (1867) a.a.O. S. 189.
176 Neumeyer (1867) a.a.O. S. 215.
177 Neumeyer (1867) a.a.O. S. 170.
178 Neumeyer (2001) a.a.O. S. 103.
179 Neumeyer (2001) a.a.O. S. 104.
180 Neumeyer (2001) a.a.O. S. 133.
181 Neumeyer (2001) a.a.O. S. 163 f.
182 Neumeyer (2001) a.a.O. S. 180. Von Helmuth und Brigitte ist Näheres nicht bekannt.
183 Neumeyer (2001) a.a.O. S. 273.
184 Neumeyer (2001) a.a.O. S. 283.
185 Neumeyer (2001) a.a.O. S. 288 f.
186 Neumeyer (2001) a.a.O. S. 300.
187 Jens a.a.O. S. 189 f.
188 Jens a.a.O. S. 203.
189 Jens a.a.O. S. 201.
190 Jens a.a.O. S. 201 f.
191 Jens a.a.O. S. 207.
192 Jens a.a.O. S. 219 f.
193 Jens a.a.O. S. 220.
194 Jens a.a.O. S. 223.
195 Jens a.a.O. S. 227 f. Hedwigs »Lohengrin« hat auch anderen geholfen.
196 Jens a.a.O. S. 236.
197 Heusler u. a. a.a.O. S. 128 f.
198 Rosenbaum a.a.O. S. 7 f.
199 Rothfels a.a.O. S. 69. Seinen selbstgerechten neuen Landsleuten – er hatte

inzwischen einen amerikanischen Pass – hielt er vor, was der frühere amerikanische Botschafter in Berlin James W. Gerald zu bedenken gegeben hatte (ebenda S. 45): »Hitler tut viel für Deutschland, seine Einigung der Deutschen, seine Schaffung eines spartanischen Staates, der durch Patriotismus belebt ist, seine Einschränkung der parlamentarischen Regierungsweise, die für den deutschen Charakter so ungeeignet ist [...] – all dieses ist gut.«

200 Heusler u. a. a.a.O. S. 104.
201 Seuffert a.a.O. S. 15.
202 Seuffert a.a.O. S. 15 f.
203 Seuffert a.a.O. S. 17.
204 Seuffert a.a.O. S. 17.
205 Seuffert a.a.O. S. 17.
206 Seuffert a.a.O. S. 17.
207 Heusler u. a. a.a.O. S. 178.
208 Heusler u. a. a.a.O. S. 178 f.
209 Friedrich Deich »Jüdische Mediziner in München« in: Lamm a.a.O. (1982) S. 315.
210 Spanier a.a.O. S. 128.
211 Spanier a.a.O. S. 128.
212 Spies a.a.O. S. 153 f.
213 Spies a.a.O. S. 154.
214 Spies a.a.O. S. 154.
215 Spies a.a.O. S. 156.
216 Stein-Pick a.a.O. S. 28.
217 Stein-Pick a.a.O. S. 30.
218 Stein-Pick a.a.O. S. 32.
219 Stein-Pick a.a.O. S. 32 f.
220 Stein-Pick a.a.O. S. 66.
221 Stein-Pick a.a.O. S. 67.
222 Pick a.a.O. S. 389 f.
223 Pick a.a.O. S. 398.
224 Stern, Karl, a.a.O. S. 142.
225 Stern, Karl, a.a.O. S. 37 f.
226 Wehde hatte, laut Stern, unzählige Menschen vor der Sterilisierung bewahrt.
227 Stern, Karl, a.a.O. S. 138 f.
228 Die genaue Bezeichnung: »Judentum, Christentum, Germanentum«.

## II. Anmerkungen

229 Stern, Karl, a.a.O. S. 179 f.
230 Barkai a.a.O. S. 102.
231 Straus a.a.O. S. 277.
232 Straus a.a.O. S. 293.
233 Straus a.a.O. S. 295 f.
234 Wachsmann a.a.O. S. 387.
235 Wachsmann a.a.O. S. 387.
236 Wachsmann a.a.O. S. 388.
237 Wachsmann a.a.O. S. 388 f.
238 Wachsmann a.a.O. S. 389. Das Haus Wittelsbach stand den Juden freundlich gegenüber, wie andere Zeugnisse zeigen.
239 Wachsmann a.a.O. S. 390.
240 Heusler u.a. a.a.O. S. 82 f.
241 Willstätter a.a.O. S. 24.
242 Willstätter a.a.O. S. 299.
243 Willstätter a.a.O. S. 344. In diesem Zusammenhang verdient der Gesichtspunkt Erwähnung, dass auch das heute beliebte Proporzdenken (Geschlecht, Ethnie) damals für die Schlechterstellung jüdischer Bewerber ausschlaggebend gewesen sein konnte. Siehe Notker Hammerstein »Antisemitismus und deutsche Universitäten 1871–1933« Frankfurt am Main 1995 S. 12. Hammerstein weist nach, dass Juden im akademischen Raum deutlich überproportional vertreten waren.
244 Willstätter, a.a.O. S. 344
245 Willstätter, a.a.O. S. 345 f.
246 Willstätter a.a.O. S. 276 f.
247 Hoegner a.a.O. S. 86.
248 Hoegner a.a.O. S. 87. Die Richtigkeit dieser Fluchtbewegung aus dem Norden bestätigt auch Baruch Z. Ophir in »Geschichte und Zerstörung der jüdischen Gemeinde in München 1918–1945« (siehe Lamm 1982 a.a.O.) S. 471: »Im Februar 1933 flohen viele Juden aus Preußen nach München, denn in Bayern war immer noch eine konservative Regierung im Amt.«
249 Hoegner a.a.O. S. 126 f.
250 Siehe S. 98 ff.
251 Rösch a.a.O. S. 13.
252 Peter Maser »Die Deutschland-Berichte der SOPADE« in: Friedrich-Ebert-Stiftung (Hg.) »Die Grünen Berichte der SOPADE …« Bonn 1984 S. 125 f.

253 Friedrich-Ebert-Stiftung (Hg.) »Die Grünen Berichte der SOPADE ...« Bonn 1984 S. 141 und zitiert dabei A. W. Dulles. Die New York Times hat die Arbeit der SOPADE in umfangreichen Aufsätzen gewürdigt.
254 Stampfer in Friedrich-Ebert-Stiftung (Hg.) »Die Grünen Berichte der SOPADE ...« Bonn 1984 S. 25: »Es liegt in der Natur der Sache, dass sich diese Beobachtungen in der Regel auf Vorgänge beziehen, die sich nicht an der Spitze des Staates, sondern in seinen Massen und in seinem Alltag vollziehen. Gerade dadurch aber ist es gelungen, eine Sammlung von Zeitdokumenten zu schaffen, die zum Verständnis des Dritten Reiches [...] Entscheidendes beiträgt.«
255 Friedrich-Ebert-Stiftung (Hg.) »Die Grünen Berichte der SOPADE ...« Bonn 1984 S. 62.
256 S. 99.
257 SOPADE a.a.O. Bd. 2 S. 1073.
258 SOPADE a.a.O. Bd. 4 S. 603.
259 SOPADE a.a.O. Bd. 4 S. 1073.
260 Wenzl a.a.O. S. 240 f.
261 S. 67.
262 Wieninger a.a.O. S. 94.
263 Wieninger a.a.O. S. 34 f.
264 Wieninger a.a.O. S. 35.
265 Uhlfelder a.a.O. Blatt 3. Heusler u. a. a.a. O. S. ???
266 Wieninger a.a.O. S. 38.
267 Wieninger a.a.O. S. 39.
268 Wieninger a.a.O. S. 58.
269 Wieninger a.a.O. S. 61.
270 Wieninger a.a.O. S. 63.
271 Wieninger a.a.O. S. 50 f.
272 Wieninger a.a.O. S. 78 f.
273 Wieninger a.a.O. S. 80 ff.
274 Wieninger a.a.O. S. 86.
275 Wieninger a.a.O. S. 96.
276 Wieninger a.a.O. S. 97. 42 Menschen hatten den Tod gefunden.
277 Wieninger a.a.O. S. 97 f.
278 Broszat u. a. a.a.O. Bd. 1 S. 442 f.
279 Völkischer Beobachter 18.12.1920.
280 Völkischer Beobachter 11.11.38.

## II. Anmerkungen

281 »Sturm gegen das Bischofshaus« Die Tagespost 12.11.98.
282 1946 wurde er in Nürnberg hingerichtet.
283 N. N. »Der Brief des deutschen Studenten« Der Stürmer Nr. 31, 1934.
284 Leserbrief Der Stürmer Nr. 25, 1938.
285 »Papst und Jude« Der Stürmer Nr. 46/1938 S. 3. Ohne München-Bezug gibt es fast wöchentlich Angriffe von Der Stürmer auf den Papst.
286 Kulka u. a. a.a.O. S. 77.
287 Kulka u. a. a.a.O. S. 78.
288 Kulka u. a. a.a.O. S. 209.
289 Kulka u. a. a.a.O. S. 220.
290 Kulka u. a. a.a.O. S. 341.
291 Kulka u. a. a.a.O. S. 485.
292 S. 122 f.; siehe ferner Löw »Deutsche Schuld ...« a.a.O. S. 103 ff.
293 VEJ a.a.O. 1 S. 77.
294 VEJ a.a.O. 1 S. 104.
295 VEJ a.a.O. 1 S. 135 f.
296 VEJ a.a.O. 1 S. 393 ff.
297 VEJ a.a.O. 1 S. 440 f.
298 VEJ a.a.O. 2 S. 364.
299 VEJ a.a.O. 2 S. 524.
300 Kulka u. a. a.a.O. S. 452 f.
301 Hessisches Hauptstaatsarchiv, Abt.1129/Nr. 214.
302 Bankier a.a.O. S. 175.
303 Rösch a.a.O. S. 85.
304 Der geistigen Wurzeln der »Weißen Rose« sind fest im spirituellen Münchner Milieu verankert. Erwähnt seien nur die Professoren Kurt Huber und Carl Muth.
305 Das ist wohl unbestritten. Werner Jochmann im Vorwort des Buches Konrad Kwiet »Selbstbehauptung und Widerstand ...« a.a.O. S. 8: »Unter diesen Umständen haben die Juden auf die Bedrohung durch den Nationalsozialismus kaum anders reagiert als die Mehrheit der deutschen Hitlergegner [...] Als Geschäftsleute, als Akademiker oder Beamte waren sie ebenso standhaft oder kleinmütig wie ihre nichtjüdischen Berufskollegen.«
306 Klemperer a.a.O. Tagebücher 1941 S. 173.
307 Longerich a.a.O. S. 1008.
308 Kershaw in: Kothe a.a.O. S. 135

## III. »Die ganze Wahrheit« muss es sein – Weitere Ergänzungen

1 Nerdinger a. a. O. S. 9.
2 N. N. »Leitfaden für britische Soldaten in Deutschland 1944« Köln 2014 S. 35.
3 N. N. »Leitfaden für britische Soldaten in Deutschland 1944« Köln 2014 S. 35.
4 Schulze-Marmeling »Davidstern ...« a. a. O. S. 60.
5 Schulze-Marmeling »Die Bayern ...« a. a. O. S. 65.
6 Schulze-Marmeling »Die Bayern ...« a. a. O. S. 66.
7 Schulze-Marmeling »Davidstern ...« a. a. O. S. 62
8 Schulze-Marmeling »Die Bayern ...« a. a. O. S. 71.
9 Sie ist eine der wenigen Ausnahmen und wird auch vom Zentrum zitiert (S. 229). Doch jeder Kommentar unterbleibt.
10 Nerdinger a. a. O. S. 315.
11 Haffner a. a. O.
12 Behrend-Rosenfeld a. a. O. S. 116.
13 Bankier a. a. O. S. 171.
14 Bankier a. a. O. S. 174.
15 Bankier a. a. O. S. 175.
16 Dazu Victor Klemperer (Tagebuch a. a. O. 1933) »20. Juli [1933] Befehl an alle Beamten (und so auch an mich), mindestens im Dienst und an der Dienststelle den ›deutschen Hitlergruß‹ zu benutzen. Erweiterung: ›Es wird erwartet‹, dass man auch sonst diesen Gruß anwende, wenn man den Verdacht bewusster Ablehnung des neuen Systems vermeiden wolle (Geßlerhut redivivus).« »10. August [...] Sie erzählt mit Tränen in den Augen: Ein Kollege ihres Mannes Knall und Fall entlassen, weil er nicht mit Armaufheben gegrüßt hat.«
17 Nerdinger a. a. O. S. 181.
18 Die Scham hatte den Vorteil, dass sich dieser exzeptionelle Vorgang tief dem Gedächtnis eingeprägt hat.
19 Michel Ehbauer »Thomas Wimmer. Ein Lebensbild« München 1964 S. 45 f.
20 Weisenborn a. a. O. S. 374.
21 In dem Dokumentarspiel »Der gute Göring« (gemeint ist damit der Bruder des Reichsmarschalls), ausgestrahlt am 10. Januar 2016 um 21.45 Uhr vom Ersten Programm, wird Hermann Göring in Österreich am Rande des politischen Geschehens mit »Grüß Gott!« angesprochen.

## II. Anmerkungen

22 Theodor Michael »Deutsch sein und schwarz dazu. Erinnerungen eines Afro-Deutschen« München 2013 S. 62.
23 Wieninger a.a.O. S. 115.
24 SRX. 1197 (PRO: WO208; PRO: WO steht für »Public Record Office« jetzt »The National Archives« London, Bestand WO 208).
25 Markus Baum »Jochen Klepper« Schwarzenfeld 2011 S. 172. Klepper tat es, um seine Stieftochter Renerle vor der Deportation zu bewahren
26 Rosenberg a.a.O. Tagebucheintrag 17. April 1933.
27 Ulrich von Hassel (»Die Hassel-Tagebücher 1938–1944. Die Aufzeichnungen vom anderen Deutschland« Berlin 1988 S. 67f.): »Das Entsetzen über die schamlose Judenverfolgung ist bei ihnen so groß wie bei allen anständigen Menschen. Durch und durch Nationalsozialisten, die in Dachau wohnen und bisher ›durchgehalten‹ haben sind nach Erzählungen B's jetzt restlos erledigt.«
28 Berthold Beitz nach Bernd Schmalhausen »Mensch in unmenschlicher Zeit« Essen 1991 S. 59.
29 Rainer Blasius »Für ein besseres Deutschland« *FAZ* 14.7.15 S. 7.
30 Konrad Löw »Das Volk ist ein Trost« a.a.O., ders. »Deutsche Schuld« a.a.O. passim.
31 Anja Salewsky »›Der olle Hitler soll sterben!‹ Erinnerungen an den jüdischen Kindertransport nach England« München 2001 S. 110.
32 Oestreich a.a.O. S. 448.
33 gestorben 1971 in Bad Wiessee, wo er auch seine letzte Ruhestätte gefunden hat.
34 Marcuse a.a.O. S. 213 f.
35 Nerdinger a.a.O. S. 118.
36 Nerdinger a.a.O. S. 224.
37 Nerdinger a.a.O. S. 282.
38 Römer 13,1. Moses Mendelssohn schreibt in seinem Buch »Jerusalem« (Bryan Mark Rigg »Hitlers jüdische Soldaten« Paderborn 2003 S. 42): »Auch wer nicht an Gesetze glaubt, muss nach dem Gesetze thun, sobald es Sanction erhalten hat.«
39 Faulhaber bejahte den Staat, um von dieser unangreifbaren Basis aus seine Klagen und Anklagen vorbringen zu können, so mit seinem Hirtenbrief vom 11. März 1935 (Beiblatt zu Nr. 3 des Amtsblattes der Erzdiözese München und Freising vom 11.2.1935): »Die Kirche verwahrt sich gegen diese Ver-

leumdung, sie wolle den Staat in staatsrechtlichen Fragen bevormunden. Sie verwahrt sich aber auch dagegen, vom Staat in kirchenrechtlichen Fragen bevormundet zu werden. In der Reichstagsrede vom 31. März 1933 hat der Führer in seiner klaren und bestimmten Art von ›dem aufrichtigen Zusammenleben zwischen Kirche und Staat‹ gesprochen. Wir unterschreiben dieses Wort aus ganzer Seele. Die Freiheit der Kirche ist Freiheit zur Verteidigung der katholischen Religion.«

40 Schon Sigmund Freud hat diese Logik aufgezeigt (Gesamte Werke Bd. 16 (1932-1939) Frankfurt am Main 1950 S. 198): Der NS-»Judenhass ist im Grunde Christenhass, und man braucht sich nicht zu wundern, dass in der deutschen nationalsozialistischen Revolution diese innige Beziehung der zwei monotheistischen Religionen in der feindseligen Behandlung beider so deutlichen Ausdruck findet.«

41 »Völkischer Beobachter« 1. 8. 38, Münchner Ausgabe.

42 Eugeni Xammar »›Das Schlangenei‹ Berichte aus dem Deutschland der Inflationsjahre 1922-1924« Berlin 2007 S. 268.

43 Wollasch a.a.O. S. 101.

44 Wollasch a.a.O. S. 139.

45 Wollasch a.a.O. S. 205.

46 Heinz Hürten (Bearb.) »Akten Kardinal Michael von Faulhabers III 1945-1952« Paderborn 2002 S. 3 ff.

47 Cahnmann in Lamm a.a.O. (1982) S. 48.

48 Cahnmann in Lamm a.a.O. (1982) S. 49.

49 Cahnmann in Lamm a.a.O. (1982) S. 49.

50 Cahnmann in Lamm a.a.O. (1982) S. 50.

51 Cahnmann in Lamm a.a.O. (1982) S. 55.

52 Braun a.a.O. S. 36.

53 Braun a.a.O. S. 36.

54 Braun a.a.O. S. 150.

55 Baum a.a.O. S. 17.

56 Nerdinger a.a.O. S. 328.

57 Nerdinger a.a.O. S. 551.

58 Gustav Radbruch »Gesetzliches Unrecht und übergesetzliches Recht« Süddeutsche Juristenzeitung 46,105.

59 Knobloch a.a.O. S. 142.

## IV. Was ist zu tun?

1 Schmidt/Stern a.a.O. S. 47; Stern: »In Amerika ist es sehr viel schwieriger, kritisch über Israel zu reden, als in Israel. [...] Es ist noch schlimmer als in Deutschland, glaube ich.« Schmidt: »Es ist in Deutschland auch ziemlich schlimm. Auch hier wagt kaum einer Kritik an Israel zu üben aus Angst vor dem Vorwurf des Antisemitismus.« Stern: » Amerika ist durch die Political Correctness manchmal wie gelähmt [...]« Schmidt: »Sie sehen, wie heikel das Thema ist.« Entsprechendes gilt für die Schuldfrage im Zusammenhang mit »Auschwitz«.
2 Schon der oströmische Kaiser Iustinian hat im 6. nachchristlichen Jahrhundert die Unschuldsvermutung dekretiert. Sie ist seit damals fester Bestandteil des ethisch fundierten Rechtsbewusstseins.
3 Die Frankfurter Allgemeine Zeitung titelte am 30. April 2015: »Ein weißes Haus für die braune Vergangenheit«.
4 Nerdinger a.a.O. S. 375.
5 SOPADE a.a.O. Bd. 4 S. 1073.
6 Merith Niehuss »Lernort mit Vergangenheit« Akademie für politische Bildung Tutzing 3/2015 S. 30.
7 Marianne Katterfeldt »Deutsche Schuldgefühle« Leserbrief 22.1.16.
8 Kothe a.a.O. S. 88.
9 Kothe a.a.O. S. 88.
10 Siehe S. 132 ff.
11 Nerdinger a.a.O. S. 375.
12 Nerdinger a.a.O. S. 100.
13 Sozialdemokratische Partei Deutschlands a.a.O. Bd. 4 S. 759.
14 Gabi Czöppan »Hochburg der Erinnerung« *Focus* 19/2015 S. 100.
15 Eric Boehm »We survived. Fourteen Histories of the Hidden and Hunted of Nazi Germany« New Haven 1949 S. XIII.
16 Nerdinger a.a.O. S. 239.
17 Nerdinger a.a.O. S. 260.
18 Sozialdemokratische Partei Deutschlands a.a.O. Bd. 4 S. 759.
19 Ursula H. »Persönliche Eindrücke« Frankfurter Allgemeine Zeitung 9.3.07.
20 J. und S. A. »Speerspitze« Frankfurter Allgemeine Zeitung 9.3.07.
21 Gerhardt u.a. a.a.O. S. 24.
22 Gerhardt u.a. a.a.O. S. 23 f.

23 Littner a.a.O. S. 12f.
24 Spies a.a.O. S. 7. Wie Spies, fast wörtlich übereinstimmend, Branko Lustig, ein Auschwitzüberlebender (»Er muss verzeihen ...« *Frankfurter Allgemeine Zeitung* 22.9.14): Auch mag er »nicht mehr die Frage hören, was ich nach dem Holocaust von den Deutschen halte: Ich habe nichts gegen die Deutschen. Das waren damals Faschisten, Nazis.« »Der Mensch darf nicht hassen, er muss verzeihen, aber er darf nie vergessen.«
25 Stanley a.a.O. S. 108.
26 Jason Stanley schreibt über seine Großmutter (»An die Berliner Demonstranten« *Frankfurter Allgemeine Zeitung* 5.8.14): »Meine Großmutter, Ilse Stanley, rettete mit Hilfe eines ihr bekannten Gestapo-Mannes mehr als 400 Juden aus dem Konzentrationslager Sachsenhausen. Ohne die Hilfe dieses Mannes wäre das niemals möglich gewesen.«
27 Viktor Frankl »Alle die guten Willens sind ...« *Mut* 5/88 S. 56.
28 Marcuse a.a.O. S. 352.
29 Marcuse a.a.O. S. 365.
30 Siehe oben S. 57.
31 Heusler u.a. a.a.O. S. 226
32 »Dr. Gertrud Schaeffler. Pfarrer Josef Hahner. Ein Sollner Schicksal«. Sollner Hefte 70. München 2012, S. 50.
33 Erinnert sei an die Entnazifizierung, an die zahlreichen Strafverfahren und die fast unzähligen einschlägigen Publikationen.
34 APuZ 16-17/2015.
35 Konrad Löw »Deutsche Identität in Verfassung und Geschichte« Deutschland Archiv 2/2004, S. 239 ff. Der volle Wortlaut ist auch abgedruckt in Löw »Adenauer hatte recht ...« a.a.O. S. 181 ff.
36 Robert Gellately »Hitler und sein Volk ...« Bonn 2003 ff. S. 10.
37 Daniel Goldhagen »Hitlers willige Vollstrecker. Ganz gewöhnliche Deutsche und der Holocaust« Berlin 1996. Rezensiert durch Alfred de Zayas »Kein Stoff für Streit«, *FAZ*, 12. Juni 1996 S. 11.
38 Andreas Bock »Widerspruch zwecklos« *Süddeutsche Zeitung* 18.10.02.
39 Hans-Ulrich Wehler »Der Nationalsozialismus« München 2009 S. IX.
40 Merith Niehuss »Lernort mit Vergangenheit« Akademie für politische Bildung Tutzing 3/2015 S. 30.
41 Kothe a.a.O. S. 160.
42 Rösch a.a.O. S. 13.

## III. LITERATURVERZEICHNIS

Anheier, Helmut/Neidhardt, Friedhelm »The Nazi Party and Its Capital: An Analysis of the NSDAP Membership in Munich, 1925–1930« Sage 1998.

Bajohr, Frank »Bedrohung, Hoffnung, Skepsis …« Göttingen 2013.

Bajohr, Frank / Strupp, Christoph »Fremde Blicke auf das ›Dritte Reich‹« Göttingen 2011.

Ball Kaduri, Kurt Jacob »Das Leben der Juden in Deutschland im Jahre 1933. Ein Zeitbericht« Frankfurt am Main 1963.

Bankier, David »Die öffentliche Meinung im Hitler-Staat. Die ›Endlösung‹ und die Deutschen. Eine Berichtigung« Berlin 1995.

Bauer, Richard u. a. (Hg.) »München – ›Hauptstadt der Bewegung‹ Bayerns Metropole und der Nationalsozialismus« München 1993.

Becher, Lilly »DER GELBE FLECK Die Ausrottung von 500 000 deutschen Juden« Paris 1936.

Behrend-Rosenfeld, Else »Ich stand nicht allein. Leben einer Jüdin in Deutschland 1933–1944« München 1988.

Ben-Chorin, Schalom »Jugend an der Isar« Gütersloh 2001.

Berg, Arthur (oder Wilhelm Neuburger) in: Ben Barkow u. a. »Novemberpogrom 1938. Die Augenzeugenberichte der Wiener Library, London« Frankfurt a. M. 2008.

Bernheim, Erhard / Römer, Gernot (Hg.) »›Halbjude‹ im Dritten Reich. Die Erinnerungen des Augsburger Fabrikanten Erhard Bernheim« Augsburg 2000.

Bonn, Moritz Julius »So macht man Geschichte. Bilanz eines Lebens« München 1953.

ders. »Meine Beziehungen zu München« in: Hans Lamm a. a. O. (1982) S. 224 ff.

Braun, Oliver »Die staatsbürgerlichen Vorträge von Alois Hundhammer aus den Jahren 1930 und 1931« München 2005.

Broszat, Martin u. a. »Bayern in der NS-Zeit …« Bd. 1, München 1977.

Cahnmann, Werner »In the Dachau Concentration Camp« THE CHICAGO JEWISH FORUM. A national quarterly Volume 23, No. 1.

ders. »Die Juden in München 1918–1943« in: Lamm (Hg.) a. a. O. (1982) S. 31 ff.

Deutschkron, Inge »Ich trug den gelben Stern« Stuttgart 2003 (1. A. 1985).

Dönhoff, Friedrich »Ein gutes Leben ist die beste Antwort. Die Geschichte des Jerry Rosenstein« Zürich 2014.

Eisenmann, Ernst »Ich bin ein Nördlinger Jude. Die Erinnerungen von Dr. Ernst Eisenmann« (Hg. Gernot Römer) Augsburg 2001.

Fechner, Eduard »Die Comedian Harmonists. Sechs Lebensläufe« München 1988.

Feuchtwanger, Lion in: N. N. (Lilly Becher) »DER GELBE FLECK Die Ausrottung von 500 000 deutschen Juden« mit einem Vorwort von Lion Feuchtwanger, Paris 1936.

Fraenkel, Sigmund »Aufsätze und Reden. Ein Spiegelbild deutsch-jüdischer Geschichte aus dem Beginn des 20. Jahrhunderts« München 1930.

Frank, Bruno in: Herbert Günther »Drehbühne der Zeit. Freundschaften. Begegnungen. Schicksale« Hamburg 1957 S. 58 ff.

Gabei, Erika «Erinnerungen» Landeshauptstadt München Archiv Judaica Memoiren Nr. 17.

Gellately, Robert »Hingeschaut und weggesehen. Hitler und sein Volk«, Bundeszentrale für politische Bildung, Bonn 2003.

Gerhardt, Uta u. a. »Nie mehr zurück in dieses Land. Augenzeugen berichten über die Novemberpogrome 1938« Berlin 2009.

Günther, Herbert »Drehbühne der Zeit. Freundschaften. Begegnungen. Schicksale« Hamburg 1957.

Habe, Hans »Ich stelle mich. Meine Lebensgeschichte« München 1987.

Heusler, Andreas / Sinn, Andrea (Hg.) »Die Erfahrung des Exils. Vertreibung, Emigration und Neuanfang« Oldenbourg 2015.

Hoegner, Wilhelm »Flucht vor Hitler. Erinnerungen an die Kapitulation der ersten deutschen Republik 1933« München 1977.

Haffner, Sebastian »Anmerkungen zu Hitler« München u. a. 1998 »Leistungen«, »Erfolge«.

Gruner, Wolfgang (Bearbeiter) »Die Verfolgung und Ermordung der europäischen Juden durch das nationalsozialistische Deutschland 1933–1945« Bd. 1 Deutsches Reich 1933–1937 München 2008.

Heiden, Konrad »Eine Nacht im November 1938. Ein zeitgenössischer Bericht« Göttingen 2013.

Hirsch-Erlund, Eileen / Römer, Gernot (Hg.) »Irmgard: eine jüdische Kindheit in Bayern und eine Vertreibung« Augsburg 1999.

## III. Literaturverzeichnis

Hoegner, Wilhelm »Flucht vor Hitler. Erinnerungen an die Kapitulation der ersten deutschen Republik 1933« München 1977.

Hofeller, Ernest »Erinnerungen« Landeshauptstadt München Archiv Judaica Memoiren 16.

Hüttl, Tina / Meschnig, Alexander »Uns kriegt ihr nicht. Als Kinder versteckt – jüdische Überlebende erzählen« München 2013.

Jens, Inge und Walter »Katias Mutter. Das außerordentliche Leben der Hedwig Pringsheim« Reinbek 2005.

Kirschner, Bruno »Einige persönliche Erinnerungen an das jüdische München« in: Lamm a. a. O. (1982).

Kirschner, Max »›Weinen hat seine Zeit, und Lachen hat seine Zeit‹ Erinnerungen aus zwei Welten« Frankfurt am Main 2004.

Klemperer, Victor »Tagebücher …« 1933 ff. Berlin 1998.

ders. »Leben sammeln, nicht fragen wozu und warum. Tagebücher 1918–1924« Berlin 1996.

Klugmann, Hermann »Mein Leben in Deutschland vor und nach dem 30. Januar 1933« Landeshauptstadt München Archiv Judaica Memoiren Nr. 30.

Knobloch, Charlotte mit Rafael Seligmann »In Deutschland angekommen. Erinnerungen« München 2012.

Kothe, Bernhard »Schluss-Strich. Über den Umgang der Nachgeborenen mit unserer belasteten Vergangenheit …« Hanau 2015.

Kulka, Otto Dov / Jäckel, Eberhard »Die Juden in den geheimen NS-Stimmungsberichten 1933–1945« Düsseldorf 2004.

Kwiet, Konrad / Eschwege, Helmut »Selbstbehauptung und Widerstand. Deutsche Juden im Kampf um Existenz und Menschenwürde 1933–1945« Hamburg 1984.

Lamm, Hans »Von Juden in München. Ein Gedenkbuch« München 1958.

ders. (Hg.) »Vergangene Tage. Jüdische Kultur in München« 1982.

Landau, Edwin »Mein Leben vor und nach Hitler« in: Richarz a. a. O. (1989) S. 380 ff.

Lasky, Melvin J. »Und alles war still. Deutsches Tagebuch 1945« Berlin 2014.

Littner, Jacob »Mein Weg durch die Nacht« Berlin 2002.

Loewenberg, Ernst »Mein Leben in Deutschland vor und nach dem 30. Januar 1933« in Richarz a. a. O. (1989) S. 449 ff.

Longerich, Peter »Hitler. Biographie« München 2015.

Löw, Konrad »Deutsche Schuld 1933–1945? Die ignorierten Antworten der Zeitzeugen« München 2011.

ders. »Das Volk ist ein Trost – Deutsche und Juden 1933-1945 im Urteil der jüdischen Zeitzeugen« München 2006.

ders. »Adenauer hatte recht. Warum verfinstert sich das Bild der unter Hitler lebenden Deutschen?« Berlin 2014.

Löwith, Karl »Mein Leben in Deutschland vor und nach 1933. Ein Bericht« Stuttgart 1986.

Marcuse, Ludwig »Mein zwanzigstes Jahrhundert. Auf dem Weg zu einer Autobiographie« Zürich 1975.

Nerdinger, Winfried (Hg.) »München und der Nationalsozialismus. Katalog des NS-Dokumentationszentrums München« München 2015.

Neumeyer, Alexander Karl »Von einer Generation zur anderen: Lebenserinnerungen erzählt für meine Enkel« in: Neumeyer, Alfred (1867) a. a. O. S. 259 ff.

Neumeyer, Alfred »Erinnerungen« in: Neumeyer, Alfred (1867) u. a. a. a. O. S. 17 ff.

Neumeyer, Alfred (1867) u. a. »›Wir wollen den Fluch in Segen verwandeln‹ Drei Generationen der jüdischen Familie Neumeyer: eine autobiografische Trilogie« Berlin 2007.

Neumeyer, Alfred (1901) »Lichter und Schatten: Eine Jugend in Deutschland« München 1967.

Oestreich, Carl »Die letzten Stunden eines Gotteshauses« in: Lamm a. a. O. 1982.

Oppenheimer, Lore »... und eigentlich wissen wir selbst nicht, warum wir leben,« Hannover 2002.

Pick, Charlotte »Meine verlorene Heimat« in: Andreas Lixl-Purcell (Hg.) »Erinnerungen deutsch-jüdischer Frauen« Leipzig 1992 S. 387 ff.

Pringsheim, Hedwig siehe Jens a. a. O.

Richarz, Monika (Hg.) »Jüdisches Leben in Deutschland. Bd. 3: 1918–1945 Selbstzeugnisse zur Sozialgeschichte 1918-1945« Stuttgart 1982.

Rösch, Mathias »Die Münchner NSDAP 1925–1933 ...« München 2002.

Rosenbaum, Ernst »Peter Roland« Landeshauptstadt München Archiv Judaica Memoiren Nr. 2.

Rosenberg, Kurt F. »›Einer, der nicht mehr dazu gehört‹ Tagebücher 1933–1937« Göttingen 2012.

Rosenfeld, Siegfried in: Else Behrend-Rosenfeld und Siegfried Rosenfeld: »Leben in zwei Welten. Tagebücher eines jüdischen Paares in Deutschland und im Exil« Erich Kasberger und Marita Krauss (Hg.), München 2011.

Rothfels, Hans »Die deutsche Opposition gegen Hitler« Zürich 1994.

Schmidt, Helmut / Stern, Fritz »Unser Jahrhundert. Ein Gespräch« München 2011.

## III. Literaturverzeichnis

Schrafstetter, Susanna »Flucht und Versteck. Untergetauchte Juden in München – Verfolgungserfahrung und Nachkriegsalltag« Göttingen 2015.

Schulze-Marmeling, Dietrich »Die Bayern. Geschichte des Rekordmeisters« Göttingen 2007.

ders. »Davidstern und Lederball: Die Geschichte der Juden im deutschen und internationalen Fußball« Göttingen 2003.

Seuffert, Leonie von »Ich werde Zwangsarbeiterin« Der Regenbogen 4/47 S. 15 ff.

Sinn, Andrea »›Und ich lebe wieder an der Isar‹ Exil und Rückkehr des Münchner Juden Hans Lamm« München 2008.

SOPADE siehe Sozialdemokratische Partei Deutschlands (Hg.).

Sozialdemokratische Partei Deutschlands (Hg.) »Deutschlandberichte der Sozialdemokratischen Partei Deutschlands (SOPADE)«, 7 Bände 1934–1940, Salzhausen 1982.

Spanier, Julius »Das israelitische Schwestern- und Krankenheim« in: Lamm a. a. O. (1982) S. 126 ff.

Spiegel, Marga »Retter in der Nacht. Wie eine jüdische Familie im Münsterland überlebte«, herausgegeben von Diethard Aschoff, Münster 1999.

Spies, Gerty »Drei Jahre Theresienstadt« München 1984.

Stanley, Ilse »Die Unvergessenen« München 1964.

Stein-Pick, Charlotte »Meine verlorene Heimat« Bamberg 1992.

Stern, Fritz in: Helmut Schmidt / Fritz Stern »Unser Jahrhundert. Ein Gespräch« München 2011.

Stern, Fritz »Fünf Deutschland und ein Leben. Erinnerungen« München 2009.

Stern, Karl »Die Feuerwolke« Salzburg 1954.

Straus, Rahel »Wir lebten in Deutschland. Erinnerungen einer deutschen Jüdin 1880–1933« Stuttgart 1961.

Uhlfelder, Harry »Memoirs« Landeshauptstadt München, Archiv Judaica Memoiren Nr. 20.

VEJ »Die Verfolgung und Ermordung der europäischen Juden durch das nationalsozialistische Deutschland« Bd. 1 »Deutsches Reich 1933–1937«, bearbeitet von Wolfgang Gruner (München 2008), Bd. 2 »Deutsches Reich 1938–August 1939«, bearbeitet von Susanne Heim (München 2009).

Wachsmann, Alfred »Hitler wurde in Bayern nicht allzu ernst genommen« in: Lamm a. a. O. (1982).

Weidenfeld, George »Von Menschen und Zeiten. Die Autobiographie« Wien 1995.

Weisenborn, Günther »Der lautlose Aufstand ...« Frankfurt am Main 1974.
Wenzl, Aloys »Richard Hönigswald« in Lamm a. a. O. (1982).
Werner, Eduard »Historische Objektivität oder Geschichtsklitterung. Das NS-Dokumentationszentrum in München auf dem Prüfstand« Schriftenreihe des Initiativkreises katholischer Laien und Priester, Augsburg 2016.
Wieninger, Karl »In München erlebte Geschichte« München 1985.
Willstätter, Richard »Aus meinem Leben. Von Arbeit, Muße und Freunden« Weinheim 1949.
Winterfeldt, Hans »Deutschland: Ein Zeitbild 1926–1945« in: Richarz a. a. O. S. 336 ff.
Wollasch, Hans-Josef (Bearb.) »›Betrifft Nachrichtenzentrale des Erzbischofs Gröber in Freiburg‹ Die Ermittlungsakten der Geheimen Staatspolizei gegen Gertrud Luckner 1942–1944« Konstanz 1999.
Zámečník, Stanislav »Das war Dachau« o. O. 2007.

# IV. PERSONENREGISTER

Adenauer, Konrad 56
Adorno, Theodor W. 134
Arco, Anton Graf von 19
Auer, Ignaz 98

Babel, Helene 69
Baerwald (Rabbiner) 77
Bankier, David 123
Baumgartner, Josef 133
Becher, Lilly 53
Behrend-Rosenfeld, Else 8, 39–42, 123, 127, 157 f.
Beitz, Berthold 127
Ben-Chorin, Schalom (Rosenthal, Fritz) 42
Berg, Arthur 45
Berger, Moritz 145
Bernheim, Erhard 46 f.
Biberti, Robert 54
Bilski, Friedrich 48
Birn, Ruth 7
Bonn, Moritz Julius 49
Bormann, Martin 15
Braun, Oliver 133

Cahnmann, Werner 8, 50

Dehler, Thomas 8, 34
Dietrich (NSDAP-Ortsgruppenleiter) 69 f.

Dohnanyi, Klaus von 16, 162
Dürer, Albrecht 103

Eichmann, Adolf 15
Eisenmann, Ernst 52
Eisner, Kurt 19, 43, 49, 61, 79, 95, 116, 166
Elser, Georg 115
Elsner, Margot 34
Engels, Friedrich 20 f.
Epp, Franz Ritter von 77, 79 f., 164
Eschenburg, Theodor 84

Faulhaber, Michael von 8, 51, 59, 77, 92, 112, 128–131, 148, 177
Feuchtwanger, Lion 9, 53 f.
Fiehler, Regina 56
Fraenkel, Sigmund 19 f.
Frank, Anne 7
Frank, Bruno 53
Frank, Hans 15
Frankl, Viktor 146
Frick, Wilhelm 52, 77
Frommermann, Harry 54 f.

Gabai, Erika 56
Gellately, Robert 151 f.
Gerngross, Rupprecht 67
Giesler, Paul 104 f.
Giordano, Ralph 47

Goebbels, Joseph  8, 15, 107, 113 f., 123, 125 f.
Goethe, Johann Wolfgang von  139
Gogh, Vincent van  73
Goldhagen, Daniel  7, 153
Göring, Albert Günther  15
Göring, Hermann  15, 176
Grosser, Alfred  7, 9 f.
Grube, Ernst  31
Günther, Herbert  54

Haas Schueller, Charlotte  56
Habe, Hans  9, 147, 162
Haber, Fritz  98
Habermas, Jürgen  153
Hahn, Emmi-Christl  56
Hahner, Josef  147 f.
Harnier, Adolf  131
Hassell, Ulrich von  127, 177
Hausenstein, Wilhelm  45
Heiden, Konrad  57
Heim, Georg  133
Held, Hans Ludwig  51
Herzfelder, François  147
Hess, Werner  48
Heydte, August von der  125
Hilferding, Rudolf  98
Himmler, Heinrich  15
Hipp, Otto  35
Hitler, Adolf  8, 11, 14 f., 23 f., 32–34, 51, 57, 68, 73 f., 76–79, 83, 86, 91, 95, 98–100, 102, 106, 108, 113–115, 117, 119, 121–126, 129 f., 135, 140 f., 146 f., 153
Hoegner, Wilhelm  98
Hofeller, Ernest (Ernst)  59

Höfle, Georg  26
Hönigswald, Richard  101
Hudececk (Oberstudiendirektor)  47
Hundhammer, Alois  8, 132–134

Isaak, Paul  69
Iske, Ina  59

Jaffe, Edgar  49
Jesus von Nazareth  92
Jobst, Hans  56

Kaltenbrunner, Ernst  15
Katterfeld, Marianne  140
Keller, Eugene  105
Kershaw, Ian  117
Kirschner, Bruno  60
Kirschner, Max  60
Klemperer, Victor  28, 63, 117, 124, 150, 152, 176
Klepper, Jochen  125 f.
Klugmann, Hermann  62
Knobloch, Baruch  135
Knobloch, Charlotte  9, 48, 65 f., 135
Knobloch, Samuel  135
Knobloch, Sure (Sara) Siesl  135
Knoeringen, Waldemar von  99
Koerfer, Daniel  7
Kogon, Eugen  140
Koronczyk (Vorsitzender der jüdischen Gemeinde Münchens)  66
Kothe, Bernhard  140
Krauser, Clementine  68
Kuby, Erich  43
Kutscher, Artur  44

Lamm, Hans 67
Landauer, Kurt 79, 120 f.
Lankes, Otto 69, 169 f.
Lasalle, Ferdinand 20 f.
Lasky, Melvin 67 f., 162, 169
Laurentine (Nonne) 31
Lenin, Wladimir Iljitsch 20
Leroy, Edward 35
Leschnikoff, Ari 55
Leviné, Eugen 95
Levinger, Leopold 98 f., 127
Liebknecht, Wilhelm 21
Littner, Jakob 70
Löbe, Paul 98, 100
Longerich, Peter 14, 117
Löw, Gabriele 31, 34
Löw, Peter 35, 163
Löwith, Karl 72
Lubbe, Marinus van der 23
Luckner, Gertrud 139 f.
Ludendorff, Erich Friedrich Wilhelm 93

Mann, Thomas 81, 99
Manning, Gustav 120
Marcuse, Edith 147
Marcuse, Ludwig 128, 147
Maser, Peter 99
Maunz, Theodor 7, 15
Marx, Karl 20 f.
Meffert (SS-Mann) 70
Mengele, Josef 15
Meros, Ruth 74 f.
Michael, Theodor 124
Muhler, Emil 51
Mühsam, Erich 95

Müller, Friedrich von 97
Munk, Elie 78

Neuhäusler, Johannes 8, 34, 129
Neumeyer, Alexander Karl 75 f., 79, 102
Neumeyer, Alfred (1867) 51, 75 f., 79, 102, 163
Neumeyer, Alfred (1901) 79

Oestreich, Carl 51, 128
Ollenhauer, Erich 100
Ophir, Baruch Z. 173
Oppenheimer, Lore 38

Pechmann, Freiherr von 131
Planck, Max 78 f.
Pollack, Josef 120
Pringsheim, Alfred 81
Pringsheim, Hedwig 81
Probst, Christop 131
Przywara, Erich 44

Radbruch, Gustav 134
Rappl, Therese 69
Reemtsma, Jan Philipp 153
Reiter, Dieter 157
Reuß, Friedrich Gustav 82 f.
Ribbentrop, Joachim von 15
Roden, Edward Leroy van 35
Röhm, Ernst 141
Rose, Oskar 129
Rosenbaum, Ernst (Roland, Peter) 83
Rosenberg, Alfred 15
Rosenberg, Kurt Fritz 57, 127
Rosenthal, Jacques 45
Roth, Christine 31

Rothenbücher, Karl 79
Rothfels, Hans 83
Rothschild, David 121

Sauerbruch, Ferdinand 97
Schaalmann, Adolf 44
Schaeffler, Gertrud 148
Schäffer, Fritz 56, 167
Schäffer, Gerda 56
Scharnagl, Karl 105, 121
Scheel, Walter 7
Schindler, Oskar 127
Schindler, Pesach 84
Schmidt, Helmut 137, 179
Scholl (Geschwister; Hans, Inge, Sophie) 24, 163
Schulze-Marmeling, Dietrich 120
Schurz, Carl 79
Seuffert, Leonie von 84
Sinclair, Hugh Peter (Siegel, Hans Peter) 86
Spanier, Julius 87
Spies, Gerty 88, 146
Stalin, Josef Wissarionowitsch 23, 32, 141
Stampfer, Friedrich 100, 174
Stanley, Ilse 146, 180
Stauffenberg, Claus Schenk Graf von 127

Stein-Pick, Charlotte 89 f.
Stern, Fritz 137, 179
Stern, Karl 91 f., 131
Streicher, Julius 16, 108
Stützel, Karl 111

Thoma, Ludwig 22, 163
Tietz, Hermann 112
Toller, Ernst 79
Treskow, Henning von 127

Vogel, Hans 98
Vossler, Karl 94

Wachsmann, Alfred 93
Waigel, Theo 17
Weizsäcker, Richard von 7
Wels, Otto 98, 100
Wentz-Vietor, Else 93
Wenzl, Aloys 101
White, John Richard (Weiß, Hans Richard) 95
Wieninger, Karl 14, 101, 105, 125
Wilhelm II. (dt. Kaiser) 83
Willstätter, Richard 96 f.
Wimmer, Thomas 22, 124

Zámečník, Stanislav 29
Zayas, Alfred de 180

# ZU DEN AUTOREN

**Konrad Löw** wurde am 25. Dezember 1931 in München geboren. Nach den Wirren des Zweiten Weltkrieges besuchte er bis 1951 in seiner Vaterstadt das humanistische Theresiengymnasium. Als Jurist war er zuerst im Verwaltungsdienste des Freistaates Bayern und der Bundesrepublik Deutschland tätig. 1968 begann er in München seine akademische Lehrtätigkeit. Von 1972 bis 1975 lehrte er als Ordentlicher Professor für Politikwissenschaft an der Universität Erlangen-Nürnberg, anschließend an der Universität Bayreuth. Seit 1999 ist er emeritiert und lebt in Baierbrunn, Landkreis München.
Forschungsschwerpunkte waren/sind das politische System der Bundesrepublik Deutschland, Kommunismus, Marx, Marxismus, Totalitarismus, Deutsche Geschichte 1933–1945.
2014 erschien seine Autobiographie unter dem Titel »Lasst uns trotzdem weiterkämpfen!«, eine Losung, die er Alfred Grosser verdankt.

**Felix Dirsch** wurde 1967 in Erding bei München geboren. Nach dem Studium der Philosophie und katholischen Theologie (Dipl. Theol.) und der Politikwissenschaft (Dipl.sc.pol.) Promotion zum Dr. phil. Von 1993 bis 1996 Tätigkeit beim (von der Volkswagen-Stiftung geförderten) Projekt »Totalitarismus und Politische Religionen« (geleitet von Prof. Dr. Hans Maier). Jahrelang im Schuldienst und in der Erwachsenenbildung tätig. Seit 2012 Lehrbeauftragter an der Hochschule für Politik für den Fachbereich »Politische Theorie« und seit 2013 Professor für Politikwissenschaft an der Universität »Progress« in Gjumri (Armenien).
Zuletzt veröffentlicht: »Authentischer Konservatismus. Studien zu einer klassischen Strömung des politischen Denkens« Münster 2012.

## Aus dem Verlagsprogramm

Konrad Löw
**Deutsche Schuld 1933–1945?**
*Die ignorierten Antworten der Zeitzeugen*
Hardcover, 446 Seiten.
ISBN 978-3-95768-082-2
€ 39,90

Konrad Löw
**»Das Volk ist ein Trost«**
*Deutsche und Juden 1933–1945 im Urteil der jüdischen Zeitzeugen*
Hardcover, 382 Seiten.
ISBN 978-3-95768-010-5
€ 15,00

Konrad Löw
**Die Münchner und ihre jüdischen Mitbürger 1900–1950 im Urteil der NS-Opfer und -Gegner**
Paperback, 192 Seiten.
ISBN 978-3-95768-052-5
€ 16,90

*Lau-Verlag, Reinbek*